Kurt Singer

Wenn Schule krank macht

Wie macht sie gesund und lernbereit?

Besuchen Sie uns im Internet:
http://www.beltz.de

Beltz Taschenbuch 817
Originalausgabe

© 2000 Beltz Verlag, Weinheim und Basel
Einbandgestaltung: Federico Luci, Köln
unter Verwendung des Bildes
»Mädchenbildnis mit gespreizter Hand vor der Brust«, um 1905,
von Paula Modersohn-Becker
© Von der Heydt-Museum, Wuppertal/Busch/Werner WV Nr. 570
Satz: Satz- und Reprotechnik GmbH, Hemsbach
Druck und Bindung: Druckhaus Beltz, Hemsbach
Printed in Germany

ISBN 3 407 22817 1

Beltz Taschenbuch 817

Über dieses Buch:

Seit Jahrzehnten geht das Schlagwort um: »Schule macht krank!« Ohne Scham registrieren wir Berichte über psychosomatische Störungen, als gingen sie uns nichts an. Die jungen Menschen spüren *am eigenen Leib*, wie Schule kränkt, und dass Kränkung krank machen kann. Manchen liegen Demütigungen wie ein Stein im Magen – deshalb bekommen sie Magenschmerzen. Bei anderen löst die Furcht vor Versagen Bauch-Angst aus: sie klagen über Leibschmerzen und Übelkeit. Wieder andere spannt der Leistungsdruck so an, dass sie Kopfschmerz überfällt. Prüfungsdruck, furchterregende Zensurengebung, Erniedrigung durch gnadenlose Bloßstellung, taktloses Lehrerverhalten: Das *seelische* Leid kann zu *körperlichem* Schmerz führen.

Schule kann aber auch *gesund* machen, wenn sie jene Merkmale stärkt, die gesund erhalten: die Beziehung, Selbstvertrauen und Mut, heitere Stimmung, aktive Lebensgestaltung, positives Selbstwertgefühl, Eigen-Bewegung. Der Unterricht fördert das Gesundsein, wenn er Leistungsglück erfahren lässt.

Viele Eltern, Schüler und Lehrer stumpfen ab gegen schulisches Leid, auch gegenüber dem eigenen. Sie beschwichtigen, wenn Lehrer Kinder seelisch verletzen: »Es sind ja nur Einzelfälle.« Auch in jenen Fällen schweigen sie, in denen psychisch kranke Lehrer Kinder krank machen.

Kurt Singer fordert dazu heraus, Mitleid in Hilfsbereitschaft zu verwandeln. Er möchte nicht belehren, sondern *berühren* – und dazu ermutigen, das Tabu krank machenden Lehrerverhaltens zu brechen: sich schützend vor die Kinder zu stellen und mit sozialem Mut für eine humane Schule einzutreten.

Der Autor:

Dr. Kurt Singer, Professor für Pädagogische Psychologie und Schulpädagogik, Psychoanalytiker, war Lehrer, Hochschullehrer für Didaktik der deutschen Sprache und Kindertherapeut, berät Eltern und Lehrer, leitet Lehrer-Balint-Gruppen und engagiert sich in der Bürgerinitiative Aktion Humane Schule. Veröffentlichungen zur Pädagogik, Didaktik, Tiefenpsychologie und Psychotherapie, unter anderem: *Zivilcourage wagen* (1997[2]), *Lehrer-Schüler-Konflikte gewaltfrei regeln* (1996[5]), *Die Würde des Schülers ist antastbar* (1998).

Inhalt

Gestörte Beziehung – gestörtes Lernen –
psychosomatische Not-Signale

Bei Martin geht es vor Blamage-Angst »in die Hose« • Mutter und
Lehrerin »heilen« das Einnässen • Mitleid – seelische Entspannung
nimmt den Druck von der Blase • Keine Ausnahme machen? – Wahrnehmen und sich verständigen • Seelische Verletzungen spüren Kinder
am eigenen Leib • Versagensangst wird zu Bauch-Angst – Ein guter
Schüler • Andreas: »Ich hab' keine Angst, sondern Bauchweh« • Das
zurückgewiesene Gefühl rumort im Körper • Nachdenken über seelisch-leibliche Zusammenhänge • Gerhards Magenschmerzen – Folge
der Schwarzen Pädagogik • Härte der Auslese – Inhumanität der Schulbehörde • Pädagogische Anregungen – Was können Eltern, Lehrerinnen
und Lehrer bedenken?

Furcht zerstört das Selbstvertrauen – Ermutigen statt Ängstigen

Benjamins Ausfrage-Tag: »Die Schule ist ein Psychokrieg« • Sadismus-
Tag: Abfrage-Folter des Herrn Falkenstein • Weshalb kein Berufsverbot
für Mathematiklehrer F.? • »Die Noten fallen über mich her« – Zerstörte
seelische Energie • Worte verletzen, Worte töten – Erniedrigung durch
den Lehrer • Unrecht aufzeigen und benennen – Worte heilen, sich
verständigen • »Engegefühl in der Herzgegend«: Welche Angst beengt
Alex? • Demütigungen drücken aufs Herz – Die Last des Überfordert-
seins • Seelische Hilfe heilt körperlichen Schmerz – Therapeutisches
Gespräch • Furcht vor Prüfungen und Lehrern – lebenslang? • Angst
als Signal – Thomas: »Ich brauch' die Angst« • Eigene Gedanken und

Fragen zu Schulängsten • Eine Lehrerin erkundet die Angst – und lässt sich von Eltern beurteilen • Pädagogische Leitgedanken: Angst nehmen – Mut machen

Seelisches Leid wird zu körperlichem Schmerz

Schulbedingte psychosomatische Krisen

Christians Verzweiflung »schlägt ihm auf den Magen« • Seelische Not verkrampft den Magen – Schleimhautentzündung • Psychotherapie und eine pädagogische Schule machen gesund • »Kinderköpfe im Schraubstock« – Unterricht kann im Kopf wehtun • Aus elterlichem und schulischem Leistungs-Druck wird Kopf-Druck • »Gut-sein-Müssen« führt zu Dauergespanntheit – Frederiks Anpassung • Spannungs-Kopfschmerz – Reaktion auf Überforderung • Unterdrückte Spontaneität im Nägelbeißen und Zähneknirschen • Kinder sind bewertete Menschen – »Bin ich gut oder schlecht«? • Nachdenken über persönliche Berührungspunkte

Psychisch kranke Lehrer machen Kinder krank

Ein Lehrerschicksal wird zum Schülerschicksal

Lehrer A.: Destruktive Aggression – Wiederinszenierung eigener Not • Seelischer Sadismus: Die Unfähigkeit zu fühlen macht Kinder leiden • Pädagogik der Unterwerfung – Schülern wird Hilfe staatlich verweigert • Der autoritäre Charakter – Macht-Ungleichheit Lehrer–Schüler • Auch »beiläufige« Kränkungen machen krank – und wirken lange nach • Elternmut: Rütteln am Tabu destruktiven Lehrerverhaltens • Angewandte Ethik im Schulalltag? – Sympathie • Sich einmischen oder wegschauen? – Fragen an Eltern

Vorwort

Macht Schule krank oder gesund?

Schule kann Kinder gesund machen, wenn Lehrerinnen und Lehrer gut unterrichten: so, dass es den Schülern Freude macht zu lernen, dass sie Selbstvertrauen und Hoffnung auf Erfolg entwickeln, sich im Lehrer-Schüler-Kontakt sicher fühlen und das Glück der gut getanen Arbeit erleben. Ich-stärkender Unterricht und die helfende Beziehung schützen die seelische und körperliche Gesundheit.

Seit Jahrzehnten geht jedoch das Schlagwort um: »Schule macht krank!« Ohne Scham registrieren wir die regelmäßig veröffentlichten Untersuchungen über seelisch und psychosomatisch gestörte Schülerinnen und Schüler. Es scheint, als nähmen wir wiederkehrende Studien über die krank machende Schule wie den Bericht über einen Krieg hin: Der ist zwar grausam, aber wir können ihn nicht beenden.

Junge Menschen verspüren »am eigenen Leib«, wie Schule kränkt – und dass Kränkung krank machen kann. Manchen Jugendlichen liegen die Schulsorgen »wie ein Stein im Magen« – das bereitet ihnen Magenbeschwerden. Andere spannt der Lernzwang so an, dass sie von Spannungs-Kopfschmerzen geplagt werden. Wieder anderen verdirbt der Unterricht den Appetit. Bei überforderten Kindern kann sich Schulangst in Bauch-Angst verwandeln: Sie klagen über Leibschmerzen; oder es geht vor Angst »in die Hose«; manche knirschen in ihrer Schulnot nachts mit den Zähnen oder beißen an ihren Nägeln und senden so unbewusste Notsignale aus.

Zugegeben: Seelisch-leibliche Erkrankungen haben vielerlei individuelle und psychosoziale Ursachen. Sie werden durch Familie und Gesellschaft ausgelöst. Aber die Schule gehört zu den belastendsten Problemen vieler Kinder und Jugendlicher. Es gibt zahlreiche Belege dafür, dass verletzende Merkmale des *Unterrichts* krank machen. Oft heißt es dann, die Kinder seien »zu sensibel«. Hätten demnach empfindsame Kinder kein Recht auf ungestörtes Lernen?

Sollen sie etwa robuster gemacht werden, um »normale« Schulumstände zu ertragen?

Eltern, Schüler und Lehrer stumpfen ab gegen das Leiden an der Schule, auch gegenüber dem eigenen. Es handle sich nur um »Einzelfälle«, in denen Schule zum Schülerschicksal wird. Aber wieviel »Einzelfälle« dürfen es sein? Sogar in Einzelfällen, in denen psychisch kranke Lehrer Kinder *krank* machen, schweigen die Erwachsenen. Weder den in Not befindlichen Lehrerinnen und Lehrern, noch den ohnmächtigen Kindern steht jemand bei.

Hinzu kommt die staatlich verordnete Kränkung durch unpädagogische Schulgesetze und Lehrplanvorschriften:
- durch die lernstörende Zensurengebung und deren gnadenlose Öffentlichkeit;
- durch die Demütigung jener Kinder und Jugendlicher, die hilflos zurückbleiben, weil sie schwach sind: für sie wird die Schule zur Richtstätte, statt zum Lernort;
- durch die lernfeindliche Diktatur der Schulaufgaben, Extemporalien und des Abgefragtwerdens: das schürt Angst;
- durch die Machtlosigkeit, in der sich Kinder gegenüber jenen Lehrern befinden, die ihre Überlegenheit missbrauchen und die Schüler der Willkür aussetzen;
- durch den lernpsychologischen Widersinn, nach dem alle zur gleichen Zeit, in gleicher Weise, in gleichem Arbeitstempo das Gleiche lernen sollen.

Mit wenig Verständnis wird Kindern und Jugendlichen begegnet, die bereits »gestört« zur Schule kommen. An ihrem Gestörtsein sei das Elternhaus Schuld: die geschiedene Ehe, der Mangel an Geborgenheit, die Medienflut, materielle Überfütterung. Das alles trifft zu.

Aber weshalb werden schwierige Kinder durch die Schulverhältnisse *zusätzlich* in Not gebracht? Warum vermehrt die Schule deren unverschuldete Lebensnöte, statt sie zu lindern? Als Ort des Lernens und Aufwachsens wäre es ihr möglich, jungen Menschen in Schwierigkeiten zu helfen.

Die schulische Wirklichkeit wahrnehmen –
Das Tabu krank machenden Lehrerverhaltens brechen

Mein Buch soll dazu anregen, die alltäglichen Schulnöte nicht zu verleugnen. Es handelt nicht nur von jenen Kindern, die durch die Schule seelisch-leiblich erkranken, die chronisch an Schulangst leiden, die der Leistungsdruck entmutigt, die »sitzen bleiben«, also sitzen gelassen werden. Vielmehr geht es darin um *alle* Kinder und Jugendlichen. In Befragungen[1] geben nur 15 Prozent von ihnen an, sie fühlten sich in der Schule wohl. Über zwei Drittel der Oberstufenschüler bekunden keine Freude am Unterricht; 70 bis 85 Prozent beurteilen ihr schulisches Befinden negativ. Die Erwachsenen nehmen solche Befunde mitleidlos hin, obwohl alle wissen: Die den Unterricht begleitenden Gefühle sind entscheidend dafür, wie gut Kinder lernen.

Es entstehen immer neue Denkschriften zur Reform der Schule. Aber die Mehrzahl Macht habender Politiker lässt sich von diesen Denkschriften nicht zum Denken anregen. Jedenfalls so lange nicht, wie sich Eltern, Lehrer und Schüler zu keiner Bürgerbewegung für eine pädagogische Schule bereit finden. In den Denkschriften kommen zuhauf schwierige Kinder vor, aber nicht jene, die es den Schülern schwer machen: die schwierigen Lehrer. Sie werden als unantastbares Tabu behandelt, selbst wenn sie durch destruktives Lehrerverhalten Kinder über Jahre hinweg psychisch und psychosomatisch schädigen.

Ich wende mich an das Mitgefühl der Erwachsenen und an ihre Verantwortung. Eltern wie Lehrerinnen und Lehrer müssten den sozialen Mut aufbringen, sich in die Schulprobleme ihrer Kinder einzudenken. Der Kritikpunkte sind viele, sie aufzuzählen fällt leicht. Ich habe mir vorgenommen, jeder Kritik die Erkenntnis beizufügen, die den Missstand überwinden hilft: konstruktive Vorschläge, Erfahrungsberichte, Beispiele, die dazu ermutigen, den seelischen Gesundheitsschutz in der Schule zu verbessern; Modelle, das Leben in der Schule freundlicher zu gestalten und die Lernfähigkeit der Jugendlichen zu stärken. Dabei wird deutlich: Eine gesunde Pädagogik macht Kinder und Jugendliche nicht nur leistungsfähig, sondern fördert deren Gesundheit.

Mit den Fallberichten, Erfahrungen, Beobachtungen und erziehungswissenschaftlichen Erkenntnissen möchte ich dazu herausfordern, genau hinzusehen: Wie erleben Schülerinnen und Schüler die Schule? Wie interessant finden sie den Unterricht? Wie erfolgreich können sie lernen? Was freut sie und was macht ihnen Kummer? Was beflügelt sie zum Lernen und was hält sie davon ab? Was macht sie sicher oder ängstlich? Was interessiert oder langweilt sie?

Auf der anderen Seite: Wie erleben Lehrerinnen und Lehrer das Unterrichten? Freuen sie sich auf den nächsten Schultag und lassen sie sich gern mit Kindern ein? Interessiert sie der »Stoff«, den sie die Schüler lehren, und liegt ihnen daran, wie gut Kinder lernen? – Und die Eltern: Bereichert die Schule das Familienleben? Können sich Mütter und Väter an der Lernfreude ihrer Kinder mitfreuen? Oder leiden sie an deren Schulnöten und sind hilflos? – Und die Politiker: Wird das grundgesetzliche »Recht auf Leben und Unversehrtheit« in der Schule gewahrt?

Schule macht seelisch und körperlich gesund, wenn sie Kindern die Chance gibt, *etwas zu lernen*. Nichts stärkt junge Menschen mehr, als etwas leisten zu dürfen, Lernerfolg zu erfahren, geistig zu wachsen, eigenständig zu werden. Dazu trägt die helfende *Lehrer-Schüler-Beziehung* bei; sie fördert nicht nur die Lernbereitschaft, sondern stärkt die körperliche Abwehr gegen Erkrankung. *Zuversicht und Hoffnung* auf Erfolg machen lernwillig, aber auch weniger krankheitsanfällig. *Heitere Stimmung* beflügelt den Leistungswillen, und erhöht gleichzeitig die Widerstandskraft gegen Infektionskrankheiten. Alles, was zum Wohlbefinden beiträgt und das *Selbstwertgefühl* stärkt, vermehrt den Unterrichtserfolg und fördert die Gesundheit: die ermutigende Lernatmosphäre, Zusammenarbeiten statt Konkurrieren, selbst tätig sein, das *Lernen selbst in die Hand nehmen* können.

Menschliche Pädagogik wirkt therapeutisch – An wen wendet sich das Buch?

Psychosomatisches Denken kann für pädagogisches Handeln hilfreich sein. Die Suche nach dem, was das Lernen stört und was es fördert, was krank macht und gesund erhält, führt zu der Kernfrage: Wie viel Wahrnehmung und Mitgefühl bringen wir füreinander auf? Und wie wird aus dem Mitgefühl eine helfende Beziehung?

Oft wird eingewendet: »Schule ist keine therapeutische Einrichtung.« In der Tat sind Lehrer nicht dazu da, therapeutisch zu handeln. Aber Schule kann durch eine menschliche Pädagogik *therapeutisch wirken*. Vor allem durch einen Unterricht, in dem die Kinder lernwillig, hoffnungsvoll und selbstständig werden – und die heilende Kraft der Beziehung erleben.

Das Buch wendet sich an *Lehrerinnen, Lehrer und Studierende*. Viele von ihnen erlebten an der Universität, dass Sachen wichtiger sind als Menschen. Weil in ihrem Studium das Fach die Hauptsache war, neigen sie dazu, auch als Lehrer das Fach zur Hauptsache und Kinder zur Nebensache zu machen. Das Wichtigste lernen Lehramtsstudenten in ihrer Ausbildung nicht: sich mit Kindern und Jugendlichen lehrend, lernend und konflikt-bearbeitend einzulassen. Oft haben sie nicht einmal didaktische Kenntnisse, um interessant zu unterrichten.

Die Hochschule verweigert ihnen *pädagogisches Wissen*; dieses wird von Lehrern leicht dadurch ersetzt, dass sie eigene Schulerfahrungen ungeprüft wiederholen. Sie werden dann zu jenen Studienräten, unter denen sie selbst litten. Das erschwert ihnen die Arbeit und trübt die Berufsfreude. Mein Buch soll Lehrerinnen und Lehrer ermutigen, die in der Schule mit Kindern »gut leben« wollen, aber auch jene, die aus resignativer Routine heraustreten und pädagogisch handeln möchten.

Ich wende mich an *Mütter und Väter*. Sie lassen oft gut meinend das *jetzige* Wohl der Kinder außer Acht. Manche verleugnen mit dem Satz »Uns hat es auch nicht geschadet« ihre selbst durchlebte Schulnot. Sie dürfen nicht merken, ob und wie ihnen unpädagogische Lehrer geschadet haben. Das hindert sie daran, die Kinder zu verstehen. In vielen Erwachsenen sitzt die Autoritätsangst tief. Deshalb schauen sie weg oder schweigen, wenn Kinder durch demütigende Lehrer verletzt werden. Sie nehmen lernstörenden Unterricht als selbstverständlich hin, weil sie fürchten, das pädagogisch-kritische Gespräch mit den Lehrern könnte ihren Kindern schaden. Tatsächlich aber gilt das Gegenteil: Den Schülern schadet, dass ihre Eltern zu destruktivem Lehrerverhalten schweigen.

Schülerinnen und Schüler müssen sich in der Schule mit komplizierten Lerninhalten befassen: in Mathematik und Physik, Literatur und fremden Sprachen, in Biologie, Geographie und Geschichte, Soziallehre und Politik … Überall werden ihnen hohe intellektuelle Leistungen abverlangt. Da sollten sie nicht fähig sein, ihre *schulische* Situation bewusst zu erfassen, kritisch darüber nachzudenken und mitzuwirken, die Schule zu verbessern? Sollten sie als unmittelbar Betroffene etwa nicht die Qualität des Unterrichts beurteilen können? Die Überlegungen in diesem Buch helfen Jugendlichen, mitsprachefähig und für sich selbst empfindsamer zu werden.

Sie müssten in allen Angelegenheiten, die sie betreffen, mitgestalten und mitverantworten. Kinder sind von Natur aus die Schwächeren. Im ungleichen Machtverhältnis zu Lehrerinnen und Lehrern ist es ihnen kaum möglich, sich zu wehren. Deshalb sollten sie Erwachsene darin unterstützen, ihre Lernwünsche und persönlichen Bedürfnisse kundzutun und sich durch ein selbst-bewahrendes Nein vor Unrecht zu schützen: auch vor Unrecht, das ihnen von Lehrern zugefügt wird. Sie brauchen in der Schule mehr demokratische Chancen und einen mit politischer Befugnis ermächtigten Schüler-Beauftragten. Er müsste dafür sorgen, die von den Vereinten Nationen proklamierten »Rechte des Kindes« auch in der Schule zu schützen.

Psychologen, Psychotherapeutinnen, Sozialpädagogen und Kinderärzte sollten die krank machenden Schulumstände an ihre Verantwortung für das Gemeinwohl erinnern. Sie wenden sich durch Therapie den gestörten Jugendlichen zu. Aber gehen sie auch dem Störenden in der Lebenswelt der Heranwachsenden auf den Grund? Decken sie auf, dass viele Kindernöte nicht nur individuelles Schicksal, sondern gesellschaftlich hergestelltes Leid sind? Oder machen sie es sich zu einfach, indem sie alle Schwierigkeiten der Familie anlasten?

Die Gesellschaft greift die Gesundheit der jungen Menschen sogar in der Schule an. Obgleich diese eigens für Kinder eingerichtet ist, gefährdet sie viele von ihnen. Und zwar nicht nur in der Schullaufbahn – durch den Zeugnisvermerk »Versetzung gefährdet« –, sondern in ihrer Existenz als Person. Deshalb muss mit dem Engagement von Therapeuten und Helfern verknüpft sein, sich gesellschaftlich und politisch für eine Schulumwelt einzumischen, die es den Kindern ermöglicht, sich gesund zu entwickeln.

Dazu möchte ich die Leserinnen und Leser ermutigen: wagen, selbst zu denken und Mitfühlfähigkeit zu entwickeln. Dann könnten sie mit pädagogischer Vernunft und sozialer Empfindsamkeit für eine humane Schule eintreten. Das würde auch die *Politiker* dazu bewegen, Bedingungen für mehr Menschlichkeit in der Schule zu schaffen.

Schulnöte kränken leib-haftig

Gestörte Beziehung – gestörtes Lernen –
psychosomatische Not-Signale

> Der menschliche Körper ist ganz und gar
> in der Hand der Seele und des Gemüts.
> *Bertolt Brecht*

> Lehrergestalten hatten sich raumgreifend
> in meinen Träumen breit gemacht.
> So verkürzt meine Schulzeit gewesen ist, prägend war sie alle Mal.
> Narben blieben, die geheilt noch juckten.
> Gerüche hielten sich, gegen die kein Lüften half.
> *Günter Grass*

Körperliches Kranksein hat viele Ursachen – auch seelische. Kinder reagieren auf psychische Konflikte leicht mit dem Körper. Manchen liegen Schulsorgen »wie ein Stein im Magen« – und sie leiden unter Magenbeschwerden. Andere spannt der Leistungsdruck so an, dass sie von Spannungs-Kopfschmerz geplagt werden. Wieder anderen verdirbt der Unterricht den Appetit. Bei überforderten Kindern kann Schulangst zu »Bauch-Angst« werden: Sie klagen über Leibschmerzen. Es gibt Jugendliche, die können fortdauernde Kränkung durch schlechte Noten nicht »verdauen«, deshalb entzündet sich ihre Magenschleimhaut. Wieder andere halten die Überforderung »verbissen« durch und knirschen mit den Zähnen oder knabbern aus unterdrückter Wut an ihren Nägeln. Schulprobleme können ihnen den Schlaf rauben und sie nachts aufschrecken.

Seelisch-leibliche Erkrankungen haben mit der individuellen Lebensgeschichte der Kinder und Jugendlichen zu tun – aber auch mit den psychisch verletzenden Merkmalen des Schulunterrichts: wenn Lehrer den Kindern Angst einjagen, sie bloßstellen oder herabsetzen, sie erschrecken, auslachen, demütigen, sie nicht ernst nehmen; wenn sie mehr von ihnen erwarten, als diese leisten können und ihnen nicht helfen; wenn den Kindern die Halt gebende persönliche Beziehung verwehrt wird.

Bei Martin geht es vor Blamage-Angst »in die Hose«

Der Mutter fiel auf, dass Martins Unterhose gelegentlich nass war; sie sprach ihren neunjährigen Jungen darauf an. Dieser meinte beschämt, er würde es nicht merken. Die Mutter ermunterte ihn, ihr mitzuteilen, wenn es wieder in die Hose ginge. Da zeigte sich: Martin nässte immer dann ein, wenn er in der Mathematikstunde vorrechnen sollte. In dieser Schulklasse musste jedes Kind an der Tafel Aufgaben lösen. Der Junge beteuerte, die Lehrerin wäre freundlich, aber er erschrecke so, wenn er an die Tafel müsse. Weinend erzählt er, wie er vor der Klasse stünde und fürchte, sich zu blamieren. In dieser angstvollen Erregung könne er nicht mehr denken.

In der Mutter erwachten eigene angstvolle Schulerlebnisse; deshalb konnte sie sich in Martin einfühlen. Sie fürchtete sich davor, mit der Lehrerin zu reden und konnte ihre Angst nicht überwinden. Aber sie ging dann *mit* ihrer Angst in die Schulsprechstunde, und zwar zusammen mit Martin. Die Mutter nahm sich vor, der Lehrerin keine Vorwürfe wegen des Vorrechnens zu machen, sondern ihr zu schildern, was sie und Martin bedrückte.

Die Lehrerin war überrascht darüber, dass es Martin ängstigte, an der Tafel vorzurechnen. Es tat ihr Leid, ihn in eine peinliche Situation zu versetzen. Deshalb vereinbarte sie mit dem Jungen, er solle künftig nur dann an die Tafel gehen, wenn er sich meldete. Außerdem wollten Lehrerin, Mutter und Martin gemeinsam überlegen, welche Mathematikaufgaben den Jungen unsicher machten und wie ihm geholfen werden kann.

Nach diesem Gespräch kam Martin nicht mehr mit nassen Hosen aus der Schule. Zudem konnte er in der Mathematikstunde besser mitdenken; denn er stand nicht mehr unter der ängstlichen Spannung, vorrechnen zu müssen. Das Symptom verschwand, weil die dahinter liegende Not wahrgenommen wurde. Martin musste nicht mehr einnässen, nicht mehr »durch die Blase weinen«. Die Erwachsenen halfen ihm, die *seelische* Krise zu überwinden, das löste die *psychosomatische* Krise auf.

Was hat geholfen? Die Mutter hat Martins Situation genau gesehen und konnte dabei dessen Not *erkennen*. Sie fasste Mut, die Lehrerin mit diesem sorgfältigen Wahrnehmen »anzustecken« und nach den *Ursachen* des Leidens zu suchen. Das ermöglichte beiden, Martins psychosomatische Reaktion des Einnässens zu *verstehen*. Mutter und Lehrerin beseitigten die ängstigende Situation. Sie halfen dem Jungen, seine Angst zu bearbeiten und bestärkten ihn durch Lernanleitung, die Hilflosigkeit zu überwinden.

Mutter und Lehrerin »heilen« das Einnässen

Mutter und Lehrerin ließen sich durch Martins Notsignal zum Mitfühlen und Nachdenken anregen; sie wandten sich aufmerksam dem Jungen und sich selbst zu; dadurch konnten sie die Lernsituation verbessern. Es gibt keinen vernünftigen Grund – schon gar keinen pädagogischen –, ein Kind plötzlich aufzurufen und an die Tafel zu schicken, ohne dass sich dieses zu Wort meldet. Unerwartet aufgerufen zu werden ängstigt viele Kinder – und in diesem verwirrten Zustand können sie nicht denken. Sind sie hingegen sicher, nur bei ihrer Wortmeldung dranzukommen, entspannt das die Lernsituation und regt die Schüler an mitzuarbeiten.

Auch vielen Erwachsenen würde vor Schreck die Luft wegbleiben oder der Verstand aussetzen, wenn sie auf einer Versammlung, während eines Vortrags oder in einem Seminar plötzlich aufgerufen und ausgefragt würden. Peter Rosegger[2] beschreibt die Angst beim Aufgerufenwerden in der Rechenstunde so: »Ich weiß es noch genau, wie mir in jenem Augenblick zumute war. Als ob ich auf einer sehr hohen Leiter stünde, welche zu schaukeln beginnt … Aber ich sehe und taste keine Sprossen mehr, alles um mich wird blau und voll kreisender Sterne, ich stürze. Als ich wieder zu mir kam, hörte ich nur, wie unser Schulmeister entschuldigend sagte: ›Das ist halt von den Schwächeren einer.‹«

Aber weshalb ist es selbstverständlich, Kinder »abstürzen« zu lassen? Erinnerten die Erwachsenen ihre eigenen Schul-Abstürze, könnten sie sich leichter in die Kinder einfühlen und deren Schulsituation verbessern. Es wirkt sich auf das Eltern- und Lehrersein hilfreich aus zu erinnern, was einen in der eigenen Schulzeit gezeichnet hat. Alle, die mit Kindern umgehen, sollten den Prozess wagen, den der französische Reformpädagoge Célestin Freinet empfiehlt: »Mein einziges Talent als Pädagoge besteht darin, dass ich mich meiner eigenen Kindheit erinnere. Ich fühle und begreife als Kind die Kinder, die ich erziehe.«

Wenn wir uns auf diese Selbstwahrnehmung einlassen, erkennen wir: Die Rechtfertigung des Schmerzes der Schüler – »Da müssen die durch!« –, diese Rechtfertigung des Schmerzes des anderen ist *ein* Ursprung der Unmoral in der Schule. Das gilt bereits für die harmlos erscheinende Situation des Aufgerufenwerdens. Die Angst vor dem »Drankommen« bekunden viele Jugendliche, mit denen ich spreche. Es ist die Furcht, öffentlich zu versagen, ausgelacht, blamiert, schlecht zensiert zu werden.

Ich selbst habe, so lange ich Lehrer war, nie ein Kind aufgerufen, das nicht von sich aus etwas sagen wollte. Zu nachhaltig hatte ich aus eigener Schulzeit mein Herzklopfen und meine Beklemmung beim Abgefragtwerden in Erinnerung. Deshalb wollte ich die Schüler nicht dieser peinvollen Situation ausliefern. Sie ist zudem lernpsychologisch sinnlos, zum Zweck des Notenmachens ungeeignet und oft ein verdecktes Mittel der Machtausübung oder Disziplinierung.

Wie tief es sich einprägt, durch das willkürliche Aufgerufenwerden herausgestellt, öffentlich geprüft und bei Misserfolg gedemütigt zu werden, haben mir immer wieder Patienten in den psychotherapeutischen Stunden berichtet. Noch nach Jahren oder Jahrzehnten erlebten sie die qualvolle Situation des Infrage-gestellt-Werdens. Sie tauchte nicht nur im Traum auf, sondern behinderte das freie Sprechen in Situationen, in denen sie fürchteten, nichts zu können und bloßgestellt zu werden. Oft nahm krankhafte Blamageangst hier ihren Anfang.

Mitleid – Seelische Entspannung nimmt den Druck von der Blase

Bei Martin führten die Blamagesituation an der Tafel und die Furcht davor zur psychosomatischen Störung. Was war das Psychosomatische, das Seelisch-leibliche an Martins Krise? Bei Kindern, die einnässen, entspannen sich die Muskeln der Blase zu wenig;

diese ist nicht schlaff genug, um den Urin aufzunehmen, deshalb »läuft sie über«. Ursache ist die psychische Spannung, auf die die Blase empfindlich reagiert. Die seelische Beunruhigung führt zur körperlichen Verspannung und zum Symptom. Bei Martin *entspannte* sich durch das empfindsame Verhalten von Eltern und Lehrerin die Gefühlslage; diese Entspannung löste das Symptom auf.

Der Junge konnte sich seinen Kummer »von der Seele reden«. Was für ihn aus Scham unaussprechlich war, vermochte er mitzuteilen; das befreite seine unterdrückten Gefühle: Er weinte, Angst und Sorge brachen sich Bahn. Martin brachte sein Problem *zur Sprache*, fasste es in Worte; dadurch verlor es seinen Schrecken. Gegenseitige Hilfe und Anteilnahme verringerten die *psychische* Belastung und entlasteten den Körper. Dadurch wurde verhindert, dass sich die psychosomatische Krise zur psychosomatischen *Erkrankung* entwickelte. Wie oft in der Schule, war es nicht nur die unterrichtliche Überforderung, die krank machte, sondern die mangelnde Beziehung. Diese wurde durch Mutter und Lehrerin in eine *heilsame* Beziehung umgewandelt.

Am Anfang des für Martin hilfreichen pädagogischen Handelns stand *Mitleid*. Aber ist Mitleid nicht erst angebracht, wenn Mädchen missbraucht werden, Kinder in Afrika verhungern, andere durch Kinderarbeit geschunden, wieder andere ausgesetzt oder durch Krieg bedroht werden – also für uns am einfachsten, wenn es fernab geschieht? Sollte denn ein Junge, der lediglich quälende Schulangst hat, unser Mitleid wecken? Tatsächlich ist die Mitleidlosigkeit, in der kindliche Schulnöte hingenommen werden, eine Ursache dafür, dass die Schule in der Regel keine *pädagogische* Schule ist.

Keine Ausnahme machen? – Wahrnehmen und sich verständigen

Aber wenn sich eine Lehrerin weigert, die Unterrichtssituation für das Kind zu entspannen? – Zum Beispiel bei Paul[3]: »Paul ist in der ersten Klasse. Er trinkt morgens seinen Kakao nicht mehr, denn während des Unterrichts darf er nicht aufs Klo. Einmal hat er deswegen in die Hose gemacht, und alle haben es gesehen. Die Lehrerin hat zu seiner Mutter gesagt, sie könne seinetwegen leider keine Ausnahme machen, denn sonst könnte ja schließlich jeder kommen. Die Kinder müssten eben lernen, bis zur Pause zu warten.«

Vermutlich haben sich Pauls Eltern zu rasch mit der hartherzigen Ansicht der Lehrerin abgefunden, statt beharrlich für ihr Kind einzutreten. Denn man muss darüber reden, weshalb die Lehrerin meint, sie könne keine Ausnahme machen. Leider? Offenbar tut es ihr nicht Leid; sonst empfände sie Mitleid, wenn Paul mit nasser Hose beschämt vor anderen Kindern steht. Weshalb sollte sie diesen Jungen *nicht* anders behandeln als die anderen? Dieser Sechsjährige *braucht* eine Ausnahme, wie einige andere auch. Er hat eine höhere Blasenspannung – vielleicht sogar, weil er die strenge Lehrerin fürchtet? Die Blasenspannung kann sich vermindern, wenn ihm die Lehrerin die Ausnahme zugesteht: »Wenn dir das Warten schwer fällt, kannst du jederzeit aufs Klo gehen, ohne lang zu fragen …« Und weshalb sollte nicht jeder kommen, dem es ergeht wie Paul?

In meiner Beratungsarbeit mit Lehrerinnen und Lehrern begegnet mir wiederholt die Angst vor dem Chaos: »Da könnte ja jeder kommen« – als liefe plötzlich die ganze Klasse auf die Toilette. Die Erfahrung zeigt: diese Ängste entsprechen nicht der Realität. Weshalb sollte jeder aufs Klo laufen, wenn er gar nicht muss? Oder ist der Unterricht so langweilig und den Kindern fällt das Sitzen so schwer, dass sie sich Bewegung verschaffen wollen? Oft befürchten Lehrer, es könnte etwas aus der Ordnung geraten. Aber *innere* Ordnungen helfen weiter als äußere. Bei mehr Vertrauen zu den Kindern und zu sich selbst, können sich Lehrerinnen und Lehrer von dieser Angst »Wo kämen wir denn da hin?« befreien und Erfahrungen machen, wie sie Kurt Marti anregt:

Wo kämen wir hin,
wenn alle sagten:
wo kämen wir hin.
Und keiner ginge,
um einmal zu schaun,
wohin man käme,
wenn man ginge.

Dazu müssten Eltern und Lehrer miteinander und mit den Schülerinnen in pädagogischer Vernunft reden und sich gegenseitig öffnen. Vielleicht denkt Pauls Lehrerin über ihr Verbot nach, wenn sie erfährt, was sie bei Paul auslöst: Er kann in der Frühe seinen Kakao nicht mehr trinken, hat Angst vor der Schule, fürchtet sich davor, es wieder »nicht aushalten« zu können, ohne aufs Klo zu gehen. Er denkt an das peinliche Erlebnis, vor der Klasse mit nassen Hosen dazustehen. Könnten angesichts dieser Situation Eltern und Lehrerin nicht sehen: Hier wird gegen die Würde des Kindes verstoßen, dieser Verstoß darf nicht hingenommen werden.

Seelische Verletzungen spüren Kinder am eigenen Leib

Seelisch-leibliche Symptome können durch die Schule ausgelöst oder verursacht werden. Bei psychosomatischen Erkrankungen, die durch Schulprobleme entstehen, sind auch andere Gegebenheiten beteiligt: elterlicher Erwartungsdruck, Krisen in der Familie, unmäßiges Fernsehen, störende Umweltbedingungen. Aber die Schule nimmt den größten Teil der Lebenszeit von Schülerinnen und Schülern ein und belastet viele mit Leistungsüberforderung, langweiligem Unterricht, eingeschränkter Bewegung durch ständiges Sitzen, wenig Eigenaktivität, Prüfungs- und Zensurendruck, durch Anforderungen, die Schülern sinnlos erscheinen, weil sie nichts mit ihrem Leben zu tun haben. Daraus erwachsendes Unbehagen kann sich in körperlichen Alarmsignalen ausdrücken.

Kinder und Jugendliche verbringen zwanzig bis dreißig Stunden im Schulgebäude und viele Stunden – oft Überstunden – bei Hausaufgaben. Die 35- oder 40-Stunden-Woche Erwachsener erfüllt viele Schüler mit Neid. Weil Unterricht das Leben der Kinder umfassend beeinflusst, wiegen Schwierigkeiten schwer. Sie sind unauflöslich mit der Lebensstimmung und dem Selbstwertgefühl verbunden. Deshalb können Schulkonflikte zu psychischen und psychosomatischen Störungen führen. Oft gehen diese nicht auf eine vorhandene Persönlichkeitsstörung zurück, sondern sind eine unmittelbare Reaktion auf die Schulsituation.

Kinder leben ihre seelischen Stimmungen stark im Leiblichen.

Ihre Körpersprache sagt aus, was sie nicht in Worte fassen können. Furcht kann sich in Bauchschmerzen ausdrücken, seelische Anspannung zu Einnässen führen. Verdrängte Aggression kann sich in Nägelbeißen oder nächtlichem Zähneknirschen äußern; Kindern kann vor Angst die Luft wegbleiben oder es verschlägt ihnen vor Schreck die Sprache. Fortwährender Kummer kann zu vielerlei seelisch-leiblichen Störungen führen: zu Einkoten, Asthma bronchiale, Ekzemen, Stottern, Körperzuckungen, auch zu selbst verletzenden Symptomen wie Haarausreißen oder Sich-Aufkratzen. Schulangst kann nächtliches Aufschrecken auslösen oder Kindern den Schlaf rauben, elterlicher Erwartungsdruck kann Kopfschmerzen bereiten.

Seit Jahrzehnten heißt es: »Schule macht krank«; wissenschaftliche Untersuchungen bestätigen das immer wieder aufs Neue. Aber das scheint kaum jemanden zu beunruhigen. Krank machende Schulumstände sind für Schlagzeilen gut; aber Eltern, Kinder und Lehrer stumpfen gegen das Leiden ab oder verleugnen die Nöte.

Die Verleugnung schulischen Kinderleids gibt es seit langem. Man sprach zum Beispiel davon, dass Jugendliche das Schulfieber haben. Damit meinte man, ein Kind sei *angeblich* erkrankt und suche nach einem Vorwand, nicht zur Schule gehen zu müssen. Das Fieber erklärte man sich früher so: Die Kinder regen sich auf und befürchten, ihre Lügen über Schmerzen könnten durchschaut werden. Das lässt die Körpertemperatur vorübergehend ansteigen.

Man verdächtigte die Kinder, sie würden Krankheit vortäuschen. Gleichzeitig wurde eingeräumt, dass die Furcht die Körpertemperatur ansteigen lässt. Tatsächlich tritt Fieber nicht nur in Verbindung mit Infektions- und anderen Krankheiten auf, sondern auch als psychosomatisches Symptom: Es kann durch Beziehungsstörungen ausgelöst werden, durch gehemmte Aggression, durch Trennungserlebnisse, Aufregung, Angst und Wut, bei Familienkonflikten und in Prüfungssituationen.

Miteinander reden über die Schule – Fragen an Schüler

? Rede ich mit meinen Eltern offen über das, was mich in der Schule bewegt, freut, bedrückt?

? Hören mir die Eltern zu, wenn ich ihnen aus dem Unterricht etwas mitteile? – Nehmen sie Anteil daran oder fragen sie mich bloß aus?

? Interessieren sich Mutter und Vater für *mich* persönlich oder geht es ihnen nur um meine Noten?

? Ist es bei uns üblich, in der Schulsprechstunde *gemeinsam* miteinander zu reden – die Eltern, die Lehrerin und ich? Oder reden Lehrer und Eltern *über* mich?

? Freue ich mich auf den nächsten Schultag?

? Bei welchen Lehrerinnen und Lehrern oder in welchem Fach kann ich sagen: »Da lerne ich gern und strenge mich an«?

? Arbeite ich im Unterricht bereitwillig mit?

? Gehen wir im Unterricht freundlich und rücksichtsvoll miteinander um?

? Finde ich den Unterricht langweilig oder interessant?

? Halten wir nach jeder Unterrichtsstunde – oder nach Lernabschnitten – Rückschau unter der Frage: Was habe ich persönlich dazugelernt? Hat es sich heute gelohnt, in die Schule zu gehen?

? Ist das Klassenzimmer so wohnlich, dass ich gern hineingehe? Gibt es darin Dinge, die ich gern anschaue oder mit denen ich etwas tun kann?

? Führen wir regelmäßig Kreisgespräche zum Thema: Wir und die Schule? Denken wir gemeinsam über die Frage nach: Wie stellen wir uns die Schule schöner vor? Und verbessern wir dann etwas?

Die Sprache drückt viele Einsichten über seelisch-leibliche Zusammenhänge aus. Allerdings begreifen wir die Redewendungen oft nicht in ihrem ursprünglichen Wortsinn. Manche Menschen ärgern sich ein »Loch in den Bauch« – und bekommen ein Magengeschwür. Andere könnten vor Wut platzen, sie dürfen aber ihre Wut nicht herauslassen; womöglich führt das zu hohem Blutdruck. Dem einen bleibt vor Aufregung die Spucke weg, der andere zittert vor Furcht – und manchen tut vor Aufregung der Bauch weh, zum Beispiel dem neunjährigen Andreas.

Versagensangst wird zu Bauch-Angst – Ein guter Schüler

Oft ist das Angstgefühl eines Kindes verschwunden und ein Körpersymptom da. Das geschah bei Andreas, er konnte nicht aussprechen, wie ihn seine Schulnöte ängstigten[4], stattdessen »redete« sein Körper. Jeden Morgen spielte sich das Gleiche ab: Wenn Andreas zum Schulbus gehen sollte, bekam er Bauchschmerzen, würgte das Frühstücksbrot mit Überwindung hinunter, verspürte Brechreiz und weinte. Er saß vor dem Frühstückstisch, klagte über Bauchweh und wurde blass.

Als die Mutter ihm wieder einmal wohlmeinend zuredete: »Du bist doch ein guter Schüler, du brauchst doch keine Angst zu haben«, formulierte er sein seelisch-leibliches Kranksein: »Ich hab keine Angst, aber mir ist so schlecht!« Damit drückte er unbewusst aus: Ich muss die unerträgliche Angst in Übelkeit umwandeln. Was *seelische* Spannung war, wurde zur körperlichen Verspannung. Angst und Bauchschmerzen sind eng miteinander verbunden. In manchen Gegenden wurde das Bauchweh als »Bauchangst« bezeichnet.

Ermunterte man Andreas, darüber zu sprechen, wie es ihm in der Schule ging, konnte er seine Furcht mitteilen. Er sagte: »Die Proben machen mir am meisten Angst. Da mein' ich immer: Jetzt krieg' ich eine schlechte Note.« – Auf die Frage: »Aber du bist doch ein guter Schüler – was ist so schlimm, wenn du einmal eine schlechte Note hast?«, meinte er: »Erst einmal denke ich an meine Eltern und dann erst an mich. Mir würde die Note Drei oder Vier oder Fünf nichts ausmachen, aber meinen Eltern. Deshalb bringe ich immer so gute Noten nach Hause, weil ich so gezwungen bin, weil die Mami sonst schimpft.«

Von der gefürchteten Prüfungssituation erzählte er: »Immer

wenn eine Probe kommt, dann mein' ich gleich, das schaff' ich nicht. Ich muss unbedingt einen Einser kriegen … Bei solchen Proben wird mir übel, alles dreht sich und dreht sich und dreht sich … Während der Probe da schwitz' ich immer so; mir wird ganz heiß, wenn ich eine Aufgabe nicht kann. Und wenn ich einen Fehler entdecke und ich schau' auf die Uhr, und es ist schon spät, dann glaub' ich immer: O je, das schaff' ich jetzt nimmer … Was wird jetzt das für eine Note werden. Bei der letzten Probe hab' ich einen Zweier gehabt. Jetzt krieg' ich vielleicht einen Fünfer?«

An Andreas wird deutlich, wie der durch die Zensurengebung bewirkte Leistungsdruck das Lernen behindert. Viel Lernenergie könnte freigesetzt werden, würden die Ziffernnoten abgeschafft, wie das Pädagogen und Psychologen seit Jahrzehnten fordern und wie es in alternativen Schulen praktiziert wird. Kinder könnten dann nicht nur lieber lernen, sondern auch mehr leisten. In vielen Ländern gibt es während der gesamten Grundschulzeit keine Ziffernzensur, zum Beispiel in Italien, Dänemark, den Niederlanden, Norwegen, Großbritannien. An Stelle der Ziffernnoten wird der individuelle Lernfortschritt festgestellt; das ermutigt die Kinder. Gemessen wird, wie Schülerinnen und Schüler im Vergleich zu ihrer *eigenen* Leistung vorangekommen sind und wie weit sie sich dem Lernziel näherten. Das führt zu Leistungsstolz, Lernfreude und Selbstbewusstsein.

Andreas: »Ich hab' keine Angst, sondern Bauchweh«

Und was führt zu psychosomatischen Leibschmerzen? Das bei Grundschulkindern häufig vorkommende Symptom der Schmerzen in der Nabelgegend wird auch als Nabelkolik bezeichnet. Dieses Bauchweh ist Ausdruck gestörter Beziehung und überfordernder Schulsituation. Das Kind fühlt sich angesichts strenger Leistungsansprüche ohnmächtig. Darauf reagiert es mit Angst und flüchtet unbewusst in die Konversionsneurose: Durch den Vorgang der Konversion wird psychische Erregung in leibliche Symptome umgesetzt. Die unerträgliche seelische Belastung wird aus dem Bewusstsein verdrängt und verbirgt sich in einem körperlichen

Krankheitsbild. Was *seelischer* Schmerz sein sollte, verwandelt sich durch die Verdrängung in *körperlichen* Schmerz.

In den Symptomen steckt ein verborgener Bedeutungsgehalt. »Mir ist so schlecht«, klagt Andreas. In Wirklichkeit geht es ihm jedoch *seelisch* schlecht. Häufig werden Kinder mit ihrer Angst nicht angenommen oder müssen sich derentwegen schämen und verleugnen sie. Im Körpersymptom kehrt die Angst entstellt wieder. Magen- und Bauchschmerzen – oft als Schul-Bauchweh bezeichnet – treten bei Kindern im Zusammenhang mit Schulnöten häufig auf.

An Andreas' freundlicher Mutter wird deutlich: Wir lassen Kinder allein, wenn wir die Angst beschwichtigen, anstatt auf sie einzugehen. Ein Ausschnitt aus der täglichen Frühstückssituation; die Mutter ermuntert Andreas zum Essen:

> *Andreas:* Ich hab' jetzt kein' so rechten Hunger.
> *Mutter:* Aber ein Ei geht doch immer, oder? Das rutscht doch.
> *Andreas:* Ich hab' aber trotzdem keinen Hunger.
> *Mutter:* Aber ein bisserl was musst du doch im Magen haben ... Wirst seh'n, in der Schul' wird's besser.
> *Andreas:* Aber wenn ich jetzt in der Schul' brechen muss? Dann brech' ich ja die Bank voll.
> *Mutter:* Dann saust du halt schnell raus.
> *Andreas:*Ich hab' so Bauchweh, glaub' mir's doch endlich!
> *Mutter:* Ja, ich glaub' dir ja, aber probier's halt. Du hast bloß Angst vor der Schule, oder?
> *Andreas:* Nein, ich hab' nicht Angst vor der Schule, aber mir ist so schlecht.
> *Mutter:* Das wird schon wieder; es war dir doch schon so oft schlecht in der Früh', oder?
> *Andreas:* Ich muss brechen ... Mir ist so kalt ...

Beide sprechen von Körpersymptomen, nicht von der dahinter liegenden Not. Die Mutter sagt: Du hast doch *bloß* Angst. Vermutlich flüchtet der Junge unbewusst auch deshalb in körperliche Krankheit, weil seine Angst nicht akzeptiert wird. Mit körperlichem Unwohlsein kann er eher angenommen werden und auf Mitleid hoffen. Wird bei einem Kind ein *psychischer* Konflikt sichtbar, gehen

Eltern und Lehrer von Leistungsforderungen weniger leicht ab, als wenn es körperlich krank ist.

Das zurückgewiesene Gefühl rumort im Körper

Andreas' Mutter kann die Angst des Kindes zu wenig annehmen. Sie ist nicht hartherzig, vielmehr muss sie eigene Ängste abwehren; die würden spürbar, wenn sie sich von ihrem Jungen anstecken ließe. Die Mehrzahl der Eltern nimmt krank machende Schulbedingungen schweigend hin. Das hängt stärker mit der Verleugnung eigener Schulängste zusammen, als mit mangelnder pädagogischer Einsicht. Deshalb hilft es wenig, Eltern darüber zu belehren, wie Schule sein muss, damit Kinder nicht geschädigt werden. Wichtig ist, die Erwachsenen zu ermutigen, sich auf eigene Schul- und Lebensängste einzulassen. Dann werden sie wahrnehmungsfähiger für Schulnöte der Kinder. Wenn sich bei Schülern verfestigte neurotische Symptome zeigen, bedarf es einer psychotherapeutischen Behandlung.

Im Fall von Andreas gälte es, seine Angst zu bearbeiten und den Eltern zu helfen, ihren eigenen Leistungsdruck zu mindern. Dann könnten sie sich selbst und den Jungen mehr »gehen lassen«. Sie wünschen sich, ihr Kind »solle es einmal besser haben«; deshalb müsse es gut lernen. Die Mutter sagte einmal: »Mein Wunschtraum wäre halt, dass er Arzt wird.« Solch elterliche Erwartungen sind natürlich. Aber wenn sie starr an ein Kind herangetragen werden, schränken sie die Entwicklung ein. Der Heranwachsende kann dann nicht seine individuellen Neigungen entfalten.

Deshalb muss auch der Unterricht so angelegt sein, dass nicht jedes Kind das Gleiche zu lernen hat, sondern sich nach den persönlichen Anlagen entwickeln darf. Nur so kann Schule Freude machen – und damit nicht nur die seelische, sondern auch die körperliche Gesundheit fördern.

Andreas' freundliche Lehrerin sagte zu dessen Furcht in der Prüfungssituation: »Der Andreas ist halt zu sensibel, viel zu empfindsam … Er bewegt sich noch zu sehr in der Phantasie und müsste sachlicher werden … Ich muss schließlich meine Klassenarbeiten abhalten; woher bekäme ich sonst die Zensuren? Und ich bin daran gebunden, meinen Stoff durchzubringen ...« Diesen Äußerungen nach hätten empfindsame Kinder in der Schule keine Daseinsberechtigung? Aber gerade weil es in der Schule mehr um Sachen als um die Menschen geht, gibt es so viel seelisches Unbehagen, das in körperliche Symptome umschlagen kann.

Bauchschmerzen und dahinter liegende Angst von Andreas könnten durch die Umstimmung der Eltern und durch eine Halt gebende Beziehung in der Schule aufgehoben werden. Jüngere Kinder vermögen nur dann gut zu lernen, wenn sie sich in vertrauensvollem Kontakt zur Lehrerin fühlen. Sie erfahren, dass sie als Person mit ihrer Eigenart, auch mit ihren Schwächen und Schwierigkeiten angenommen werden.

Andreas ist kein Einzelfall, wie psychologische Untersuchungen zeigen. Ich entnehme einer Reihe von Erhebungen die mittleren Werte:

20%	der Schüler sind von Kopfschmerz geplagt;
24%	klagen über Bauchschmerzen;
40%	leiden beim Frühstück an Appetitlosigkeit;
20%	der Kinder ist manchmal vor der Schule schlecht;
30%	schlafen vor Klassenarbeiten schlecht;
22%	klagen über Schlaflosigkeit;
67%	haben bei Prüfungen ein komisches Gefühl im Magen;
46%	verspüren in der Prüfungssituation Händezittern;
61%	bekommen Herzklopfen, wenn die Klassenarbeitshefte verteilt werden;
12%	sollen vom Arzt aus Beruhigungs- oder Stärkungsmittel einnehmen;
18%	der Eltern geben an, die Schüler bräuchten gelegentlich Beruhigungsmittel;

40% der Zwölfjährigen und 53% der Siebzehnjährigen nehmen regelmäßig Kopfschmerzmittel;

6% der Zwölfjährigen schlucken Aufputschmittel.

Was muten wir Kindern zu, dass sie sich mit Pillen aufputschen müssen oder ruhig stellen, dass ihnen der Appetit vergeht oder der Kopf schmerzt, dass ihnen die Schule den Schlaf raubt und dass Prüfungen Zittern und Herzklopfen hervorrufen? Und was haben Eltern, Lehrerinnen und Lehrer für ein Menschenbild, dass sie die Beunruhigung der Kinder selbstverständlich hinnehmen? Die Zahlen zeigen: Schule kann zum gesundheitlichen Risiko werden – etwa für Manfred, der von sich berichtet: »Wenn ich mir zu Hause vorstellte, ich käme im Unterricht dran, zog es mir schon den Magen zusammen – und ich hatte von dieser Zeit an gehäuft Magenschleimhautentzündung.«

Nachdenken über seelisch-leibliche Zusammenhänge

Durch psychosomatisches Denken lernen wir uns selbst und die Kinder besser verstehen. Wir können seelisch-leibliche Zusammenhänge mit persönlichen Erfahrungen verknüpfen, zum Beispiel, indem wir überlegen:

? Habe ich an mir selbst erfahren, dass Kränkung krank machen kann? Was spricht mich persönlich bei dem Thema »seelisch-leibliche Vorgänge« an?

? In welchen körperlichen Anzeichen drückt sich bei *mir* aus, dass ich gekränkt worden bin? Mit welcher Körperstelle oder welchem Organ reagiere ich empfindlich, wenn mich etwas belastet, wenn ich mich aufrege, ärgere, sorge oder überfordert fühle?

? Kenne ich die Erfahrung, dass sich ein Erregungszustand in hoher Blasenspannung, in Bauch- und Kopfschmerzen oder Übelkeit und anderen Körpererscheinungen ausdrückt?

? Erinnere ich psychosomatische Reaktionen aus meiner Schulzeit? Wie drückte sich die seelisch-leibliche Erregung aus?

? Habe ich als Schülerin oder Schüler womöglich psychosomatisch reagiert, ohne dass der seelisch-leibliche Zusammenhang von mir oder anderen erkannt wurde?

? Ist es möglich, dass ich meine Kinder mit meinen Erwartungen unter Druck setze?

? Kann ich mich aus meiner Schulzeit an die Angst vor Blamage erinnern?

? Wie ging es mir, wenn ich in der Schule – ohne dass ich es wollte – an der Tafel vorrechnen musste? Kenne ich heute noch Situationen, in denen mich das Aufgerufenwerden ängstigt? Wie reagiert mein Körper dabei?

? Erkundige ich mich bei meinen Kindern, wie es ihnen beim Abgefragtwerden geht? Bin ich mir im Klaren darüber, dass das willkürliche, die Kinder zwingende Aufgerufenwerden lernpsychologisch ungünstig, pädagogisch überflüssig und taktlos ist?

? Wie fände *ich* es, wenn man mich in einer Gesprächsrunde, bei einer Versammlung, in einem Kurs vor allen anderen aufrufen und ausfragen würde?

? Erlebe ich an meinen Kindern, wie *seelischer* Schmerz zu *körperlichem* Schmerz werden und wie sich psychische Spannung in somatische Verspannung verwandeln kann?

Gerhards Magenschmerzen – Folge der Schwarzen Pädagogik

Ängstlicher Erregungszustand kann für Kinder hilfreich sein, weil er Körper und Geist aktiviert. Aber übermäßige Angst blockiert das Denken, zum Beispiel bei Gerhard. Er war bis zum vierten Schuljahr ein guter Schüler, machte im Unterricht interessiert mit, hatte Freude daran, Neues zu lernen, erledigte seine Hausaufgaben zuverlässig und erzählte daheim viel aus der Schule. Das änderte sich, als er in das fünfte Schuljahr der Orientierungsstufe übertrat. Lehrer G. wollte die Orientierung darüber, ob Kinder fürs Gymnasium geeignet sind, rasch vorantreiben. Dazu gehörte, viele Tests abzuhalten und häufig mündliche Noten zu erteilen. Er rief die Kinder willkürlich auf und fragte sie aus. Die Schüler sollten sich, so begründete der Lehrer seine Prüfungstyrannei, an den gymnasialen Zustand gewöhnen.

Immer wieder gab es überfallartige Stegreifaufgaben; bei Klassenarbeiten musste sich jeder Schüler auf einen anderen Platz setzen und sich abschirmen. Alles Verdächtige musste weggeräumt werden; für Abschreiben oder Vorsagen wurde die Note Sechs angekündigt.

Gerhard geriet durch dieses unpädagogische Prüfungsgebaren von Lehrer G. in panische Angst. Immer öfter weinte er und bat die Mutter, zu Hause bleiben zu dürfen. Schließlich bekam er Magenschmerzen, wenn er zur Schule gehen sollte.

Als die Mutter dem Lehrer von Gerhards Not berichtete, war er voll guten Meinens. Er wolle die Kinder »instand setzen«, frühzeitig mit der »harten Realität des Gymnasiums fertig zu werden«. »Verweichlichung« würde den Kindern schaden; schließlich müssten sie »auf den harten Konkurrenzkampf vorbereitet werden«; da müsse er »strenge Maßstäbe anlegen«. Wenn der Junge jetzt lerne, »sich den Regeln zu unterwerfen«, werde er sich künftig fügen, »ohne es zu merken«. Die Mutter müsse einsehen: Häufige Prüfungen seien »nur zum Wohle des Kindes«; vielleicht gehe sie mit ihrem Jungen zu »zimperlich« um. Möglicherweise sei Gerhard nicht geeignet fürs Gymnasium. Um dies festzustellen, gäbe es die Orientierungsstufe. Gerhards Bauchschmerzen vergingen schon, wenn er sich an die neue Situation gewöhnt habe; man dürfe nicht auf seine Klagen eingehen.

Dieser im Wahrnehmen von Kindern gestörte Einzelfall eines Lehrers zeigt, wie sich Elemente der Schwarzen Pädagogik hinter seinem Verhalten verbergen. Diese kann er in unserem Schulsystem praktizieren, ohne von Schulgesetzen, Kollegen, Vorgesetzten oder Schülereltern daran gehindert zu werden. Der Lehrer begründet seine Pädagogik der Unterwerfung so:

– Zwang und Härte seien eine gute Vorbereitung fürs Gymnasium.
– Auf kindliche Bedürfnisse einzugehen sei schädlich; das würde den Schülern eine falsche Anschauung vom wirklichen Leben vorspiegeln.

- Man dürfe nicht zu viel auf die Gefühle der Kinder achten; das Emotionale werde überbetont; das schade den Schülern in ihrem Fortkommen.
- Kinder müssten lernen, Angst zu ertragen, andernfalls seien sie nicht für die höhere Schule geeignet.
- Die Schüler haben sich an Unterordnung zu gewöhnen, später seien sie ihm dankbar dafür.

Dieser Lehrer musste aus der Not seiner Härte eine Tugend machen. Das Hart-Sein, zu dem er erziehen will, bedeutet in Wirklichkeit Gleichgültigkeit gegen das Leid. Dabei wird zwischen dem eigenen Schmerz und dem anderer nicht unterschieden. Wer hart gegen *sich* ist, erkauft sich das Recht, auch gegen andere hart zu sein. Er rächt sich vermutlich für den Schmerz, der ihm zugefügt wurde und den er verdrängen musste.

Härte der Auslese – Inhumanität der Schulbehörde

Aber wer hilft dem Lehrer aus seiner verletzenden Härte? Hilfen wären, sich mit ihm offen und zugewandt auseinander zu setzen: als Eltern, Elternbeirat, Kollegin und Kollege, als Schulleiter oder Schulpsychologe, Vertrauenslehrer und Schulärztin, Seminarleiter und Schulrat. Es hieße, den gegen sich selbst und die Kinder verhärteten Menschen zu konfrontieren mit dem Zerstörerischen, das er anrichtet – nicht anklägerisch, sondern aufdeckend; und es hieße, ihm entschieden Einhalt zu gebieten. Dann könnte er Chancen wahrnehmen, sich zu verändern: die Kälte gegen sich selbst und andere abzubauen durch persönliche Beratung, Teilnahme an einer Lehrergruppe oder Selbsterfahrungsgruppe, durch psychotherapeutische Behandlung, pädagogische Fortbildung, kollegiale Unterstützung.

Man kann diesen Lehrer nicht auffordern, den Kindern mehr Wärme zu geben; denn Liebe lässt sich nicht fordern. Aber man kann ihm helfen, die Bedingungen seiner Kälte zu erkennen und die ihr zugrunde liegenden Motive aufzuspüren. Das kann das Bewusstsein dafür schärfen, die kontaktstörenden Züge beim Umgang mit Menschen zu kontrollieren. Vielleicht ermöglicht das dem Lehrer, mehr Freude am Beruf zu gewinnen, den Aufgabenbereich oder die Altersstufe zu wechseln – oder den Beruf. Es ginge darum, die Kraft zur Selbstwahrnehmung zu entwickeln, aus der heraus ein neues Handeln möglich wird.

Ein Teil des Umfelds im Lehrerkollegium und in der Elternschaft verurteilte das unnachsichtige Ausleseverfahren des Lehrers G. Aber niemand nahm wirklich Anstoß, zum Beispiel an seinem fortwährend wiederholten Satz: »Selektion muss eben sein.« Erschreckt es nicht, dass das Wort »Selektion« im nationalsozialistischen Sprachgebrauch verhüllend dafür stand, Millionen schuldloser Menschen für die Gaskammern auszusondern? Wenn der Begriff »Selektion« auf die Auswahl und Aussonderung von Kindern angewandt wird, sollten wir fragen: Nehmen wir ernst, was Theodor Adorno für eine »Erziehung nach Auschwitz« forderte? Nämlich die wahrhafte Kraft gegen das Prinzip Auschwitz zu entwickeln: Verantwortung für die Mitmenschen, die Kraft zur Reflexion, zur Selbstbestimmung, zum Nicht-Mitmachen.

Lehrerinnen und Lehrer, die das ihnen aufgezwungene Selektionsprinzip vertreten, richten ihr Handeln nicht bewusst gegen Kinder. Sie argumentieren im Gegenteil damit, jedem Schüler solle die ihm angemessene Schullaufbahn zugewiesen werden. Aber ihr Menschenbild ist deformiert: nämlich einseitig auf Leistung ausgerichtet. Viel schulisches Unglück hat seinen Ursprung darin, dass Kinder nicht so akzeptiert werden, wie sie *sind*. Orientiert am Konkurrenzprinzip, werden sie einseitig an ihrer Leistungsstärke gemessen.

Der durch ein verzerrtes Leistungsprinzip getarnten Unterdrückung des Lehrers hielt Gerhard nicht stand. Wiederholt wurde er vor der Klasse erniedrigt: Wenn er sich so dämlich anstelle, wäre wohl klar, dass er für das Gymnasium nicht infrage käme. Solche Drohungen »schlugen« sich dem Jungen auf den Magen. Der Hausarzt diagnostizierte einen »Reizmagen ohne organischen Befund«; die »Übersäuerung des Magens« erklärte er durch die »depressive Stimmungslage«. Bei Gerhard wurde der Magen zum Schmerzpunkt konflikthafter Erlebnisse unter der Herrschaft des Lehrers G. Weil der Schüler bemüht war, sich »zusammenzureißen«, wurden die schulischen Belastungen zunächst nicht in ihrer vollen Konflikthaftigkeit zugelassen; so kam es zur Magenfunktionsstörung.

Die Eltern ließen sich und den Jungen psychotherapeutisch beraten. Durch konfliktorientierte Gespräche unter Einbeziehung spieltherapeutischer Methoden sollte Gerhard geholfen werden. Das »Opfer« musste in Psychotherapie, während sich der krank machende »Täter« und die ihn stützende Schulbehörde weigerten, ihre psycho-soziale Verantwortung zu erkennen.

Da der Lehrer auch andere Kinder krank machte, schlossen sich die Eltern zusammen und verlangten einen Lehrer-Wechsel. Die Schulverwaltung wollte keinen Aufsehen erregenden Vorfall. Deshalb wurde der kinderfeindliche Lehrer an einen 35 Kilometer entfernten Dienstort versetzt. Dies ist ein schamloser Ausdruck schulbehördlicher Unmoral: Die Rohheit des Lehrers soll *andere* Schüler treffen, deren Eltern womöglich nicht für ihre entwürdigten Kinder eintreten. Die vorgesetzten Beamten dachten nicht an die gekränkten Kinder, geschweige denn, dass sie sich in deren lernstörende Situation einfühlten. Sie hatten – wie der destruktive Lehrer – nur Machtausübung und Unterdrückung im Sinn.

Pädagogische Anregungen:
Was können Eltern, Lehrerinnen und Lehrer bedenken?

✔ Körperliche Erkrankungen von Kindern und Jugendlichen sind nicht immer nur *körperlich*. Wir können sie auch darauf hin befragen, ob sie *seelische Nöte* anzeigen. Manchmal lassen Kinder unbewusst den Körper »sprechen«, weil sie selbst ihre Not nicht ausdrücken können. Die Körpersprache des Kindes kann uns zu seinen seelischen Konflikten führen.

✔ Eltern und Lehrer sollten *Erinnerungsarbeit* mit ihren eigenen, weit zurückliegenden Schulerfahrungen riskieren. Tun sie das ohne Erinnerungsfälschung, werden sie fühlfähiger für das, was ihre Kinder erleben.

✔ Das *Miteinander-reden von Eltern, Lehrern und Kindern* ermöglicht, sich besser zu verstehen. Dieses Verständnis erleichtert den Erwachsenen, sich unterstützend auf die Heranwachsenden einzulassen, es hilft Lehrerinnen und Lehrern, die Schüler beim Lernen zu unterstützen.

✔ Wo immer Kinder und Jugendliche ein *Problem »zur Spra-che« bringen*, vermindert sich die Gefahr, dass sie es verkör-perlichen müssen. Deshalb sollten Eltern und Lehrer ein Kli-ma schaffen, in dem sich die Kinder offen äußern dürfen. Sie sollten nicht in sie eindringen, sondern in Beziehung bleiben, als Gesprächspartner da sein. Vielleicht kann dann das Un-sagbare, das sich im Körper verborgen hält, sagbar werden.

✔ Gefühlsäußerungen des Kindes wie Angst, Unlust, Widerwil-len dürfen wir nicht zurückweisen oder beschwichtigen, son-dern müssen sie ernst nehmen und uns darauf einlassen. – Erwachsene sollten sich nicht abhärten gegen kindliches Leid in der Meinung, das wäre eine gute Vorbereitung auf die Härte der Gesellschaft, sondern *Mitleid zulassen*. Aus dem Widerwillen, Kinder leiden zu sehen, erwächst die Kraft, sie zu schützen und ihnen zu helfen.

✔ Wir müssen Kinder darin *bestärken, Spannungen zu ertragen*: durch Ermutigung, Herausforderung, Unterstützung, Halt-geben, Zuspruch. *Überfordernde Spannungen können krank machen* – auch Überforderungen körperlicher Art: etwa die des zu langen Stillsitzens oder die, Kinder während des Un-terrichts nicht auf die Toilette gehen zu lassen und damit Kontrolle über ihre Blase auszuüben.

✔ *Psychosomatische Notsignale äußern sich vielfältig*. Immer ist ärztlich abzuklären, ob es sich nicht um somatische Ursachen handelt bei Bauch- und Kopfschmerzen, Einnässen, Nägel-beißen, Zähneknirschen, nächtlichem Aufschrecken, Schlaf-störungen, Angstzuständen, Bauch-Angst, Einkoten, Asthma bronchiale, Essstörungen, Magenschleimhautentzündung, Ekzemen, Stottern, Körperzuckungen …

✔ Wir sollten *Kinder nicht verdächtigen, Krankheit vorzutäu-schen* – das bringt sie zusätzlich unter Druck –, sondern ge-nau hinsehen, was wirklich ist. Selbst wenn Kranksein vorge-schoben wird, ist das Kind in einer Situation, in der es Hilfe braucht.

✔ *Schreck einflößende Situationen* können vermieden werden: plötzliches Aufrufen, überraschende Probearbeiten, Sich-

»herausstellen«-Müssen, zum Beispiel an der Tafel. Solche Maßnahmen verstoßen gegen den pädagogischen Takt und stören das Lernen.

✔ Auf keinen Fall dürfen Schülerinnen und Schüler *Blamage-Situationen* ausgesetzt werden: Bekanntgabe schlechter Noten, Vorzeigen missglückter Arbeiten ... Bloßstellen verletzt das Selbstwertgefühl der Kinder. Eine entspannte Unterrichtssituation dient nicht nur der seelisch-körperlichen Gesundheit, sondern fördert das Lernen. Ein lernpsychologisches Grundprinzip besagt: Versagens-Situationen vermeiden – Lernerfolgs-Erfahrungen ermöglichen.

✔ *Leistungsprüfungen dürfen nicht ängstigen,* in dem sie Überfallcharakter haben. Sie müssen gut vorbereitet werden und den Kindern Sicherheit darüber geben, was geprüft wird, damit sie erfolgreich lernen können. Die Schüler müssen darin eingeübt werden, *richtig* zu lernen und die Chance bekommen, in der Prüfungssituation etwas zu leisten.

✔ Schüler-Eltern und Lehrerkollegen sollten sich verpflichten, Kinder *vor krank-machenden Lehrern zu schützen*: durch Einspruch und entschiedenes Handeln.

Schulangst –
ein gesundheitliches Risiko
Furcht zerstört das Selbstvertrauen –
Ermutigen statt Ängstigen

> Am schlimmsten ist, wenn die Schule mit Furcht,
> Zwang und künstlicher Autorität arbeitet.
> Solche Behandlung vernichtet das gesunde Lebensgefühl,
> die Aufrichtigkeit und das Selbstvertrauen des Schülers.
> Sie erzeugt den unterwürfigen Untertan. Es ist einfach,
> die Schule von diesem schlimmsten aller Übel frei zu halten:
> Man gibt dem Lehrer möglichst wenig Zwangsmittel in die Hand. Dann
> sind die einzige Quelle des Respektes der Schüler gegenüber dem Lehrer
> dessen menschliche und intellektuelle Qualitäten.
> *Albert Einstein*

Das Wort »Schulangst« gibt es vermutlich seit es Schulen gibt. Es steht im großen Wörterbuch der deutschen Sprache und ist jedem geläufig. So selbstverständlich macht Unterricht Angst? Der Begriff »Schulangst« hält in der Sprache fest, *wie* eng Schule mit Gefühlen der Beklemmung verbunden ist, mit Bedroht- und Ausgeliefertsein. Da Angst mit körperlichen Reaktionen einhergeht, kann Schulangst krank machen. Es kann Kindern vor Angst »die Sprache verschlagen«, »die Spucke wegbleiben« oder den »Magen abdrücken«. Sie können vor Furcht bleich werden, vor Entsetzen zittern, Herzklopfen bekommen oder wie gelähmt sein; manchen sitzt die Angst »im Nacken« oder schnürt ihnen den Hals zu. Solche Körperreaktionen drücken die Gleichzeitigkeit von Erleben und Körperreaktion aus. Sie können zu Erkrankungen führen, wenn die Angst zur Erlebniskatastrophe wird.

Benjamins Ausfrage-Tag: »Die Schule ist ein Psychokrieg«

»Müde richte ich mich auf. Eine anstrengende Nacht liegt hinter mir. Wenig Schlaf … Der Wecker läutet. Es ist ein widerlicher Klang. Es klingt nach *erster Schultag*. Und es klingt nach Mathematik. Voraussichtlich klingt es auch nach *Note Sechs* ...« schreibt Benjamin Lebert in seinem Roman »Crazy«[5]. Wieder »nur ein Einzelfall« sagen jene, die sich von der an einzelnen Kindern verübten sadistischen Pädagogik nicht berühren lassen; vielleicht weil sie selbst an dieser Pädagogik der Unterwerfung teilhaben?

Dieser Einzelfall taucht in vielen Schulberichten von Jugendlichen und Eltern auf. In deren Schilderung zählt das Ausgefragt-werden zum Gefürchtetsten des Schulalltags. Aber die Abfrage-Quälerei wird von Schülerinnen und Schülern als unabwendbar und von den Eltern mitleidslos hingenommen, obwohl das Furcht erregende Ausfragen die Leistungsfähigkeit der Jugendlichen einschränkt. Der sechzehnjährige Benjamin Lebert beschreibt das Unglück, das sadistische Lehrer anrichten können. Alle Beteiligten lassen es sehenden Auges geschehen, statt sich zivilcouragiert einzumischen:

Ausgerechnet jetzt muss ich an Mathematik denken. An Falkenstein. Meinen Lehrer. Er sagt, er sehe für meine Zukunft schwarz. Das könne ich gleich vergessen, meint er. Die Nachhilfe sei unnötig. Ich wäre einfach zu blöd. Vielleicht hat er Recht. In letzter Zeit nimmt er mich häufig beim Ausfragen dran. Weil er weiß, dass ich nichts verstehe. Das befriedigt ihn irgendwie. Es ist schon ein richtiger Psychokrieg geworden. Aber so ist eigentlich die ganze Schule ... Die Schule *an sich* ist ein reiner Psychokrieg. Da muss man es ja schwer haben. Für einen 16jährigen ist das ziemlich hart. Man ist noch ziemlich jung und wird schon derart verarscht. Von einem Typen, der sich Lehrer nennt ...

An einem ganz normalen Ausfragetag befiehlt er uns, die Bücher zu schließen. Mit stechendem Blick sucht er ein Opfer. Schon dann habe ich eigentlich genug. Er droht an, er werde nun jemanden befragen. An der Tafel. Vor allen. Wehe, einer könne das nicht. Langsam erhebt er sich von seinem Lehrerstuhl. Der Schweiß läuft mir über die Stirn. Ich will nicht ausgefragt werden. Warum sagt er nicht gleich, wer drankommt? Oder warum trägt er mir nicht gleich einen Sechser ein? Das wäre einfacher. Warum muss er mich so quälen? Ich hasse es, vor der Klasse zu rechnen. Ich blamiere mich immer. Ich zittere. Bin nervös ... Das Zeug ist ohnehin schwierig. Und Falkenstein kann so richtig gemeine Fragen stellen ...

Jeder Schüler hier will die Last des Ausfragens auf einen anderen schieben. Ist der Name des Pechvogels schließlich verkündet, so sind die restlichen meistens ziemlich froh. Erleichtertes Seufzen macht dann die Runde. Für den Pechvogel ist es doppelt schwer. Alles Teil des Plans, würde ich sagen.

Falkenstein blickt auf. Ich zittere. Weiß gar nichts mehr. Die wenigen gespeicherten Brocken aus dem Unterricht sind der Aufregung zum Opfer gefallen. Ich scheiße mir schon fast in die Hosen. Mein Magen bläht sich auf. Gänsehaut huscht über meinen Körper. Ich komme dran. Es muss ja so sein. Falkenstein sagt mit einer tiefen, kräftigen Stimme: »Lebert! So zeigen Sie uns, wofür ich so lange geredet habe.« Das sagt er immer so. Ich hasse es, wie er es sagt. Wie er Lebert sagt. So, als wolle er mich erschießen. Als brächte er mich zum Galgen. Und das tut er auch. Wie in Trance erhebe ich mich. Schwitze. Bin leer. Meine Gedanken drehen sich um nichts. Nur um das Stück Kreide, das ich in die Hand gedrückt bekomme …

Falkenstein macht ein paar Angaben. Ich schreibe sie auf. Horche dem streichenden Laut der Kreide. Jetzt muss ich die Aufgaben lösen. Warum stehe ich eigentlich hier? Ich weiß es nicht. Male ein Zeichen. Zwei. Einen Kreis. Falkenstein ist nicht zufrieden. Er entlässt mich wieder auf meinen Platz. Ich schaue zu meiner Zeichnung an der Tafel hinüber. Sie sieht schrecklich aus …Ich schäme mich. Leider kann ich es nicht besser. Ich meine, Mathe muss doch jeder Mensch irgendwie bezwingen können. Auch so ein Penner wie ich. Ich bin frustriert.

Nach dem Unterricht kommt Falkenstein: »Das mit deinem Abschluss kannst du vergessen«, sagt er. »So wie ich es sehe, müssen wir froh sein, wenn das Kultusministerium für dich keine Note 8 einführt.«

Er grinst ein großes, breites Grinsen. Seine Mundwinkel ziehen sich fast bis zu den Ohren hinauf. Zu gern würde ich ihm in das Grinsen hineinschlagen. Um zu sehen, was sich das Kultusministerium nicht noch alles für mich einfallen ließe. Falkenstein geht. Ich gehe auch. Wir haben Pause.

Ja, die Schulzeit ist wirklich nicht einfach, glaube ich.

Sadismus-Tag: Abfrage-Folter des Herrn Falkenstein

»Die Schulzeit ist wirklich nicht einfach«, schreibt Benjamin. Zugegeben. Aber sie müsste nicht *grausam* sein. Eine Schülerin meint zu Benjamins Bericht: »Es gibt noch viel Schlimmeres im Unterricht als Lehrer Falkenstein. Da wäre ich froh, wenn mir Lehrer nur *das* angetan hätten.« Tatsächlich, es gibt Schlimmeres; ich habe einiges davon in meinem Buch »Die Würde des Schülers ist antastbar«[6] beschrieben. Aber selbst darin erwähnte ich manche entwürdigende Vorfälle nicht, auf die ich bei meinen Recherchen gestoßen bin: sexuelle Erpressung von Schülerinnen, deren Note zu 5 hin schwankte, körperliche Sadismen … Die Vorkommnisse waren mir zu widerwärtig und wären manchen unglaubhaft erschienen, wäre der Missbrauch nicht amtlich und juristisch belegt; belegt auch: Solche Lehrer durften weiterhin Lehrer sein, lediglich an einem anderen Schulort.

Falkensteins Vergehen reicht aus, um ihm die Eignung als Lehrer abzusprechen. Seinen Ausfragetag wiederholt er hundertmal und mit dessen vergifteten Pfeilen verletzt er Tausende von Schülern. Verstößt das nicht gegen die Unantastbarkeit der Menschenwürde? Seine *pädagogische* Disqualifikation steht außer Frage.

Das Unheil, das Lehrer wie Mathematiklehrer F. in Jahrzehnten anrichten, müsste durch ein Berufsverbot verhindert werden. Herr Falkenstein maßt sich an, Benjamins Zukunft vorauszusagen: »Er sehe für meine Zukunft schwarz. Das könne ich gleich vergessen, meint er. Die Nachhilfe sei unnötig.« – Einem Jugendlichen die Zukunft abzusprechen ist ein pädagogisches Verbrechen. Es zählt zum Schlimmsten, was Lehrer anstellen können: die ihnen anvertrauten Kinder *aufzugeben*, sie mit der Prophezeiung ihres Versagens auszustoßen. Negative Vorhersagen, wie sie Lehrer F. ausspricht, wirken sich schädlich aus: als Spuren der Selbst-Aufgabe in der Seele der Heranwachsenden. Der Schüler sagt ja auch zu der düsteren Zukunftsprognose seines Lehrers: »Vielleicht hat er Recht.«

Der Mathematiklehrer wirft dem Schüler vor, er »wäre einfach zu blöd«. Die *Unanständigkeit* der Bemerkung wird deutlich, wenn man sie in ihrer Umkehrung betrachtet: Was geschähe, wenn der Jugendliche zum Lehrer sagte: »Sie sind einfach zu blöd, um Mathematiklehrer zu sein«? – Vielleicht bekäme der Schüler einen Verweis; der Mathematiklehrer erhält keinen. Womöglich müsste der Jugendliche sogar einen Direktoratsverweis einstecken; den unpädagogischen Lehrer weist der Direktor nicht in seine Schranken. Kann sein, der Jugendliche würde mit Unterrichtsausschluss bestraft; Herrn Falkenstein aber schließt niemand vom Unterricht aus, wenngleich das ein Segen für die Schüler wäre. Ungehindert darf er im Umgang mit jungen Menschen die sittlichen Grenzen überschreiten.

Der Gymnasiallehrer lebt seinen *seelischen Sadismus* voll aus, kein demokratischer Einspruch hindert ihn daran: »In letzter Zeit nimmt er mich häufig beim Ausfragen dran. Weil er weiß, dass ich nichts verstehe. Das befriedigt ihn irgendwie. Es ist schon ein richtiger Psychokrieg geworden.« Der Lehrer nimmt den Schüler dran, weil er weiß, dass dieser die Aufgabe *nicht* versteht. Den Jugendlichen zu erniedrigen, bereitet ihm offenbar Lust. Es ist ein Kennzeichen seelischen Sadismus', andere zu demütigen, zu beschämen, sie bewusst zu verletzen, Macht zu demonstrieren, die Schwächeren in Ohnmacht zu treiben, sie leiden zu machen. In seinem Sadismus ruft Herr Falkenstein die Schüler nicht einfach auf: »Mit stechendem Blick sucht er ein *Opfer*. Er droht … Warum muss er mich so quälen?«

Benjamin meint allerdings: »Die Schule *an sich* ist ein reiner Psychokrieg.« – Das erklärt, weshalb viele Lehrer beleidigt reagieren, wenn Einzelfälle wie Herr Falkenstein kritisiert werden, obwohl mit der Kritik nicht die Allgemeinheit der Lehrer gemeint ist. Aber was der Mathematiklehrer verbricht, ist in abgeschwächter Form Kennzeichen der Schule, manches davon amtlich verordnet: die Diktatur der Schulaufgaben und Extemporalien, das unangesagte Prüfen, das unpädagogische Zensurensystem, das in der Schule vorherrschende undemokratische Machtprinzip.

Dass der »Psychokrieg« des Ausfragens lernpsychologisch zerstörerisch wirkt, ist offenkundig. Die Schüler lernen nicht nur *nichts*, sie lernen Angst und Anpassung. In der aggressiven Abfragesituation geht es vielen wie Benjamin: »Ich weiß gar nichts mehr. Die wenigen gespeicherten Brocken aus dem Unterricht sind der Aufregung zum Opfer gefallen … Wie in Trance erhebe ich mich …

Bin leer. Meine Gedanken drehen sich um nichts …« Wie soll ein Schüler gut lernen können, wenn er von seinem Lehrer den Eindruck hat, er wolle ihn kaputtmachen: »So, als wolle er mich erschießen. Als brächte er mich zum Galgen. Und das tut er auch.«

Weshalb kein Berufsverbot für Mathematiklehrer F.?

Kein Wunder, dass die Angst vor dem Erschießen oder dem Gehängtwerden bei Benjamin psycho-somatische Notsignale auslöst: »Der Schweiß läuft mir über die Stirn … Ich zittere. Weiß gar nichts mehr … Ich scheiße mir fast in die Hosen. Mein Magen bläht sich auf. Gänsehaut huscht über meinen Körper … Ich schlucke …« Diese seelisch-leiblichen Reaktionen können zur psychosomatischen Erkrankung werden, wenn sie sich wiederholen. Und sie wiederholen sich in der Regel, weil der Schüler keinen Beistand von anderen Lehrern oder den Eltern erfährt.

»Lebert! So zeigen Sie uns, wofür ich so lange geredet habe«, sagt Falkenstein mit kräftiger Stimme. So lange geredet? Hat er sich denn darum gekümmert, wie sein langes Reden ankam? Nämlich: ob er sich zureichend bemühte, allen Schülern den Sachverhalt durchsichtig und verstehbar zu machen? Vermutlich gehört er zu jenen Lehrern, die eine *schülerfreundliche* Unterrichtsmethode verachten, weil sie die *Schüler* verachten? Diese Lehrer schulden allenfalls ihrem Lerngegenstand Gründlichkeit; den Schülern schulden sie nichts. Ihre Kraft wird nur von der *Sache* beansprucht; für die gute Form schülerorientierter Darbietung und Erarbeitung bleibt keine Aufmerksamkeit. Manche dieser Lehrer halten es sich noch zugute, nicht gemeinverständlich zu sein. Das stärkt ihre Überlegenheit gegenüber den »unintelligenten« Jugendlichen. Sie brauchen die Macht, um an der Unterlegenheit schwacher Schüler ihre eigene Mittelmäßigkeit nicht spüren zu müssen.

Nach dem Unterricht geht Falkenstein auf Benjamin zu und zieht die schneidende Waffe rohen Zynismus: »Das mit deinem Abschluss kannst du vergessen«, sagt er. »So wie ich es sehe, müssen wir froh sein, wenn das Kultusministerium für dich nicht die Note 8 einführt.« Diese neu eingeführte Note gebührte niemandem anderen als dem kinderverachtenden Lehrer. Aber weshalb lassen ihn Schülereltern, Lehrerkollegen und Vorgesetzte seinen seelischen Sadismus ausleben? Warum tritt niemand schützend vor die Kinder? Dürfen in der Schule moralische Maßstäbe außer Kraft gesetzt werden? Weshalb darf ein Lehrer ungehindert ein destruktives Vorbild für junge Menschen sein?

Die Schülereltern schauen meist zu. Wie tief müssen eigene Schulängste in ihnen nachwirken, oder wie gefühlsabgespalten müssen Mütter und Väter sein, wenn die Notrufe ihrer Kinder sie nicht alarmieren und zu moralischem Protest bewegen? Oft meinen sie gar, sie rührten sich der Kinder wegen nicht: Denen könnte ihr Einspruch schaden. Tatsächlich aber schadet den Jugendlichen, dass ihre Eltern nicht zu ihnen stehen, obwohl das Unrecht, wie im Fall Falkenstein, mit Händen zu greifen ist.

Die Lehrerkollegen billigen eine Quälerei wie die des Herrn Falkenstein nicht. Aber sie halten ihre Kritik zurück. Es fehlt ihnen die Zivilcourage, im Kollegium das Tabu des »schlechten Lehrers« anzutasten. Ihr moralischer Einspruch könnte ihnen als Moralisieren angelastet werden und sie könnten im Kollegium allein dastehen. Andere fürchten, mehr oder weniger bewusst: Wenn ich das unpädagogische Handeln des Kollegen kritisiere, könnte auch mein eigenes Lehrerverhalten der Kritik anheim fallen – und möchte ich das?

Wieder andere lehnen eine Einmischung in die inneren Angelegenheiten des Kollegen ab, weil sie selbst Schüler achtlos behandeln; deshalb stellen sie sich insgeheim mit dem sadistischen Lehrer gleich. Schließlich gibt es Lehrerinnen und Lehrer, die sich darauf berufen, *sie* übten ihren Beruf zum Wohle der Kinder aus; wie Kollegen sich verhielten, ginge sie nichts an. Ihren – von Rousseau formulierten – »eingeborenen Widerwillen, andere leiden zu sehen«, lassen sie nicht aufkommen, wenngleich manche ihn im Inneren spüren.

Viele der Vorgesetzten und Schulpolitiker sind vor allem mit formalen Fragen befasst: mit Stundentafeln, Lehrplan, mit der Organisation des Schulsystems, der Klassenstärke und des Übertritts in die weiterführenden Schulen, mit Stundenausfällen, der Einführung der Computer in den Unterricht und den Anforderungen der Wirtschaft … Da bleibt keine Aufmerksamkeit für das einzelne

Kind mit seinen Schulfreuden und Schulleiden. Zudem gibt es in der Schulverwaltung Personen, die sich mehr am Machtprinzip als am Sympathieprinzip orientieren. Alles muss funktionieren; zu viel Menschlichkeit kann den Apparat stören.

»Die Noten fallen über mich her« – Zerstörte seelische Energie

Ein Lehrer wie Herr F. behauptet, er erfülle pflichtgemäß den amtlichen Lehrplan. Die Eltern glauben das, obwohl sie sehen können, wie fragwürdig die Behauptung ist; denn die Schüler lernen in einem Angst machenden Unterrichtsklima nicht auf bestmögliche Weise. Der Lehrer nimmt zwar den vorgeschriebenen Stoff durch. Aber das sagt noch nichts darüber aus, ob die Schüler tatsächlich etwas lernen – oder ob bei dieser Lehrplan-Erfüllung ein Teil der Kinder hilflos auf der Strecke bleibt.

Dieser Lehrer erfüllt vielmehr seinen *heimlichen* Lehrplan, der von seiner Persönlichkeitsstörung geprägt ist: Er lehrt, wie man Schülern Angst einjagt, wie man Menschen verachtet, wie man als Mächtiger an ohnmächtigen Kindern ungehindert seelischen Sadismus ausleben kann; die Schülerinnen und Schüler lernen das Fach Mathematik fürchten oder hassen. Sie erleben, wie jemand einen verantwortungsvollen Beruf unverantwortlich dazu missbraucht, destruktiv Macht auszuüben. Und sie müssen annehmen, dass dieser Missbrauch erlaubt ist: Die Eltern wehren sich nicht gegen die Schädigung ihrer Kinder, die Lehrerkollegen lassen den Missbrauch widerspruchslos geschehen, die Schulbehörde greift nicht ein.

Benjamins und anderer Jugendlicher Berichte zeigen: Die Schülerinnen und Schüler müssen bei unpädagogischen Lehrern viel psychische Energie aufwenden, um mit der ängstigenden Situation zurechtzukommen. Sie werden bedroht, geängstigt, verunsichert, bloßgestellt, beschämt, gedemütigt und gequält. Die seelische Kraft, die sie im inneren Kampf mit Lehrern wie Herrn F. verzehren, geht dem Lernen verloren. Es ist eine aufreibende psychische Arbeit, die ihnen die gestörte Lehrerpersönlichkeit auflädt. Diese seelische Anstrengung zieht die Energie vom Lernprozess ab. Der eindeutige

Zusammenhang zwischen Angstmachen und verminderter Leistung bewegt Eltern und Lehrer-Kollegen jedoch nicht dazu, gegen diese lernstörende Pädagogik mit sozialem Mut zu protestieren.

Bereits die Sprache deckt auf: Bei Schulangst handelt es sich nicht um eine Bagatelle. Erst wenn wir den Begriff »Schulangst« in eine Reihe stellen mit anderen Ängsten, fällt auf, um welch bedrohliche Situation es sich handelt. Angst vor Strafe, Angst vor atomarer Verwüstung, Angst vor der Hölle, Angst vor Dunkelheit, Angst vor Krieg, Angst vor der Zukunft, Angst vor dem Tod: Strafangst, Atomangst, Höllenangst, Dunkelangst, Kriegsangst, Zukunftsangst, Todesangst … Überall handelt es sich um Angst, die die Person stark einschränken oder gar überwältigen kann. Sie wird ausgelöst durch vom Einzelnen kaum beeinflussbare, oft schicksalhafte Umstände. Aber weshalb ist *Schule* ein so bedrohlicher Ort, dass ihr selbstverständlich der Begriff Angst beigefügt wird? Schulangst müsste nicht sein, ließen wir die Struktur der Schule nicht von Personen bestimmen, die an sich selbst wenig Menschlichkeit entwickeln konnten.

50%   aller Schülerinnen und Schüler haben Angst vor Schule und Lehrern.

63%   haben Angst, bei Prüfungen schlechte Noten zu bekommen.

58%   geben an, sie vergäßen bei Prüfungen, was sie vorher gelernt haben.

50%   äußern Angst, nach vorne an die Tafel zu kommen und denken: Hoffentlich nimmt er mich nicht dran.

54%   der Gymnasiasten haben Angst, etwas Falsches zu sagen, wenn sie aufgerufen werden.

44%   behaupten, die Lehrer drohten mit Noten.

30%   befragter Kinder des dritten und vierten Schuljahres können mehrmals in der Woche nicht gut schlafen.

60%   berichten, es gäbe Lehrer, die sie vor der Klasse blamierten.[7]

Fabian ängstigt sich vor dem Probediktat. Er schreibt: »Am schlimmsten ist es in der Nacht vor der Arbeit. Ich schlafe sehr unruhig und träume von guten, allerdings häufig von schlechten Noten. Ich kämpfe sozusagen mit den Noten auf Leben und Tod! In dieser Nacht fallen die Noten über mich her, da kann ich gar nichts dagegen machen.« – Über viele Kinder fallen die Noten her.

Die helfende und die krank machende Beziehung war Thema von Gesprächen, die ich mit Kindern und Jugendlichen führte, mit Müttern und Vätern, Schulräten, Psychologen, Kinderärzten und Politikern. Immer wieder berichteten die Befragten über Taktlosigkeit, über Demütigung und gestörten Kontakt im Unterricht.

Eltern, die sich um ihre Kinder sorgen, nehmen widerspruchslos hin, wenn diese in der Schule entwürdigend behandelt werden. Lehrer, die psychisch kränken, müssen nicht für ihre Schuld einstehen, selbst wenn diese Kränkungen die Schüler krank machen. Berufsverbot bekommen allenfalls Lehrer, die freiheitlich denken, nicht solche, die Kinder in ihrer Entwicklung durch niederdrückende Worte schädigen. Verletzende Lehrerworte können in Kindern krank machende Reaktionen auslösen. Deshalb sollten Eltern, Lehrer und die Schüler bereit sein, Kinder vor achtlosem Lehrerverhalten zu schützen.

Worte verletzen, Worte töten – Erniedrigung durch den Lehrer

Wir müssen den Schülerinnen und Schülern dabei helfen, sich gegen demütigende Lehrer zu wehren und sich dabei unterstützen zu lassen. Das versuchte ich, als ich mit drei 10. Klassen eines Gymnasiums einen Studientag zum Thema »Zivilcourage« abhielt. Nach einem öffentlichen Vortrag am Abend führte ich am folgenden Tag mit den Sechzehnjährigen – in drei Klassen getrennt – Gespräche über das Thema: »Wie man lernt, sich einzumischen.« Dabei brach wieder die Ohnmacht der Jugendlichen über mich herein. Zum Beispiel angesichts eines Deutschlehrers.

Der liest bei jeder Aufsatzbesprechung schlechte Arbeiten vor, sucht missglückte Sätze heraus und stellt die Jugendlichen namentlich bloß. Gnadenlos gibt er Zensuren vor allen anderen Schülern preis. Wenn er Klassenarbeiten austeilt, gleicht das einem Schauprozess: Es geschieht in der Reihenfolge der Zensuren, begleitet von Lehrerkommentaren, die immer verächtlicher werden – bis zum schwächsten Schüler mit der Note Sechs hin. Angesichts dieser Situation bewahrheitet sich Heinrich Bölls Wort: »Sprache ist das Menschlichste am Menschen. Darum kann sie auch der schrecklichste Ausdruck seiner Unmenschlichkeit werden: Worte töten, Worte heilen.«

Die Schülerinnen und Schüler erzählten, wie sie die ironischen und entwertenden Lehrerworte kränken. Diese herabsetzenden Bemerkungen verletzen auch jene, die nach außen Gleichmut vortäuschen. »So schaffst du die Klasse nie …« – »Unmöglich, jetzt hast du das immer noch nicht kapiert …« – »Wenn du nicht mitkommst, kriegst du eben deine verdiente Sechs …« – »Wie dumm du dich wieder anstellst …!« – »Aufsatzschreiben scheint nicht gerade deine Stärke zu sein.« Es ist der Hochmut der Mittelmäßigkeit, in dem Lehrer wie dieser Studienrat D. die Kinder als minderwertige Wesen behandeln, um sich selbst zu erhöhen. Die Jugendlichen erzählten, wie peinlich es für sie ist, mit höhnischen Bemerkungen vor der Klasse bloßgestellt zu werden.

In einer Elterngruppe am Nachmittag war ebenfalls der unpädagogische Studienrat Thema. Manche Mütter berichteten, ihre Kinder wollten aus Angst zu Hause bleiben, klagten über Bauchweh, hätten keinen Appetit, litten unter Kopfschmerzen. Beim Gespräch zeigte sich: Das verächtlich machende Verhalten des Lehrers ist schulbekannt; es empört viele – aber nur insgeheim machen Eltern und Lehrerkollegen ihrer Empörung Luft.

Kein Ethiklehrer bricht das Schweigen und weist den Kollegen darauf hin, dass er die ethischen Grenzen überschreitet. Wo doch Ethik der Bruch mit der Gleichgültigkeit ist, die Möglichkeit des Einer-für-den-Andern. Kein Deutschkollege entsetzt sich *öffentlich* darüber, dass durch die psychische Folter Schüler nicht Aufsatzschreiben lernen; sie lernen, wie man Schwache rücksichtslos an den Pranger stellt. Wo doch Schreiben, auf Beziehung aufgebaut, ein Ausdrucksmittel ist, das sich an den Mitmenschen richtet. Und jeder andere im Schulhaus ist an dem Unrecht beteiligt, weil er es achselzuckend hinnimmt.

Der Elternbeirat meinte, man dürfe sich nicht in den Unterricht einmischen: Als ob es hier um ein *unterrichtliches* Problem ginge und nicht um moralisch verwerfliches Handeln, gegen das es einzuschreiten gälte. Kein Vertrauenslehrer erweist sich des Vertrauens der Schülerinnen und Schüler würdig und steht ihnen bei.

Unrecht aufzeigen und benennen – Worte heilen, sich verständigen

Ich arbeitete mit den Schülern die Beispiele durch, um aufzudecken: Hier handelt es sich nicht um entschuldbare Eigenheiten des Lehrers, sondern um Verstöße gegen menschlichen Anstand: Die Kinder werden entwürdigt und verächtlich gemacht. Diese Untaten genau anzusehen und als Untat zu benennen ist für die Jugendlichen wichtig; denn sie fühlen sich oft selbst schuldig: Sie seien nicht tüchtig genug oder hätten sich nicht wohlverhalten. Ich versuchte, den Schülern aus ihrer Resignation herauszuhelfen und ermutigte sie, sich gegen das Unrecht zu wehren. Von den Wegen, die ich aufzeigte, kam eine Aktion bereits in Gang, als ich wegfuhr: Die Jugendlichen gewannen ihren Ethiklehrer, gemeinsam mit ihnen ein Gespräch mit dem Deutschlehrer zu führen und ihn zu bitten, die Kinder nicht mehr zu verunglimpfen.

Später erfuhr ich: Es kam tatsächlich Verständigung in Gang. Der taktlose Studienrat konnte zwar nicht seinen Charakter verändern. Aber er musste unter dem Druck des Kollegen-Einspruchs, eines nachfolgenden Elterngesprächs und der offenen Worte von Schülern sein lernstörendes Verhalten mildern. Die Schüler berichteten, Herr D. unterließe es, schlechte Aufsätze vorzulesen und verächtlich zu kommentieren. Durch den Einspruch entstand für ihn eine neue Realität: Die ihm gegenüber schwächeren Schüler standen nicht mehr allein.

Diese Jugendlichen erlebten: Ihr Notsignal wurde aufgenommen und ihr Lehrer stand mutig zu ihnen. Der Ethiklehrer war zufrieden mit sich, weil er sein wahres Gesicht zeigte und seinen ethischen Wertmaßstäben folgte. Zu diesen gehörte menschliche Güte. Sie äußert sich vor allem denen gegenüber, die schwach und ausgeliefert sind. Und: Der Nächste geht uns auch dann etwas an, wenn ein *Dritter* ihm unrecht tut.

Vielleicht hat Lehrern, Schülern und Eltern das Wort eines Vorbildes für moralische Einmischung geholfen; das gab ich ihnen mit auf den Weg. Václav Havel, tschechischer Schriftsteller und Präsident, sagt: »Ich spüre die Verantwortung, mich für das einzusetzen, was ich für gut und richtig halte. Ob es mir gelingt, etwas zu verändern, weiß ich nicht. Ich lasse beide Möglichkeiten zu. Ich lasse nur eines nicht zu, dass es keinen Sinn mache, das Gute anzustreben.«

Schüler können bei destruktivem Lehrerverhalten Hilfe holen

? Führst du Gespräche mit Mitschülern in der Absicht, euch zu solidarisieren, um das lernstörende Lehrerverhalten abzuwenden?

? Setzt ihr euch mit dem Klassensprecher zusammen und überlegt, wie ihr euch selbst helfen und wie ihr euch helfen lassen könnt?

? Arbeitet ihr mit den Schulsprechern zusammen und informiert euch darüber, welche Rechte Schülerinnen und Schülern zustehen?

? Versucht ihr, mit dem schwierigen Lehrer ein Klassengespräch zu führen, in dem ihr die kränkenden Vorgänge genau darstellt und fordert, dass sie der Lehrer abstellt?

? Könnt ihr in einer kleinen Schülergruppe mit dem Lehrer über eure Ängste und Wünsche reden?

? Es kann hilfreich sein, ein gemeinsames Gespräch zwischen Schülern, Eltern und Lehrern zu organisieren. Zum Beispiel als Gesprächsabend, auf dem alle Seiten gleichberechtigt sind und eine neutrale Person die Veranstaltung leitet.

? Vertraut ihr euch dem Vertrauens- oder Verbindungslehrer an und bittet ihn darum, euch zu unterstützen?

? Sprecht ihr mit dem Schulpsychologen über das unpsychologische Verhalten des gefürchteten Lehrers und bittet ihr ihn nachdrücklich um psychologische Hilfe und um sichtbare Zeichen dafür, dass er sich für euch einsetzt?

? Versucht ihr, mit dem schwierigen Lehrer unter Beisein eines von beiden Seiten akzeptierten anderen Lehrers zu sprechen, um die Seite der Schüler darzustellen und die des Lehrers anzuhören?

? Sprecht ihr mit euren Eltern darüber, wie sie euch unterstützen und wie sie sich gegen das Unrecht wehren können?

? Habt ihr ein Gespräch mit dem Schulleiter geführt, in dem ihr ihm genau dokumentierte Beobachtungen aus dem Unterricht vorlegen konntet?

? Könnt ihr in Gruppenarbeit eine schriftliche Dokumentation über die lernstörenden Vorfälle zusammenstellen?

? Nehmen die Elternvertreter Kontakt mit euch auf und tut ihr das mit ihnen? Werdet ihr in Konfliktsituationen von den Elternvertretern gehört und unterstützt?

? Könnt ihr Gespräche mit der vorgesetzten Schulbehörde führen?

»Engegefühl in der Herzgegend«: Welche Angst beengt Alex?

An Beratungsstellen häufen sich Fälle, in denen Leistungsdruck bei Kindern und Jugendlichen psychosomatische Störungen verursacht. Alex wurde wegen Herzschmerzen und eines Drucks in der Herzgegend wiederholt ärztlich untersucht, aber es ließ sich kein körperlicher Anhaltspunkt finden. Allerdings fiel die depressive Verstimmtheit des Sechzehnjährigen auf; Beruhigungsmittel halfen nicht.

Bis zum Beginn der Pubertät war Alex ein gewissenhafter Schüler mit zufriedenstellenden Leistungen. Nun brach seine Leistungsfähigkeit zusammen. Der Jugendliche saß stundenlang vor seinen Büchern und konnte sich nicht konzentrieren. Er ängstigte sich vor dem Versagen und davor, das Abitur nicht zu erreichen. Der »schlechte« Schüler, als der er galt, war erfüllt von dem Gedanken, er müsse bessere Leistungen haben, um sich selbst zu bestätigen und Eltern wie Lehrer zufrieden zu stellen. Die täglichen korrekten Demütigungen – schlechte Noten, Bloßgestelltwerden – musste er

»wegstecken«. Mit seiner Not wurde er weder in der Schule, noch zu Hause verstanden. Schließlich wollte er nicht mehr darüber reden.

Bei psychologischen Gesprächen zeigte sich, was »auf seinem Herzen lastete«: Er fühlte sich durch die Leistungsansprüche überfordert und befürchtete, wegen seines Versagens abgelehnt zu werden. In seinen Herzbeschwerden drückten sich seine *seelischen* Beschwerden aus, über die er nicht reden konnte. Mit dem »Druck in der Herzgegend« wurde er eher angenommen, als mit seiner *psychischen* Last. Wie andere in seiner Situation, hielt er sich insgeheim nicht nur für einen schlechten Schüler, sondern für einen schlechten Menschen. Er hatte das Empfinden, es würde ständig über ihn gerichtet. Das beschädigte sein Selbstwertgefühl und hemmte das Lernen. Der Leistungskonflikt wurde zur chronischen Identitätskrise des Jugendlichen.

Die depressive Störung von Alex hing mit seiner Hoffnungslosigkeit zusammen. Diese Hoffnungslosigkeit war aber nicht Veranlagung, Schicksal oder Ausdruck gestörter individueller Entwicklung. Sie war eine von der Schule *hergestellte* Hoffnungslosigkeit. Durch einen Unterricht, der keine Rücksicht auf die Individualität der Schüler nahm, wurde ihm jede Hoffnung auf Lernerfolg versagt. Das machte ihn depressiv und führte zu seiner psychosomatischen Herzerkrankung.

Demütigungen drücken aufs Herz – Die Last des Überfordertseins

Alex war von früh an eng an die Mutter gebunden. Erste Trennungssituationen waren von panischen Ängsten begleitet: die Aufnahme in den Kindergarten und der Schuleintritt. Es war schwierig für ihn, mit Gleichaltrigen Kontakt aufzunehmen. Das »Nicht-ankommen« bei den Mitschülern band ihn noch fester an die Mutter. Sein Gefühl, nichts wert zu sein, begleitete ihn fortwährend. Dem Streit ging er aus dem Weg: »Der Klügere gibt nach.« Alex konnte sich nicht aktiv-aggressiv auseinander setzen; er raufte nie mit anderen Jungen und verdrängte seine Aggression.

In der Pubertät wurde sein Selbstständigkeitsstreben von der Mutter auf sanft-beherrschende Weise eingeschränkt. Aus Angst, deren Liebe zu verlieren, passte er sich an. Angestrengt versuchte er, die Leistungsnormen der Eltern und die Anforderungen der Schule zu erfüllen. Der als verpflichtendes Vorbild gesehene Vater »ging in seiner Arbeit auf«, aber der Jugendliche ging an der Überforderung unter.

An Alex zeigt sich der Zusammenhang zwischen psychischer Ursache und körperlicher Symptomatik, zwischen familiärer Belastung und psychosomatischer Erkrankung, zwischen gesellschaftlicher Unbarmherzigkeit und durch die Pubertät ausgelöster seelisch-körperlicher Krise. Der gestörte Seelen-Frieden des Jugendlichen bewirkte die Unordnung in seinem Körper. Die psychosozialen Umstände des Unterrichts gefährdeten seine Person. Weil er angesichts der bedrohlich erlebten Gefahr nicht flüchten oder sich wehren konnte, wurde er psychosomatisch krank.

Was hat das mit dem Herzen zu tun? Bestimmte Gefühle drücken sich körperlich aus: Lachen verweist auf Freude, Weinen auf Trauer, Erröten auf Scham, Zittern auf Furcht, Herzklopfen auf Erregung … Zusätzlich vermögen Menschen durch die *Sprache* psychische Vorgänge mitzuteilen. Je mehr ihnen jedoch der sprachliche Ausdruck verschlossen bleibt, umso stärker wächst die Gefahr, dass der Körper durch die Symptome spricht.

Auch das Herz betreffend sind Zusammenhänge zwischen Gefühlen und psychosomatischen Erkrankungen in der Sprache festgehalten. Redewendungen versinnbildlichen das Herz als den Ort für traurige Gestimmtheit: »Es bricht mir das Herz«, »Das gab seinem Herzen einen Riss«, »Sie weinte herzzerreißend«, »Es drückt ihm das Herz ab«, »Schmerz klammert sich ums Herz«, »Schweren Herzens etwas tun«, »Sich etwas zu Herzen nehmen«, »Etwas geht ans Herz«, »Etwas nicht übers Herz bringen«, »Jemanden das Herz schwer machen«, »Jemandem blutet das Herz«, »Sich etwas aus dem Herzen reißen«.

Die Sprache drückt jedoch auch das Heilende aus: »Nicht an Herzdrücken sterben«, das bedeutet: offen heraussagen, was man denkt, was einen bedrückt. »Seinem Herzen Luft machen« meint, seine Enttäuschung äußern, sich erleichtern, den Ärger mitteilen.

Wer »sein Herz ausschüttet«, will alles heraussagen, was er auf dem Herzen hat; »Aus seinem Herzen keine Mördergrube machen« besagt: »offenherzig sein«.

Seelische Hilfe heilt körperlichen Schmerz – Therapeutisches Gespräch

Bei Alex erwuchs aus der Last, die auf sein Herz drückte, eine psychosomatische Krise, aus der entstand die psychosomatische Krankheit. Eine Jugendlichen-Psychotherapie konnte ihm helfen. In ihr galt es, mit Alex zu entdecken, dass die Herzbeschwerden mit seinem Erleben zusammenhingen. In den therapeutischen Gesprächen wurde er ermutigt, seine Ängste wahrzunehmen. Die Angstwahrnehmung ermöglichte es ihm, jene Gefahren zu erkennen, die ihn aus der bedrängenden Situation unbewusst in die Krankheit flüchten ließen. Dabei handelte es sich bei ihm besonders um die Angst, sich von den Eltern abzulösen. Mit der körperlichen Symptomatik vermied er unbewusst den seelischen Konflikt. Dieser war nun zu bearbeiten: zum Beispiel seine kindliche Abhängigkeit, die Unfähigkeit, sich zu wehren, seine Unsicherheit im Kontakt.

Aber es musste auch die reale Bedrohung der Überforderung und schulischen Misserfolge beseitigt werden: durch eine anders geplante Schullaufbahn und durch Lernhilfen, die Alex eigenständiger werden ließen. Einige seiner Lehrer waren aufgeschlossen dafür, sich für ihn zu interessieren und ihn auf seinem Weg zu Selbstständigkeit zu unterstützen; das stärkte sein Selbstwertgefühl.

Das Bemühen, den Jugendlichen aus seiner nur körperorientierten Sicht zu einer psychosomatischen Betrachtungsweise des Erlebens hinzuführen, befreite ihn aus dem Gefühl, alles sei aussichtslos. Weil er ermutigt wurde, Wege aus der Angst zu suchen, merkte er, dass er seine Lebensverhältnisse *gestalten* konnte. Gleichzeitig wurde er darin unterstützt, Einstellungen zu verändern: den Bezugspersonen, seinen Leistungsansprüchen und Gefühlen gegenüber. Nach und nach traute er sich zu, Probleme selbstständig zu lösen.

Was hat die psychosomatische Störung mit der Schule zu tun? Ist nicht an allem die Familie schuld? Schließlich hatte das Kind von klein an Ängste, weil es sich seiner Beziehung zu den Eltern nicht sicher war. Diese Unsicherheit versuchte es auszugleichen, indem es Wohlverhalten zeigte, sich in der Schule anstrengte und befriedigende Lernergebnisse erbrachte. Die gesteigerten Leistungsansprüche und der Erwartungsdruck schienen ihm jedoch zunehmend »das Herz abzuschnüren«. Bereits als kleiner Junge hielt Alex vieles von dem zurück, was ihn bedrückte; denn er wollte seine Eltern nicht belasten. Deshalb war es ihm auch in der aktuellen Krise unmöglich, über seine schulische Not zu sprechen; und er bemerkte vieles von dem Bedrückenden selbst nicht mehr. Die unbewussten Ängste verursachten die körperlichen Beschwerden; erst diese machten die Krise deutlich.

Die Schule war an Alex' psychosomatischer Notlage durch die Leistungsüberforderung beteiligt, die den familiären Druck verstärkte. Es gab keine Rücksichtnahme auf seine individuelle Situation. Unbarmherzig wurde der Jugendliche, wie viele andere in seiner Lage, korrekt gedemütigt, ohne dass die Lehrer ihm Böses antun wollten. Sie erfüllten ihre Pflicht, erledigten ihr Pensum und bedauerten die unzureichenden Leistungen des Schülers. Gerecht ließen sie Alex von Misserfolg zu Misserfolg straucheln; das schädigte sein Selbstwertgefühl immer mehr. Die Versagensangst nahm ihm die Hoffnung auf Erfolg. Es kam kein persönliches Wort von den Lehrerinnen und Lehrern; es gab kein Gespräch über seine Hilflosigkeit. Als dann im Zusammenhang mit der Psychotherapie Lehrer aufmerksam wurden, erwies sich diese Aufmerksamkeit für Alex als entlastend.

Furcht vor Prüfungen und Lehrern – lebenslang?

In einer Umfrage über die Ursachen ihrer Angst[8] wurden 2.080 Kinder im Alter von acht bis sechzehn Jahren befragt. Es traten vielerlei Ängste zutage: Furcht vor Umweltkatastrophen, Krieg, Arbeitslosigkeit, Scheidung der Eltern, unheilbarer Krankheit, Ausländerhass … Häufig hatten die Ängste mit schlechten Noten und

Schule zu tun: »Mathe macht mir Höllenangst«, sagte eine vier-
zehnjährige Gymnasiastin. Sie fürchtete sich, wie viele ihres Alters,
vor mangelhaften Zensuren.

Ein zwölfjähriger Realschüler: »Ich habe Angst vor unserem
Klassenlehrer. Er kann einem ganz gemein Angst machen. Er droht
mit schlechten Noten und Sitzenbleiben. Ich bekomme richtig
Herzklopfen, wenn er die Klasse betritt.« Ein Sechzehnjähriger
meinte gar: »Vor Zeugnissen, Noten, Sitzenbleiben und Klassenarbeiten habe ich Angst. Krieg, Krebs, Ozonloch, Wirbelstürme sind
nichts dagegen.« So ausgeliefert fühlen sich manche Kinder und Jugendlichen: sie setzen Schulangst mit schicksalhaften Katastrophen
gleich. Wie hartherzig – oder hilflos? – sind Erwachsene, dass sie
Kinder diesen Katastrophenängsten schutzlos überlassen?

Durch die Schule verursachte Angst verfolgt manche Menschen
lebenslang, bewusst oder unbewusst. Zum Beispiel als Furcht, öffentlich die Meinung zu äußern, als Autoritätsangst, als Angst,
nicht zu genügen, als Furcht, etwas Falsches zu sagen, als chronische Ängstlichkeit, als Versagensangst, als Schul- und Prüfungsträu-
me, als Blamageangst …

Schule ist eigentlich dazu da, die geistige Entwicklung der Heranwachsenden zu fördern. Aber genau das verfehlt sie durch ihre
Angst machenden Bedingungen. Chronische Ängstlichkeit behindert die geistige Entwicklung und wirkt sich störend auf den Schu-
lerfolg aus. Ängstlichen Menschen fehlt der Mut, neue Erfahrungen
zu sammeln, sie wagen es nicht, sich in unbekannte geistige Gebiete
hineinzubegeben. Durch die Angst, die sie schürt, verhindert die
Schule das Lernen.

Martin fürchtete sich davor, plötzlich aufgerufen und bloßgestellt zu werden; das verursachte sein Einnässen. Andreas litt unter
der Angst, die elterlichen und schulischen Leistungsansprüche nicht
zu erfüllen und deshalb nicht mehr geliebt zu werden; das machte
ihm Bauchschmerzen. Die »Herzbeklemmung« von Alex hatte eine
Hauptursache in der Angst zu versagen und gedemütigt zu werden.

In all diesen Fällen wurde die Angst nicht angenommen; die
Kinder mussten sie verdrängen. Das griff nicht nur ihre seelische,
sondern auch ihre körperliche Gesundheit an. Würde hingegen den
Kindern zugestanden, so viel Angst zu haben, wie die Realität nötig

macht, verschwände die zerstörerische Wirkung der unbewussten und verschobenen Angst; diese könnte konstruktiv werden. So geschah es bei Martin und später auch bei Alex.

Angst als Signal – Thomas: »Ich brauch' die Angst«

Angst gehört zum menschlichen Leben. Das Angstgefühl ist ein Signal, das wachsam macht und auf Gefahren hinweist, damit sich der Mensch vor diesen schützen kann. Die Angst wird zur Kraft, etwas zu verändern, wenn wir uns mit ihr auseinander setzen, statt sie zu bekämpfen oder zu verleugnen. Chronische Schulangst wirkt dadurch zerstörerisch, dass sie von den Jugendlichen selbst und von den Erwachsenen nicht angenommen wird. Die Kinder bleiben in ihrer Hilflosigkeit allein und können aus eigener Kraft nichts verändern.

Angst ist nicht nur störend, sie ist auch notwendig. Eine Mutter erzählte folgende Geschichte: »Wir waren zum ersten Mal mit unserer Familie am Meer. Thomas, unser sechsjähriger Sohn, konnte gut schwimmen. Am heimischen Weßlinger See hatte er keinerlei Angst, er schwamm hinaus, fühlte sich dabei wohl und war sich sicher. Jetzt aber, am Mittelmeer, zeigte er sich unerwartet ängstlich. Er schien plötzlich wasserscheu und traute sich nicht, ins Tiefe zu schwimmen. Wir redeten ihm gut zu: ›Das Wasser ist doch genauso wie bei uns am Weßlinger See … Brauchst dir nur vorzustellen, du schwimmst bei uns zu Hause …‹ Tatsächlich war das Meer ruhig, der weiche Sandstrand fiel flach ab; alles erschien gefahrlos. Um ihn zu beschwichtigen sagte ich zu Thomas: ›Du brauchst doch keine Angst zu haben!‹ Darauf entgegnete der Junge: ›Doch, ich brauch' die Angst!‹ Das machte uns aufmerksam und wir ließen uns verständnisvoller mit seiner Angst ein.«

Dieses Kind spürte, dass es die Angst als Gefahrensignal braucht. Sie verhalf ihm zu Wachheit und Umsicht; so konnte es die Angst bewältigen. Es ging gestärkt aus der Situation hervor und schwamm mit Freude im Meer. Weil Thomas seine Angst annahm, konnte er mutiger werden, und weil er Eltern hatte, die seine Angst schließlich akzeptierten. Denn eine wichtige Ermutigung für den

Umgang mit Angst ist, sie nicht zurückzuweisen mit dem Satz: »Du brauchst doch keine Angst zu haben!«, sondern sich auf sie einzulassen und Wege aus der Angst zu suchen.

Eigene Gedanken und Fragen zu Schulängsten

Unpädagogisches Handeln durch Angstmachen ist in manchen Schulen selbstverständlich. Viele Menschen kommen nicht auf die Idee, die Normalität der Schulangst anzuzweifeln. Wie denken Sie dazu?

? Meine ich wie viele andere, Schulangst sei unvermeidlich? Erkenne ich nicht, wie unmoralisch es ist, Kinder und Jugendliche vorsätzlich zu ängstigen? Habe ich selbst unter Schulangst gelitten; wie war das für mich?

? Neige ich dazu, die Angst der Kinder zu beschwichtigen: »Du brauchst keine Angst zu haben?« Anstatt die Angst ernst zu nehmen, sie genau anzusehen und das Kind darin zu stärken, die Furcht erregende Situation zu meistern?

? Nehme ich bei meinen eigenen Kindern oder Schulkindern psychosomatische Symptome wahr? Mit welchen Schulschwierigkeiten und Lebenskrisen könnten die psychosomatischen Krisen zusammenhängen?

? Konnte ich beobachten, wie Kinder nach einer positiven Veränderung der Familiensituation oder der Schulumstände, seelisch-körperliche Krisen überwanden?

? Hinter psychosomatischen Erscheinungen verbergen sich Konflikte, über die das Kind nicht sprechen kann. Wie rege ich zum Miteinanderreden an – ohne in das Kind einzudringen und dadurch seine Abwehr zu verstärken? Wie interessiere ich mich für das Kind, ohne es auszufragen oder zu bedrängen?

? Pflege ich als Lehrerin oder Lehrer in meinem Deutschunterricht den freien Aufsatz und das freie Schreiben und gebe damit den Schülerinnen und Schülern Gelegenheit, Persönliches in Worte zu fassen, es zu bearbeiten und in die Beziehung zur Lehrerin zu bringen? Oder meine ich, den freien Ausdruck durch Themenzwang und Zensur von vornherein ausschließen zu müssen?

? Für Mütter und Väter: Wie stellt sich die Prüfungsangst für mein Kind und mich dar? Könnten wir in Eltern-Lehrer-Gesprächen mit den Schülern überlegen, wie die Prüfungen angstfreier und damit lernwirksamer durchgeführt werden können?

? Kenne ich das: dass ich mit Angst machenden Lehrerinnen und Lehrern nicht spreche, weil ich selbst Angst habe? Ich gehe dann unter dem Vorwand nicht in die Schulsprechstunde, es könnte dem Kind schaden, wenn ich Kritik vorbringe?

Eine Lehrerin erkundet die Angst – und lässt sich von Eltern beurteilen

In der Regel überprüfen Lehrerinnen und Lehrer nur, was die Schüler wissen und wie groß deren intellektuelle Tüchtigkeit ist. Um *pädagogisch* handeln zu können, sollten sie auch erkunden, wie ängstlich oder mutig Schüler beim Lernen sind. Dazu stellen Schulpsychologen Tests bereit, in denen die Schüler ohne Namensangaben mitteilen, wie sie sich fühlen. Ihr Befinden lässt sich zum Beispiel in Angstfragebogen ergründen.

Lehrer wie Eltern täuschen sich leicht, wenn sie die Schulangst ihrer Kinder einschätzen. Eine Lehrerin wollte keine wissenschaftlich korrekte Befragung durchführen, sondern durch von ihr formulierte Fragen versuchen, mehr über ihre Klasse und die Ängste einzelner Kinder zu erfahren. Dazu brauchte ihr Vorgehen, so meinte sie, nicht die Kriterien empirischer Forschung und psychologischer Diagnostik erfüllen. Ihr lag viel mehr daran, durch die Befragung mit den Schülern ins Gespräch zu kommen. Und so sah der Fragebogen aus:

Fragen zur Angst in der Schule

Es gibt viele Situationen, in denen Kinder Angst haben. Ich möchte heute von dir wissen, wie es dir mit der Angst in der Schule geht. Dazu gibt es viel mehr Fragen als die auf dem Blatt und auch genauere Antworten, als sie vorgegeben sind. – Deshalb reden wir dann gemeinsam über das, was bei dieser Befragung herausgekommen ist und über Themen, die du dazu gern besprechen möchtest. Unterstreiche auf dem Blatt, was für dich zutrifft.

Freust du dich auf den nächsten Schultag?	oft	manchmal	selten
Interessieren dich die Themen, die wir im Unterricht bearbeiten?	oft	teils/teils	selten
Hast du den Eindruck, die Lehrerin interessiert sich für dich?	ja	gelegentlich	nein
Hast du Angst davor, im Unterricht aufgerufen zu werden?	ja	manchmal	nie
Bist du aufgeregt, wenn du vor der Klasse etwas sagen musst?	ja	manchmal	nein
Hast du Angst vor der Lehrerin?	oft	manchmal	nein
Traust du dich, zur Lehrerin hinzugehen – in der Pause, vor der Schule oder zwischen den Unterrichtsstunden – und sie etwas zu fragen oder mit ihr zu reden?	ja	manchmal	nein
Traust du dich, der Lehrerin zu sagen, wenn du meinst, sie habe sich nicht richtig verhalten? Vielleicht war sie ungerecht oder ungeduldig?	ja		nein
Hast du Angst, von Mitschülern ausgelacht zu werden, wenn du etwas Falsches sagst?	ja		nein
Traust du dich zu melden, wenn dir im Unterricht etwas einfällt?	oft	manchmal	nie
Wenn du in der Schule Angst hast: Kannst du das mit Mutter oder Vater besprechen?	ja		nein

Hast du Angst, von der Lehrerin ausgelacht zu werden, wenn du etwas nicht richtig machst?	ja	nein
Meinst du, dass es der Lehrerin recht ist, wenn du deine Meinung offen sagst?	ja	nein
Kannst du der Lehrerin mitteilen, wenn du Angst hast?	ja	nein
Fürchtest du, vor der Klasse blamiert zu werden, wenn du einen Fehler machst?	ja	nein
Hast du Angst, wenn wir eine Probe schreiben?	nein etwas	viel
Kannst du der Lehrerin sagen, wenn dir der Unterricht nicht gefällt?	ja	nein

Wenn du noch etwas dazu schreiben möchtest, kannst du das auf der Rückseite.

Neben solchen Befragungen geben freie Aufsätze, Einzelgespräche und Klassengespräche Einblick in die Schulangst. Die Lehrerin, die die Schülerinnen und Schüler befragte, fühlte sich durch die Antworten der Kinder in ihrer pädagogischen Haltung bestätigt. Sie berichtete aber auch, eine Reihe von Antworten hätten sie überrascht und Achtsamkeit in ihr ausgelöst. So hatte sie die Angst der Kinder, vor der Klasse etwas zu sagen, niedriger eingeschätzt. Wichtigste Folgen der Befragung waren für die Lehrerin die sich anschließenden Kreisgespräche. Diese wirkten auf die Kinder ermutigend und brachten Offenheit in das Klassenklima.

Zudem brach die Lehrerin ein Tabu, an das Lehrer üblicherweise nicht tasten lassen: Sie ließ sich von den Schülereltern einschätzen. Lehrer, die vom Machtprinzip erfüllt sind, sehen solche Lehrerbeurteilung durch die Eltern nicht als Verständigung, sondern als Kontrolle. Diese Lehrerin jedoch versprach sich von der »Lehrerbeurteilung« Hilfe für ihren Unterricht, für die einfühlsame Beziehung zu den Kindern und die pädagogische Zusammenarbeit mit den Eltern.

Liebe Schülereltern,

Kinder lernen lieber und leisten mehr, wenn sie interessiert und ohne Angst arbeiten. Bei 27 Schülern ist es nicht einfach, jedes Kind genau kennen zu lernen. Ich möchte Sie deshalb fragen, wie sich Ihnen als Mütter und Väter manches aus dem Schulalltag darstellt. Wir können darüber auch auf dem Elternabend und in der Sprechstunde reden.

Haben Sie den Eindruck, Ihr Kind geht gern in die Schule?	ja	selten	nie
Klagt Ihr Kind darüber, dass es im Unterricht Angst hat?	oft	gelegentlich	nie
Kommt Ihr Kind interessiert aus der Schule?	oft	selten	nie
Können Sie sehen, dass sich Ihr Kind über seinen Lernfortschritt freut?	oft	gelegentlich	nie
Haben Sie den Eindruck, die Lehrerin ermutigt Ihr Kind?	ja		nein
Setzt sich nach Ihrer Einschätzung die Lehrerin für alle Kinder ein, auch für die Schwachen?	ja		nein
Macht Ihr Kind die Hausaufgaben bereitwillig?	meist	selten	nie
Erzählt Ihr Kind spontan aus der Schule?	oft	gelegentlich	selten
Haben Sie als Eltern den Eindruck, dass Ihr Kind im Unterricht viel lernt?	ja	selten	nie

Bei dieser Befragung erlebte es die Lehrerin hilfreich zu erfahren, wie die Eltern ihre unterrichtlichen und erzieherischen Bemühungen einschätzen. Die Mütter und Väter wurden durch die Einschätzung der Lehrerin angeregt, ihre eigene Rolle zu überdenken. Die weit verbreitete Angst der Eltern vor den Lehrern und die der Lehrer vor den Eltern wich einem wachsenden Vertrauen und dem Mut, miteinander zu reden.

Pädagogische Leitgedanken: Angst nehmen – Mut machen

✓ *Pädagogischer Takt – Grundlage angstfreien Lernens*
Pädagogischer Takt setzt Lehrerinnen und Lehrer voraus, die fähig sind, sich in Kinder einzufühlen. Einfühlsame Lehrer sind für die Schüler *erreichbar*; sie zeigen sich nicht nur zugänglich für das, was Kinder an sie herantragen, sondern bemerken von sich aus, wenn Zuspruch und Hilfe nötig ist. Sie respektieren die Verletzbarkeit der Schüler.

✓ *Achtungsvoll mit den Schülern umgehen*
Das heißt: Kinder in Unterrichtssituationen nie bloßstellen, sie nicht plötzlich aufrufen, sondern ihre Wortmeldung beachten. Achtsame Lehrer lachen Kinder nicht aus und beschämen sie nicht. Gemeinsames Lachen unterstützt das Zusammengehören; Auslachen hingegen hat ausstoßenden, gemeinschaftsfeindlichen Charakter.

✓ *Ermutigung und Wertschätzung*
stärken des Selbstwertgefühl. Die Schüler erfahren dies durch das anerkennende Wort, einen ermunternden Satz, eine bestätigende Bemerkung, indem die Lehrerin die positive Seite des Kindes hervorhebt, sein soziales Verhalten anerkennt und Wertschätzung für die Person ausdrückt. Schüler, denen sich Lehrer positiv zuwenden, haben weniger Angst.

✓ *Lernerfolg ist der beste Garant für Erfolg und Zuversicht*
Pädagogischer Leitsatz muss sein: Überforderungssituationen, die sich im Leistungsversagen von Klassen, Gruppen und einzelnen Schülern zeigen, sind auszuschließen. Jede Unterrichtssituation ist pädagogisch verwerflich, in der leistungsschwache Schüler hilflos zurückbleiben. Es kommt nicht darauf an, wer der Erste, Schnellste, Stärkste ist, sondern darauf, dass jeder seinen Kräften entsprechend voranschreitet.

✓ *Fehlerfreundlichkeit als Lernprinzip*
Das Versagen von Schülern sollten wir als Anzeichen dafür nehmen, wo das Kind in seiner Lernentwicklung steht und wie wir

ihm weiterhelfen können. Fehler dürfen nicht moralisch bewertet werden; durch solche Abwertung fühlt sich das Kind abgewertet. Jede Fehlleistung im Lernprozess muss als hilfreiche Lernerfahrung gesehen werden. Das Benotungssystem steht in lernstörendem Widerspruch zum Prinzip der Fehlerfreundlichkeit.

✓ *Die Angst der Schüler erkunden*
Distanziert unterrichtende Lehrer können die Angst der Kinder nicht zutreffend wahrnehmen; partnerschaftliche Lehrer hingegen gewinnen ein genaueres Bild davon. Diesen gegenüber können Jugendliche ihre Angst eher eingestehen. Durch Befragen der Schüler und der Eltern, durch freie Aufsätze und Gespräche können die Ängste der Kinder herausgefunden werden.

✓ *Mit der Angst umgehen lernen*
Kinder und Jugendliche sollten die Angst nicht nur als störend, sondern auch als Gefahrensignal erkennen. Sie hilft uns, gefährliche Situationen zu meistern und kann durchgearbeitet werden: am Beispiel von Prüfungsvorbereitung und Prüfung, des Sichmeldens und Diskutierens, des Widerspruchsmuts gegenüber Lehrerinnen und Lehrern, der Auseinandersetzung mit Mitschülern … Lehrer-Eltern-Schüler-Gespräche können dabei hilfreich sein.

✓ *Angst als Thema des Unterrichts*
Was im Leben der Schüler bedeutsam ist, sollte auch Inhalt des Unterrichts sein: als Thema des Aufsatzunterrichts, gemeinsamer Gespräche, des Literaturunterrichts, der Unterweisung in Religion, Ethik, Sozialkunde und Erziehungslehre, Biologie, Psychologie und anderer Fächer, die das Zusammenleben der Menschen behandeln.

✓ *Vermindern der Prüfungsangst*
Dieses Problem habe ich in meinem Buch »Die Würde des Schülers ist antastbar« behandelt (S. 159). Hier eine kurze Zusammenfassung:

- Damit die Schüler erfolgreich lernen können, müssen sie *genau wissen*, welcher Lernstoff geprüft wird.
- Die Schüler beteiligen sich beim Eingrenzen der zu prüfenden Lerninhalte und Ausarbeiten von Fragestellungen.
- Die Kinder müssen *genügend Zeit* bekommen, sich planvoll auf die Prüfung vorzubereiten.
- Sie haben in der Vorbereitung Gelegenheit, Lehrer und Mitschüler zu *fragen*.
- Die Lehrerin lässt *Vorversuche* machen, in denen die Kinder mit dem Prüfungsverfahren vertraut werden.
- Die Schüler werden zum richtigen Lernen auf die Prüfung angeleitet: *Sie lernen, wie man lernt*.
- Lehrerinnen sollten eine *entspannte Arbeitssituation* schaffen und die Schüler unterstützen, mit ihrer Angst umzugehen.
- Die Schüler brauchen *ausreichend Zeit*, um die Aufgaben lösen zu können; ihr individuelles Arbeitstempo muss berücksichtigt werden.
- Die Probe prüft nur das, worauf sich der Schüler *vorbereitet* hat, nicht Unvorhergesehenes.
- Die *rasche Rückgabe* der Arbeiten bestätigt dem Schüler seine Leistung und zeigt auf, was aus ihr gelernt werden kann.
- Lehrer und Schüler stellen gemeinsam *Nachüberlegungen* an, wie sie mit der Arbeit zufrieden sind und was für das weitere Lernen wichtig ist.
- Die Nichtwiederholbarkeit einer Prüfung ist lernpsychologisch widersinnig und versetzt den Schüler in individuelle Ohnmacht. Deshalb sollte er durch eine Wiederholung seine Leistung verbessern können.

✓ *Leistungskontrolle als Erfolgserlebnis*
Ein Interesse weckender Unterricht lässt die Schüler durch Leistungskontrollen ihren Lernfortschritt erleben. Die Jugendlichen erfahren sich als handelnde Person, die etwas zuwege bringt, sie erleben ihr geistiges Wachstum. Das erhöht die Lernbereitschaft, stärkt das Selbstbewusstsein und mindert die Angst vor Versagen.

Seelisches Leid wird zu körperlichem Schmerz
Schulbedingte psychosomatische Krisen

> Seele und Körper reagieren mitfühlend aufeinander:
> Eine Veränderung im Zustand der Seele bewirkt eine
> Veränderung in der Gestalt des Körpers und umgekehrt.
> *Aristoteles*

> Die Tränen, die nicht herauskönnen,
> lagern sich auf dem Herzen ab;
> nach und nach bilden sie eine Kruste
> und legen das Herz lahm.
> *Susanna Tamaro*

Psychosomatische Erkrankungen entstehen auf einem persönlichen Erlebnishintergrund; sie wirken sich an unterschiedlichen Organen aus. Es kann sich um Rückenschmerzen handeln, bei denen seelische Anspannung zu schmerzhafter Muskelverspannung wird; denn die Muskelspannung nimmt bei konflikthaften Gefühlsregungen zu. Oder um Hautallergien, in denen Kontaktprobleme zu Hautproblemen werden; denn die Haut gilt als Spiegel der Seele. Oder um gestörte Regelblutung, die oft seelische Erregung als Ursache hat. Oder um Essstörungen bei Mädchen und jungen Frauen mit Magersucht, verursacht durch Selbstwertkonflikte und ein gestörtes Verhältnis zur Rolle als Frau. Oder Bulimie: bei dieser Ess-Brech-Erkrankung wird in Heißhungeranfällen Nahrung verschlungen und absichtlich wieder erbrochen. Oder um Asthma bronchiale, bei dem Kindern die Luft wegbleibt, oft aus der unbewussten Angst heraus, die Mutter zu verlieren.

Christians Verzweiflung »schlägt ihm auf den Magen«

Statistiken über seelisch-leibliche Erkrankungen zeigen: Kinder werden durch schulische Kränkung krank gemacht. Das scheint jedoch niemanden zu beunruhigen. In die Statistik geht der sechzehnjährige Gymnasiast Christian F. ein, der wiederholt unter Magenschleimhautentzündungen litt. Als Student berichtete er, wie unerkannt seine Not blieb, weil in der Schule nicht nach der *ganzen* Person gefragt wurde, sondern nur nach dem, was er leistete.

»Ich konnte meine Angst niemandem sagen. Der Hauptsatz meines Vaters war: Reiß dich zusammen. Meine Mutter beschwichtigte nur: Das ist doch nicht so schlimm. Und der Lehrer, auf den sich meine Angst bezog, war der Ansicht: Wer Angst hat, gehört nicht ins Gymnasium. Meine Freunde taten so, als könnte ihnen nichts etwas anhaben. Sie gaben sich cool. So genierte ich mich, meine Ängste mitzuteilen. Die Schule war für mich eine einzige Qual.

Die Angst war besonders groß bei Lehrern, die gefürchtet waren, weil sie Schüler bloßstellten. Bei ihnen konnte ich plötzlich im Satz nicht mehr weiterreden und wurde beschämt auf den Platz geschickt. Ich wusste nicht, wie ich mich hätte wehren sollen. Allmählich bekam ich das Gefühl, es läge alles an mir, ich sei eben defekt. Dieses Defektgefühl hat mich während meiner ganzen Schulzeit nicht verlassen.

In angespannten Situationen geht es mir heute noch so: Da rede ich durcheinander wie in der Schule. Das Schlimmste war, aufzustehen und an die Tafel zu gehen. Ich habe dann in Mathe nur noch unendlich viele Klammern und Zahlen gesehen und alles verschwamm vor meinen Augen. Oft habe ich geweint und bin aus dem Klassenzimmer gerannt. – Wenn ich in Geographie an die Landkarte musste, sah ich die Karte überhaupt nicht. Die Situation war so ausweglos, dass ich später zu den Lehrern sagte: ›Bitte geben Sie mir eine Sechs.‹ Auf diese Weise brauchte ich die quälerische Tortur nicht über mich ergehen lassen.

Am besten ging es mir in den Fächern, in denen es nicht so objektiv zuging wie in Mathematik. Ich versuchte in Deutsch herauszufinden, was die Lehrerin hören wollte; das war oft das Gegenteil von dem, was *ich* dachte – aber ich wusste, durch die Anpassung konnte ich sichergehen. Während vieler Unterrichtsstunden galt meine Aufmerksamkeit ausschließlich der Taktik, was ich machen könnte, um nicht dranzukommen. Ich hörte nicht mehr, worum es überhaupt ging.«

Zu Christians Schulnot kam hinzu: Er konnte nicht mitteilen, was ihn verzweifeln ließ. Die verschwiegenen Probleme belasteten ihn; das trug dazu bei, dass er *körperlich* krank wurde. Er litt immer wieder unter Gastritis, für die seine Ärzte keine organische Ursache fanden. Seine Angst wurde nicht durch die Schule allein verursacht. Es handelte sich um einen früh verängstigten Jungen. Aber muss ein Kind, das verlassen ist, auch von der Schule verlassen werden? Könnte die Schule nicht Angst *nehmen*, statt Angst verstärken – ganz gleich, wer diese Angst verursacht hat?

Worin lag bei Christians Erkrankung das Psychosomatische? Durch seelische Konflikte können Symptome unmittelbar an den Organen auftreten und diese schädigen. Dass der Magen mitreagiert, wenn wir etwas Konflikthaftes erleben, erfahren viele Menschen an sich selbst. Wir sagen zum Beispiel: Das liegt mir schwer im Magen; sie frisst alles in sich hinein; er reagiert sauer; das ist ein schwer verdaulicher Brocken; da dreht sich mir der Magen um; die Nachricht schlug ihm auf den Magen; da müsste man Steine verdauen können …

Seelische Not verkrampft den Magen – Schleimhautentzündung

Oft wird unmittelbar erlebbar, wie sich etwas »auf den Magen schlägt«. Das zeigt sich in psychotherapeutischen Stunden: Manche Patienten verspüren bei peinlichen oder Angst machenden Themen augenblicklich Missempfindungen oder Schmerzen in der Magengegend. Eine Studentin legte immer dann die Hand auf den Magen, wenn das Gespräch auf ihre konflikthafte Schulzeit und auf ihre Prüfungsängste im Studium kam: auf Situationen der Hilflosigkeit und Demütigung; etwa auf die Prüfungssituation, in der sie ein Professor an einer Frage »hängen« und »zappeln« ließ. Zu den erregt vorgetragenen Erlebnissen sagte sie dann: »Jetzt zieht es mir wieder den Magen zusammen«, oder: »Jetzt spür' ich wieder diesen beklemmenden Druck im Magen.«

Ein Arzt für Psychosomatik untersuchte an der Münchner Universitäts-Poliklinik[9], wie sich der Magen verhält, wenn Patienten über ihre persönlichen Konflikte sprechen; zum Beispiel über Ärgersituationen. Während er mit Magenkranken sprach, ließ er deren Magen durchleuchten. Im Verlauf der Gespräche über persönliche Problemsituationen kam es bei den Magengeschwür-Kranken zu heftigen Verkrampfungen in der Magenhöhle. Die Magenwand verkrampfte sich, wenn die Rede von belastenden Situationen war: von beruflichen Schwierigkeiten, Problemen in der Partnerbeziehung, von Neid, Wut und Ärger. Diese Verkrampfungen verursachen eine Fehlfunktion beim Absondern des Magensaftes. Es kommt zur Übersäuerung der Magenschleimhaut und der dadurch ausgelösten Entzündung.

Bei Christian wurde der Magen zum Schmerzpunkt für die seelische Überforderung. Sein Kranksein war individuell *und* durch die verletzenden Schulumstände bedingt.

Auch das kränkende Verhalten seiner Lehrer ist nicht nur deren persönliches Problem; denn sie arbeiten innerhalb von Schulstrukturen, die das Lernen stören. Krank machende Schulbedingungen sind vor allem dadurch gekennzeichnet, dass die institutionelle Beziehungslosigkeit die Kontaktwünsche der Kinder blockiert. Konkurrenzangst führt zu Dauerspannung, entfremdetes Lernen missachtet die Interessen der Jugendlichen und lässt Gefühle der Sinnlosigkeit aufkommen.

Der Gymnasiast mit der entzündeten Magenschleimhaut ist dem psychosomatischen Risiko einseitigen Leistungsdenkens zum Opfer gefallen. Dieses Risiko gilt auch für mehrere zehntausend Kinder und Jugendliche, die täglich durch eine Fünf oder Sechs der Schulordnung entsprechend »korrekt« gedemütigt werden. Es gilt für jene hunderttausend Schüler, die »sitzen bleiben« müssen, das heißt: sitzen gelassen werden. Es gilt für viele Kinder, für die es selbstverständlich geworden ist, dass man in der Schule kaum Freude erlebt, sondern Angst haben muss und dass diese Angst krank machen kann. Das Schulschicksal von Christian wurde dramatisch, weil der Jugendliche nirgends eine Halt gebende Beziehung fand.

Zahllose Schülerinnen und Schüler werden von ungeduldigen Lehrern in anhaltenden Alarmzustand versetzt. Das kann die Organe der Kinder in Unordnung bringen. Der Lyriker und Lehrer Ulrich Zimmermann schreibt in seinem Gedicht »Zur Lage«:

gesundheit ist
das schweigen
der organe
in der schule
herrscht stündlich
alarm

Psychotherapie und eine pädagogische Schule machen gesund

Christian wurde wegen seiner Gastritis eine analytische Psychotherapie empfohlen, auf die er sich zögernd einließ, in der er dann aber bewegt mitarbeitete. Die Gespräche mit der Jugendlichenpsychotherapeutin hatten zum Ziel, in Gesprächen

- ⇨ aufzudecken, was ihm den Appetit verdarb;
- ⇨ die enge Beziehung zwischen seiner depressiven Stimmungslage und den konflikthaften Schul-Erlebnissen zu erkennen;
- ⇨ aufzufinden, welche seelisch-leiblichen Belastungen ihm »auf den Magen schlagen«;
- ⇨ herauszuarbeiten, wie seine Magenschmerzen von speziellen Belastungen abhängen;
- ⇨ den Zusammenhang zwischen dem »Reizmagen« und seinen familiären Problemen herzustellen;
- ⇨ die für die Symptome auslösenden Situationen schärfer zu sehen, zum Beispiel Situationen, in denen er seine Geborgenheit verlor;
- ⇨ ihn ernst zu nehmen und sich ihm aufmerksam zuzuwenden;
- ⇨ einen schonungsvolleren Umgang mit sich selbst einzuleiten;
- ⇨ ihm zu helfen, seine von ihm nicht akzeptierten Wünsche nach Ruhe anzunehmen;
- ⇨ ihn bei der Lebensführung zu unterstützen, zum Beispiel bei der Kontaktaufnahme;
- ⇨ ihn zu ermuntern, seine Gefühle zuzulassen und Kummer nicht zu »schlucken«;
- ⇨ die Geltungsproblematik zu bearbeiten, die ihn in Dauerspan-

nung versetzte, weil er sich ständig bemühte, sein Versagen auszugleichen;

⇨ ihm dabei zu helfen, seine Ängste anzunehmen und mehr Mut
zu entwickeln.

Die Eltern und Christian beschlossen zudem den Wechsel auf ein
alternatives Gymnasium; dieser Wechsel wirkte zusätzlich psychotherapeutisch. Es gingen heilende Kräfte von der Praxis dieser Pri-
vatschule aus. Psychotherapie und Schulwechsel bewirkten, dass
Christians Entzündung der Magenschleimhaut nicht wiederkehrte.
Inwiefern trug die neue Schule zur Heilung bei?

Sie ermöglichte in Klassen von 15 bis 20 Schülern einen persönlichen Kontakt zu den Lehrerinnen und Lehrern. Bei diesen galt es
als Prinzip, die Jugendlichen individuell zu betreuen: sie nicht in
den kommerzialisierten Nachhilfeunterricht abzuschieben, sondern
ihnen in kleinen Gruppen selbst nachzuhelfen. Die Schülerinnen
und Schüler bestimmten die Lerninhalte innerhalb des Rahmen-
lehrplans mit und konnten ihre Interessen einbringen. Der belastende Zensurendruck entfiel; denn zum pädagogischen Konzept
der Schule gehörte die individuelle Beurteilung des Lernfortschritts
an Stelle der Ziffernnoten. Die entlastende Unterrichtssituation ver-
ringerte die Spannungen in der Familie.

Als pädagogische Grundhaltung galt in dieser Schule der achtsame Umgang mit den Kindern. Deshalb gab es kein plötzliches Aufrufen, keine Bloßstellung vor der Klasse, keine mit aggressivem Rot
verunstalteten Arbeiten der Schüler. Die Lehrerinnen und Lehrer
verstanden sich als Unterstützer, als Lernanreger und nicht als Be-
und Verurteiler. Durch all das wurde für Christian die Schule zum
»therapeutischen Milieu«, das als wirksames Element der analyti-
schen Jugendlichenpsychotherapie gilt.

Unter »therapeutischem Milieu« versteht man, es solle möglichst vieles in der Umgebung des Kindes gesund machend wirken:
die Bezugspersonen, die Gruppe, die Gegenstände, mit denen die
Patienten umgehen, die Räume, die Tätigkeiten … Jedenfalls ging
für Christian etwas Motivierendes von der Schulumwelt aus, das
ihm einen Neuanfang ermöglichte und seine traumatischen Schulerlebnisse korrigierte.

Der Wechsel auf eine pädagogische Schule wirkte als korrigierende Erfahrung, die den Jugendlichen aus seiner chronischen Verkrampfung löste – und ihn dadurch von seinen Magenfunktionsstörungen befreite. Christian wurde durch Psychotherapie und eine Halt gebende Schulumwelt nicht nur gesünder, sondern lernte lieber und schaffte mit guten Leistungen das Abitur.

»Kinderköpfe im Schraubstock« – Unterricht kann im Kopf wehtun

Das Leben in der Schule kann Kindern Kopfweh bereiten. Nach einem Forschungsbericht der Universität Bielefeld ist für Jugendliche die Schule das belastendste Problem. Für viele von ihnen handelt es sich um eine schmerzvolle Bildungslaufbahn, die sich auch in gesundheitlichen Beschwerden äußert[10]:

17%	befragter Kinder des dritten und vierten Schülerjahrgangs litten öfter unter Kopfschmerzen.
20%	der befragten 1.700 Dreizehn- bis Sechzehnjährigen sind an Kopfschmerzen »gewöhnt«.
28%	der Jugendlichen leiden »manchmal« unter Kopfschmerzen.
45%	gaben an, dass sie regelmäßig oder gelegentlich Kopfschmerzmittel einnehmen.

Auch nach anderen Untersuchungen ist Kopfweh bei Schülerinnen und Schülern ein häufiges Symptom: 18–22 Prozent seien damit belastet. Dabei ist von Kopfschmerzen ohne organische Ursachen die Rede. Manche Kinder wachen bereits am Morgen mit Schmerzen auf und leiden mehrere Stunden oder den ganzen Tag. Oft sind Spannungskopfschmerzen zeitlich an das Frühstück gebunden, an bestimmte Unterrichtsstunden, Prüfungen oder Hausaufgaben. Häufig sind sie mit Schulangst und Leistungsdruck verknüpft, mit genormten Anforderungen ohne Rücksichtnahme auf unterschiedliche Fähigkeiten der Schülerinnen und Schüler.

Schulkopfschmerz findet sich des Öfteren bei Kindern, deren Eltern überhöhte Erwartungen stellen. Die Heranwachsenden identifizieren sich mit dem Leistungsanspruch ihrer Eltern und setzen sich selbst unter Druck. Ihr Lernen ist begleitet von Dauergespanntheit und Selbstunsicherheit. Es ist ihnen nicht möglich, die Arbeit zweckbezogen zu tun und sich gleichzeitig spielerisch zu entfalten. Meist wehren sie ihre aggressiven Impulse ab. Deshalb fühlen sie sich den elterlichen und schulischen Anforderungen hilflos ausgesetzt.

Ärzte am kinderneurologischen Zentrum in Oberhausen beobachteten: Die Zahl der Kinder und Jugendlichen mit Spannungskopfschmerz nimmt zu. Nach ihnen ist jeder Fünfte der jungen Menschen davon beeinträchtigt. Im dritten Schülerjahrgang kennen bereits 80 Prozent der Kinder Kopfweh aus eigener Erfahrung. Wenn sie ihr Symptom beschreiben, formulieren sie das häufig so: Der Kopf fühlt sich an, als würde er von außen zusammengedrückt, als sei er in einen Schraubstock gespannt, als laste ein schweres Gewicht auf dem Kopf. Diese Formulierungen lassen erahnen: Der Kopfschmerz hängt mit Leistungsdruck durch Überforderung zusammen, mit dem Eingespanntsein in ein Angst machendes Prüfungssystem, mit der Last elterlicher und schulischer Erwartungen.

Die Kinderärzte sehen als Ursache der Kopfschmerzen vielfältige Belastungen: Krisen in der Familie und Lernschwierigkeiten in der Schule; stundenlanges Fernsehen, ausufernde Computersitzungen, weite Autofahrten, lange Schulwege im Bus, unregelmäßige Lebensweise mit Schlafmangel, zu wenig Bewegung im Freien. Die psychosozialen Ursachen sind deutlich: Es handelt sich um die psychische Reaktion auf krank machende soziale Umstände. Dennoch werden die psychosozialen *Konsequenzen* zu wenig vollzogen, Kritik daran, dass die Schule Kinderköpfe psychisch unter Druck setzt, wird kaum geäußert. Eltern, Ärzte, pädagogisch engagierte Lehrerinnen und Lehrer riskieren nicht, sich für eine pädagogische Schule politisch einzumischen.

Das zeigt sich bei der Mitteilung von einem der Ärzte, der Kinder wegen ihrer Kopfschmerzen behandelt. Er muss die kränkenden Schulbedingungen verleugnen, vermutlich damit er die gesellschaftliche Kritik am Schulsystem vermeiden kann. Er sagt: »Wenn Schüler berichten, der Unterricht bei bestimmten Lehrern oder die Klassenarbeiten würden Kopfweh hervorrufen, dann …« – nun erwartet man als logische Folge, er würde zu psychisch verletzenden Lehrern etwas aussagen, zu lernpsychologisch unzureichenden Unterrichts- und Prüfungsmethoden oder zum lernstörenden Zensurensystem. Diese folgerichtige Kritik überspringt der Arzt jedoch; er führt seinen Satz zu Ende: »Wenn Schüler berichten, dass der Unterricht bei bestimmten Lehrern oder dass die Klassenarbeiten Kopfweh hervorrufen, beziehen wir die Eltern in die Therapie des Kindes ein … « Was eindeutig an die *Schule* gerichtet sein müsste, wird den *Eltern* zugewiesen. Damit hält sich der Arzt an das Tabu des unpädagogischen Lehrerverhaltens.

Aus elterlichem und schulischem Leistungs-Druck wird Kopf-Druck

Tatsächlich kann Erwartungsdruck der Eltern schmerzhaften Druck im Kopf erzeugen. Der Druck, den Mütter und Väter ausüben, hängt mit deren eigenen Ängsten zusammen: das Kind könne ohne guten Schulabschluss nicht die erwünschte berufliche Laufbahn wählen; ihm könne ein bestimmtes Studium verwehrt werden, der soziale Aufstieg verschlossen bleiben. Zudem ängstigt die Eltern in Zeiten hoher Arbeitslosigkeit die Sorge, die Heranwachsenden könnte das Schicksal arbeitsloser Jugendlicher treffen. Diese elterlichen Existenzängste sind verständlich; sie reichen bereits in das erste Schuljahr hinein. Angesichts vieler gesellschaftlicher Unsicherheiten wird leicht Gottfried Schleiermachers pädagogische Forderung vergessen: Man dürfe um keinen Preis die Gegenwart der Kinder irgendeiner Zukunft opfern.

Dieser Leitsatz wird in der Schule missachtet. In ihr ist immerfort von »später«, vom Übertritt, vom Schulabschluss, von Abitur und Studium die Rede. Deshalb wirkt im Unterricht vieles ursächlich für den Schmerz im Kopf: die täglichen Demütigungen, das Übersehenwerden, die Überforderung, das Nicht-gebraucht-Werden, das psychologisch unzureichende Unterrichtsklima, dem Kinder wehrlos ausgeliefert sind.

Die Erkenntnis über kränkende Schulbedingungen erforderte, öffentlich für Kinder einzutreten, sich politisch einzumischen. Wir müssten aufklärerisch in das unpädagogische Schulsystem hineinwirken und damit die Lehrerinnen und Lehrer unterstützen, die sich in ihrem pädagogischen Engagement von Schulgesetzen eingeengt fühlen. Diese verantwortliche Einmischung ist unbequem und bringt oft Konflikte mit den für die Missstände Zuständigen. Aber nur auf diesem Wege können Schülerinnen und Schüler von lernstörenden Schulstrukturen befeit werden.

Es wäre einfach, eine Schule zu schaffen, die Kinder nicht krank macht. In ihr könnten die Schüler *mehr* lernen als heute, wo viele Kinder durch Schulangst dumm gemacht werden. In einer *pädagogischen* Schule erleben die Jugendlichen, *miteinander* zu lernen, statt gegeneinander. Sie können ihre *individuelle* Leistungsfähigkeit entwickeln und werden nicht ständig an anderen gemessen. Eine humane Schule lässt den Einzelnen verantwortlich und eigenständig sein, anstatt ihn fremd zu bestimmen. Sie regt Jugendliche zum Lernen durch lebensnahe Inhalte und selbsttätiges Lernen an – auch zum Lernen mit der Hand, nicht nur mit dem Kopf. Wenn Jugendliche erfahren, was *heute* für sie einen Sinn hat, wird der Schulunterricht sinnvoll für sie.

In einer Presseinformation des Berufsverbandes der Kinderärzte in Deutschland hieß es: 80 Prozent aller Bauch- und Kopfschmerzen bei Kindern seien psychosomatisch bedingt, ihre Ursache liege im seelischen Bereich. Welches Schicksal verbirgt sich hinter einer solchen Mitteilung?

Fragen für Schüler: Achtsam miteinander umgehen –
Taktgefühl und entspannte Unterrichtssituation

? Kann ich im Unterricht entspannt mitarbeiten? Oder fühle ich mich unter Druck? – Reden wir mit den Lehrern und untereinander über diese Fragen?

? Bin ich den unterrichtlichen Anforderungen gewachsen? – Oder überfordern mich die Leistungsansprüche?

? Nehme ich in bestimmten Unterrichtssituationen Körperreaktionen an mir wahr? – Zum Beispiel Herzklopfen, Schwitzen, Bauch- oder Kopfweh, Erröten, Schwindel, Händezittern, Blasendruck und andere körperliche Empfindungen? In welchen Situationen treten solche Körperreaktionen auf?

? Spreche ich mit Mitschülern, Freunden und Eltern, wenn mich Lehrer taktlos behandeln – und kann ich sie um Beistand bitten?

? Kann ich sicher sein, in der Klasse nie bloßgestellt zu werden?

? Kann ich mich darauf verlassen, nicht unvorhergesehen aufgerufen und ausgefragt zu werden, sondern nur dann, wenn ich mich melde?

? Gehört es zu den Regeln, nie einen Schüler auszulachen oder zu beschämen, also die Würde des Menschen zu achten?

? Ist es selbstverständlich, Zensuren auf keinen Fall öffentlich bekannt zu geben, damit schwächere Schüler nicht beschämt werden?

? Frage ich danach, wie es Lehrerinnen und Lehrern in der Klasse geht? Gehe ich taktvoll mit Lehrerin und Lehrer um? Und wahren diese mir gegenüber pädagogischen Takt?

? Ist die Korrektur des Lehrers behutsam und eine Hilfe zum Weiterlernen – oder bekomme ich ein »rotes Schlachtfeld« zurück?

? Entschuldigt sich der Lehrer, wenn er im Affekt einem Schüler oder der Klasse unrecht getan hat – und entschuldige ich mich, wenn ich mich unrecht verhalten habe?

»Gut-sein-Müssen« führt zu Dauergespanntheit – Frederiks Anpassung

Ein 13jähriger Junge litt unter häufigen Kopfschmerzen. Ärztliche Untersuchungen – auch durch den Hals-, Nasen-, Ohrenarzt und den Augenarzt – verwiesen auf keine organische Ursache. Eduards Kopfschmerzen gingen mit Übelkeit und gelegentlichem Erbrechen einher. Sie traten zu unterschiedlichen Zeiten auf: besonders während des Schulunterrichts, nachmittags beim Hausaufgabenmachen, aber auch am Wochenende, wo man annehmen mochte, der Druck fiele weg. Der Junge war ein guter Schüler, ausgenommen Latein, das eine schwere Bürde für ihn darstellte. Aber gerade für dieses Fach musste er die meiste Lernzeit aufbringen, um durch die Prüfungen zu kommen; seine Angst vor dem Versagen begleitete ihn ständig. Die Lateinbücher nahm er sogar in den Urlaub mit.

Mit Latein hatte es eine besondere Bewandtnis: Den Eltern erschien diese Sprache für die Bildung des Jungen unerlässlich. Deshalb wurde trotz Versagens eine andere Fächerwahl nicht erwogen. Dabei waren die Eltern nicht streng zu dem Jungen und nahmen sich sehr um ihn an. Sie bemühten sich um einen modernen Erziehungsstil. Aber der Junge spürte, wie schwer seine Eltern die schlechte Lateinnote verkraften konnten. Um diese drehte sich schließlich alles; die guten Noten in anderen Fächern traten in den Hintergrund. Frederik übernahm die elterlichen Leistungsideale und sah selbst ein, wie wichtig Latein war.

Weil die Eltern so viel für ihn taten, wollte er sie nicht enttäuschen: »Ich muss unbedingt gut sein.« Er entwickelte eine perfektionistische Haltung, die ihm Erfolg und Anerkennung einbrachte; nur in dem von den Eltern so wichtig genommenen Fach konnte er ihren – und inzwischen auch seinen eigenen – Maßstäben nicht gerecht werden. Der Hang zum Perfektionismus versetzte ihn in Dauerspannung. Schließlich lebte er nur noch für die Schule und wurde in Latein etwas besser. Er wäre nicht auf die Idee gekommen, sich gegen die elterlichen Leistungsforderungen zu wehren. Es schien, als versuche er nur durch seine Kopfschmerzen unbewusst mitzuteilen: »Lasst mich doch in Ruhe.«

Kritische, aggressive oder feindselige Gefühle gegen die Eltern verdrängte Frederik. Die Eltern lobten seinen Familiensinn, an dem ihnen besonders lag. Je mehr der Jugendliche durch Annäherung an die elterlichen Ideale Anerkennung bekam, umso mehr machte er sich deren Leistungsideale zu Eigen. Es erwachte kein Protest gegen die hoch gesteckten Ansprüche. Der Junge verlernte zunehmend zu spielen und entspannt zu genießen. Hatte er einmal weniger für die Schule zu tun, zum Beispiel am Wochenende, geriet er in Unruhe, die er schnell in Schularbeit umsetzte. Seine ausgeprägte Erfolgsorientiertheit brachte ihm Wohlwollen bei den Lehrern ein, isolierte ihn aber von den Mitschülern; deren Distanz zu ihm kränkte ihn. Er konnte über seine innere Not nicht sprechen, sondern musste alles »mit sich selbst abmachen«.

Die Folge solcher Dauerspannung führte bei Frederik zu ständig angespannten Muskeln und zum Kopfschmerz. Dieser ging von einem steifen Genick mit Muskelverspannungen im Bereich der Halswirbelsäule aus. Dass seelische Spannungen zu Kopfweh führen können, ist auch in der Sprache festgehalten. Unlösbare Konflikte »bereiten uns Kopfschmerzen«, über schwierige Probleme »zerbrechen wir uns den Kopf«, wegen schwer zu bewältigender Aufgaben »zermartern wir uns das Hirn«; manche Menschen müssen immerfort »den Nacken steif halten«, besonders, wenn ihnen etwas »über den Kopf wächst«.

Vor jeder Leistungskontrolle strebte Frederik darauf hin, glanzvoll aus der Prüfung hervorzugehen; dann werde er erleichtert sein und sich freuen können. Tatsächlich aber überkam ihn nach dem guten Ergebnis nicht Freude, sondern ein Gefühl der Leere. Sein ganzes Leben war auf Prüfungen ausgerichtet. Bestand er diese, hatte er keine anderen Freude machenden Lebensinhalte und geriet in depressive Verstimmung.

Spannungs-Kopfschmerz – Reaktion auf Überforderung

An Frederiks Beispiel zeigen sich wesentliche Merkmale der Erkrankungsgeschichte und der psychischen Hintergründe bei seelisch bedingtem Muskelspannungs-Kopfschmerz, wie sie bei Kindern und Jugendlichen häufig beobachtet werden:

➭ Spannungs-Kopfschmerz tritt unter Leistungsdruck auf, zum Beispiel als »Schulkopfschmerz«: Dieser Begriff wird häufig verwendet, weil sich der Zusammenhang zwischen schulischer Anspannung und Kopfweh immer wieder zeigt.

➭ Er ist eine Reaktion darauf, dass das Kind überfordert und hilflos ist.

➭ Weil die individuellen Kräfte überfordert werden, muss der Schüler in den Bereichen, in denen er versagt, ohne den ersehnten Erfolg lernen; die Spannung aus Anstrengung und unbefriedigendem Erfolg wird nie aufgelöst.

➭ Krank machendes Leistungsstreben hängt oft damit zusammen, dass sich die Jugendlichen mit den ehrgeizigen Leistungsidealen der Eltern identifizieren.

➭ Das die Kräfte überfordernde Leistungsstreben bedingt eine einseitige Lebensführung, die nicht zulässt, sich zu entspannen. Immer steht das ehrgeizige Lösen von Erfolgsproblemen im Vordergrund.

➭ Perfektionistisches Streben lässt wenig Freude am Erfolg erleben; denn nie ist etwas so gut, wie es eigentlich sein sollte.

➭ Die aggressive Gehemmtheit macht es unmöglich, sich den äußeren und inneren Leistungsanforderungen zu widersetzen. Der Jugendliche ist den elterlichen und schulischen Erwartungen wehrlos ausgeliefert.

Psychosomatisch gestörte Kinder und Jugendliche drücken in ihren Symptomen aus, worüber sie nicht sprechen können. Lehrerinnen und Lehrer sind keine Therapeuten – aber unter freundlichen Schulumständen helfen sie den Kindern bereits dadurch, dass sie ihnen ermöglichen zu reden. Oft geschieht dies nebenbei: in der Pause, vor oder nach der Schule, auf der Wanderung, zwischendurch oder auch in vereinbarten Gesprächen während der Schülersprechstunde. Was immer der Inhalt solcher Gespräche sein mag, Schüler und Lehrer nehmen sich dabei aufmerksam wahr und lernen einander begreifen. Auch das freie Schreiben wirkt befreiend, wenn es im Rahmen eines vernünftigen Aufsatzunterrichts geschieht. In dem dürfen Kinder schreiben, was sie bewegt – und müssen nicht den Themen »folgen«, die Lehrpläne vorschreiben; schon gar nicht werden diese freien Aufsätze zensiert.

Kopfschmerz-geplagte Kinder müssen darin unterstützt werden, aus ihrem Spannungszustand herauszufinden. Es gilt, den äußeren Druck der Anforderungen zu vermindern und den inneren, nämlich den, der durch die verinnerlichten Leistungsideale der Eltern und Lehrer aufrechterhalten wird. Die Eltern müssten sich von ihrem eigenen Druck entlasten, damit sie ihr Kind mehr »lassen« können. Vor allem dürfen Schülerinnen und Schüler nicht in Lernbereiche gedrängt werden, in denen sie nur Misserfolg erleben. Alles, was die Selbstsicherheit festigt, ist hilfreich, weil dadurch der verkrampfte Selbstbehauptungskampf aufgegeben werden kann.

Es muss herausgefunden werden, was die unter Kopfschmerz leidenden Kinder entspannt: ob spielerische Entfaltung, Sport, Gymnastik oder Entspannungsübungen. In jedem Fall ist ihnen dabei zu helfen, mehr freudvolles Tun zu entdecken. Es geht darum, die Beziehung zu den Eltern und Lehrern zu verbessern, die gesund-aggressiven Impulse zu entfalten, eine entspanntere Lebensführung zu ermöglichen und sich für bisher Ungelebtes zu öffnen. Wenn sich das Symptom bereits verfestigt hat, kann den Jugendlichen eine Psychotherapie unter Einbeziehung der Familie helfen.

Unterdrückte Spontaneität im Nägelbeißen und Zähneknirschen

Bewegung und Aggression sind für die Entwicklung der Kinder lebenswichtig. Werden aggressive Impulse gehemmt, kann dies zu seelischer und körperlicher Erkrankung führen: Ein Kind »frisst alles in sich hinein« und erkrankt an einer Magenschleimhautentzündung. Ein anderes leidet unter Spannungs-Kopfschmerz, weil sich durch die unterdrückte Wut die Blutgefäße verkrampfen; die verdrängte Aggression kann zu chronisch hohem Blutdruck führen oder zu selbstdestruktivem Verhalten wie: sich die Haut aufkratzen oder Haare ausreißen.

Ein im Schulalter verbreitetes Symptom aggressiv gehemmter Schülerinnen und Schüler ist das *Nägelbeißen*. Nägelknabbernde Kinder leben ihre Aggressionen nicht nach außen, sondern nach innen. Sie befürchten, andere zu verletzen und dadurch Gegenaggression auszulösen; unbewusst richten sie ihre Aggression gegen sich selbst. Sie beißen an den Nägelrändern, manchmal aber auch an den Fingern so stark, dass diese bluten. Häufig wird das Nägelbeißen als dumme Angewohnheit bekämpft. Es heißt dann: Das Kind könnte damit aufhören, wenn es sich beherrschte. Dabei ist gerade das Sich-Beherrschen eine Ursache für das gestörte Verhalten.

Als unbewusste Konflikte finden sich in den Lebensgeschichten nägelbeißender Kinder: früh unterdrückte Bewegungsimpulse, überhöhte Leistungsanforderungen, Bravheitsdressur. Die verdrängten aggressiven Impulse kehren entstellt im Symptom des Nägelkauens wieder: als gegen sich selbst gerichtete Destruktion. Im Symptom bildet sich auch das Isoliertsein ab, die negative Beschäftigung mit sich selbst. Im Kapitel »Psychisch kranke Lehrer machen Kinder krank« berichte ich von einem Jungen, der sich seelisch und körperlich gesund entwickelt hatte, aber durch eine destruktive Lehrerin krank gemacht wurde: Unter anderem begann er an den Nägeln zu knabbern. Dort habe ich beschrieben, wie eine Mutter mit sozialem Mut für ihr Kind eintrat und dieses bei einer beziehungsfähigen Lehrerin wieder gesund wurde.

Unterdrückte Spontaneität äußert sich auch im Symptom des Zähneknirschens. Das *Zähneknirschen* kann ausdrücken, dass motorische und aggressive Impulse der Bravheit geopfert wurden. Die Kinder, Jugendlichen oder Erwachsenen knirschen im Schlaf oder untertags stark und laut mit den Zähnen. Dadurch werden Zahnschmelz und Gebiss geschädigt. Ein Jugendlicher begann zu knirschen, als er auf die gymnasiale Oberstufe in eine andere Schule wechselte. In der neuen Klasse wies er einen Leistungsrückstand auf, der ihn in ängstliche Dauergespanntheit versetzte: Kann ich das je aufholen? »Verbissen« setzte er sich hinter seine Bücher und schränkte seine Freizeitaktivität ein, insbesondere den Sport. Vor jeder Prüfung stand er unter psychischem Druck; der löste das selbstzerstörerische Mahlen und Pressen im Gebiss aus; das ging an seine Zahnsubstanz.

Der zähneknirschende Jugendliche sagte den bezeichnenden Satz: »Da musst du die Zähne zusammenbeißen und durch!« Jeden Morgen wachte er mit Zahnschmerzen auf, als Folge der nächtlichen Knirsch-Arbeit. Über sich selbst erzählte er: »Ich bin unzufrieden mit mir. Nie habe ich so sein können, wie ich wollte. Immer muss ich Rollen spielen und funktionieren. Ich kann nicht sein, wie ich bin, weil ich gar nicht recht weiß, wie ich bin. Von Eltern und Lehrern fühle ich mich total beherrscht. Mein Ehrgeiz und Fleiß und dass ich so pünktlich bin, das kotzt mich richtig an. Ich habe vor allem gelernt, Haltung zu wahren … Wenn ich mich ärgere, ziehe ich mich zurück. Es ist für mich unmöglich, mit anderen zu streiten.«

Die Kindheit dieses Jugendlichen war charakterisiert durch Ohnmachtsgefühle, wenig Kontakt und stark eingeschränkte motorische Impulse. Durch eine betont formale Gehorsamserziehung lernte er, aggressive Impulse und Eigenbewegung zu unterdrücken. Das spitzte sich in der aktuellen Druck- und Anspannungssituation des Gymnasiums zu. Hier wiederholten sich für ihn früh erlebte seelische Verletzungen in besonders starkem Ausmaß. Die überfordernden schulischen Leistungsansprüche erhöhten seine seelische und körperliche Belastung und schädigten seine Gesundheit in Form des psychosomatischen Symptoms.

Bei diesem psychischen Hintergrund der Störung kann eine nächtlich eingesetzte Zahnsperre nicht helfen, weil diese nur das Symptom einschränkt. Kindern und Jugendlichen, die durch nächtliches Knirschen ihre Zähne ruinieren, muss dabei geholfen werden, ihre Gefühlssituation zu entspannen. Man kann sie darin unterstützen, motorische und aggressive Impulse zu entwickeln, mit Ärger und überfordernden Ansprüchen aktiv umzugehen. Außerdem ist es notwendig, die angespannte Beziehung zu den Bezugspersonen zu klären und durch Kontakt die Einsamkeitsgefühle zu vermindern. Dazu müssen die Eltern beitragen, verständnisvolle Lehrerinnen und Lehrer können die Schulnöte mildern.

Kinder sind bewertete Menschen – »Bin ich gut oder schlecht?«

Psychosomatik als Wissenschaft von Zusammenhängen zwischen seelischer Erregung und körperlichem Kranksein kann lehren, wie Menschen durch überfordernde Bedingungen in eine hilflose Lage geraten. In dieser hilflosen Lage bleibt manchen nur noch die Flucht in die Krankheit. Viel Kummer und Erniedrigung könnte Kindern und Jugendlichen erspart werden, wenn wir die Wahrnehmung dafür schärften, wie seelisch-leiblich verletzlich sie sind. Verletzendes geht zum Beispiel von fortwährenden *Bewertungen* aus. Sogar das »positive« Bewerten ist problematisch.[11]

Sie meinten, es sei eine große Hilfe für Kinder, bewertet zu werden. Das meint man wohl noch immer, es ist in der Gesellschaft recht verbreitet. Dass es gut ist, bewertet zu werden.

Ich war mit dem Kind auf dem Spielplatz … Sie war auf ein paar Eisenbahnschwellen gestiegen. Sie war vielleicht einen Meter über der Erde. Von da aus rief sie mir zu.

»Guck mal.«

Ich antwortete nicht, ich kam nicht dazu. Es antwortete eine fremde Frau, die ebenfalls mit dem Kind da war.

»Wie tüchtig du bist«, sagte sie …

Das Kind hatte um Aufmerksamkeit gebeten. Sie hatte nur darum gebeten, gesehen zu werden. Doch sie bekam eine Bewertung.

»Wie tüchtig du bist.«

Es ist keine böse Absicht, wenn man Leute bewertet. Man tut es nur, weil man selber so oft bewertet worden ist. Schließlich kann man gar nicht mehr anders denken.

Man sieht es vielleicht nicht so deutlich, wenn man immer einigermaßen hat leisten können, was verlangt wurde. Man sieht es vielleicht am besten, wenn man weiß, dass man sein ganzes Leben immer auf der Grenze sein wird.

Indem wir bewerten, verfügen wir über das Kind, machen *seine* Sache zu unserer. Wir lassen es nicht *sein* Kraftgefühl erleben, sondern »verstärken« seine Handlung. Damit machen wir es abhängig, lenken die Aufmerksamkeit auf unser Lob, statt auf seine Leistung. Weil viele Erwachsene bewertete Kinder waren, gehen ihnen Bewertungen für die eigenen Kinder so leicht über die Lippen. Dabei wird Freude vor allem durch Tätigsein ausgelöst, das keine äußere Belohnung bringt. Das Lebensgefühl selbst ist die Belohnung.

Noch schlimmer ist das Bewerten in der Schule: Diese wird zur Bewertungsanstalt, in der es an jedem Tag, in jeder Stunde darum geht: Bin ich gut oder schlecht? Antworte ich richtig oder falsch? Bekomme ich eine Eins oder Zwei oder gar eine Vier oder Fünf? Werde ich in die nächste Jahrgangsstufe versetzt, oder muss ich sitzen bleiben? Bekomme ich eine ausreichende Punktzahl oder wird mir bestätigt, dass ich »ungenügend« bin?

Die Bewertungssucht bedroht Kinder in ihrem Selbstsein. Jene, welche die Forderungen nicht erfüllen, werden in ihrem Selbstgefühl verletzt: Aus der *Be*wertung wird eine *Ent*wertung. Viele psychische Störungen von Kindern und Jugendlichen gehen mit Demoralisierung einher. Die Entmutigung von Schülern oder Klassen durch fortgesetzte Entwertung über die Zensuren, raubt den Kindern die Hoffnung. Hoffnung ist jedoch nicht nur eine Voraussetzung für Lernerfolg, sondern auch eine Grundlage seelischer und leiblicher Gesundheit.

Kleine Kinder korrekt mit Ziffernnoten zu zensieren, vergiftet das pädagogische Klima. Das ist nicht Resultat verantwortungsloser Lehrerentscheidung. Vielmehr *müssen* Lehrerinnen und Lehrer in unverantwortbaren Zusammenhängen unterrichten. *Pädagogisches* Handeln wird ihnen durch Schulgesetze verwehrt; die schreiben Lehrern vor, aufgrund des Ausleseprinzips Kinder ständig zu bedrohen. Sie dürfen ihnen nicht in helfender Beziehung beistehen. Das kinderfeindliche Handeln wird dann noch als »Gerechtigkeit« und »Verantwortung« gerühmt.

Zu fragen ist: Weshalb ordnen sich Lehrerinnen und Lehrer reibungslos in dieses lernpsychologisch unintelligente und pädagogisch schädliche System ein? Weshalb nehmen sie mehrheitlich die Zumutung auf sich, die Kinder in ihrer Würde zu kränken? Bürden sie dann noch den Kindern die Verantwortung für diese Kränkung auf, ist das moralisch verwerflich.

Nachdenken über persönliche Berührungspunkte

? Kenne ich Situationen, die mich seelisch so anspannen, dass ich die Spannung körperlich spüre? Was sind meine eigenen Erfahrungen zu psychisch bedingten Magen- und Kopfschmerzen?

? Beobachte ich an Kindern, dass sich Leistungsdruck in *körperlichem* Druck niederschlägt, dass ihnen zum Beispiel etwas »im Magen liegt«? Kann ich mir vorstellen, dass es ihnen bei manchen korrekten schulischen Demütigungen »den Magen umdreht«?

? Neige ich dazu, einseitigem Leistungsdenken zu verfallen, und nicht zu bedenken, dass Kinder *ganz* leben und nicht nur Leistungs-Träger sein wollen? Ginge es mir selbst vielleicht besser, wenn ich die Kinder nicht mit meinem Ehrgeiz antreiben müsste?

? Rede ich als Lehrerin und Lehrer gelegentlich mit meinen Schulklassen darüber, ob sie psychosomatische Reaktionen spüren und wann diese auftreten? Mache ich Psychosomatik zum Unterrichtsthema – in Biologie oder Soziallehre, im Deutschunterricht oder in Ethik, in Erziehungslehre oder Politik und anderen Fächern?

? Zu psychosomatischen Symptomen kommt es auch dadurch, dass drückende Probleme nicht ausgesprochen werden; dann teilt nur noch der Körper die verschlüsselte Not mit. Nehme ich mich selbst wahr und bleibe ich im Gespräch mit den Kindern? Reden wir darüber, was uns anspannt, wie wir die reale Anspannung meistern und uns dann wieder entspannen können?

? Wer mit Kindern zu tun hat, sollte sich immer wieder fragen: Wie war es in meiner eigenen Kindheit? Was hat die Pädagogik bei mir ausgerichtet oder angerichtet? Was hat mir gut getan? Was war für mich beglückend, was leidvoll und was schädlich?

? Hätte ich mir manchmal Lehrerinnen und Lehrer mit mehr Einfühlung gewünscht? Welche Situationen erinnere ich?

Wie könnten kränkende Situationen nach meiner jetzigen Einschätzung behutsamer ablaufen?

? Viele Erwachsene sind bewertete Menschen. Deshalb neigen sie dazu, ihre Kinder in einem fort zu bewerten. Aber wie kann ich das Kind *sehen*, statt es zu beurteilen? Wie kann ich mich *mit* ihm an seiner geglückten Leistung freuen, statt es zu zensieren? Wie bestärke ich es in seinem Kraftgefühl, statt es zu belohnen? Wie kann ich den Lernerfolg *anerkennen* – was von »erkennen« kommt, statt das Kind zu loben?

? Die Weltgesundheitsorganisation WHO fordert in der Ottawa-Charter: »Die Art und Weise, wie eine Gesellschaft die Arbeit, die Arbeitsbedingungen und Freizeit organisiert, sollte eine Quelle der Gesundheit und nicht der Krankheit sein.« Nehmen wir uns in Lehrerkonferenzen und Elternversammlungen Zeit, um über diese Forderung im Hinblick auf den seelischen Gesundheitsschutz in der »Schule als Quelle der Gesundheit« nachzudenken?

Psychisch kranke Lehrer machen Kinder krank

Ein Lehrerschicksal wird zum Schülerschicksal

»Frau A. hat mich mit Gewalt nackt ausgezogen.
Dann hat sie mir alle Haare abgeschnitten, ich schrie vor Angst.
Und dann hat sie mich mit der Hand und den Fäusten überall
hingeschlagen, wo sie treffen konnte.
Ich bin weinend aufgewacht.«
Albtraum der 7-jährigen Lena, die eine schlagende und
demütigende Lehrerin hat, vor der die Kinder niemand schützt.
(Im Jahr 2000, Deutschland)

Wir sind alle verantwortlich für alles und alle
und ich noch mehr als die anderen.
Fjodor Dostojewskij

Von schwierigen Schülern ist viel die Rede. Von schwierigen Lehrern auch, aber nicht in *öffentlicher* Debatte. Kritik an schlechten Lehrern ist ein Tabu. Alle berichten von Einzelfällen verhaltensauffälliger Lehrer, die für den Lehrberuf ungeeignet sind. Vielen haben psychisch gestörte Lehrer das Leben und Lernen schwer gemacht. Während man jedoch beim schwierigen Schüler darüber nachdenkt, wie man ihm helfen, und wie man den überforderten Lehrer von schwierigen Kindern befreien könne, gilt der verhaltensgestörte Lehrer als unabwendbares Schicksal. Weder er noch die ihm ausgelieferten Kinder dürfen auf Beistand hoffen. Aber bereits ein einziger gestörter Lehrer wird zum Schicksal *vieler* Schüler. Sie *müssen* aushalten, dass er sein Gestörtsein an ihnen auslebt. Ihre Eltern kommen ihnen nur selten zu Hilfe. Deshalb bleibt destruktives Lehrerverhalten folgenlos: Über verhaltensgestörte Lehrer wird kein Berufsverbot verhängt, um die Schüler vor ihnen zu schützen. Sie sind zwar »nur Einzelfälle«, kränken aber Hunderte wehrloser Kinder – und können sie krank machen.

Lehrer A.: Destruktive Aggression – Wiederinszenierung eigener Not

Herr A. belastete Schüler und Kollegen durch Aggressivität und Härte. Er forderte absoluten Gehorsam und setzte sich über das amtliche Verbot körperlicher Strafen hinweg. Für geringfügige Vergehen – etwa Schwätzen – gab es seitenlange Strafaufgaben; Widerreden der Schüler wurden mit »Kopfnüssen« geahndet; es verging keine Woche, in der nicht Schüler mit Verweisen und Arrest bestraft wurden. Schwache verhöhnte er in sadistischer Weise durch Ironie. Die Schüler mussten ihre Arme verschränken; wenn sie sich nicht ruhig hielten, brüllte er sie an. Der Leitspruch für seine Brutalität lautete: »Ein Mensch, der nicht geschunden wird, der wird auch nicht erzogen.«

Mehrere Jugendliche reagierten mit psychosomatischen Symptomen: Bauchschmerzen, Übelkeit, Kopfschmerzen, Zähneknirschen; andere gerieten in Angstzustände und Lernverweigerung, in Aggressivität und versteckt destruktives Handeln; alle hassten und fürchteten Herrn A. Ein Elternpaar nahm die Tochter aus der Klasse und brachte sie in einer anderen Schule unter.

Niemand aus dem Kollegium, aus der Schulaufsicht und aus der Elternschaft der dörflichen Gemeinde bot Herrn A. Einhalt, obwohl alle seine Schülerfeindlichkeit beklagten. Den Ministerialbeauftragten veranlassten die ihm zugetragenen Klagen nicht, die Würde der Kinder zu schützen. Selbst der mangelhafte Unterricht des »schlechten Lehrers« ließ die Vorgesetzten ungerührt. Sie sahen mitleidlos der seelisch verletzenden Willkür zu und begründeten das mit dem Beamtenrecht, das ihnen verwehre einzuschreiten. Wenn so viele Beteiligte das zerstörerische Verhalten billigen: Muss da nicht ein Klima generellen Einverständnisses mit dem kinderfeindlichen Handeln herrschen?

Es war ein anderer Umstand, der den destruktiven Lehrer zwang, sich psychotherapeutisch beraten zu lassen. Er lebte nämlich seine zerstörerischen Impulse nicht nur an unterlegenen Schulkindern aus, sondern auch im Straßenverkehr. Dort verursachte er durch seine aggressive Fahrweise Unfälle. Er nahm anderen die Vorfahrt, fuhr auf ihr Fahrzeug auf, streifte sie bei Überholmanövern.

Verwarnungen und Strafen häuften sich, weil er an der Ampel das Rotlicht nicht beachtete und wiederholt viel zu schnell fuhr. Seine Punktzahl in der Verkehrssünderkartei näherte sich der Grenze zum Fahrverbot. Herr A. bezahlte empfindliche Geldstrafen, musste an einer verkehrserzieherischen Nachschulung teilnehmen und wurde wegen Beleidigung angezeigt, denn er hatte einen Autofahrer grob beschimpft.

Die Neigung, mit dem Auto zu rasen, andere zu überholen und zu bedrängen, versuchte Herr A. auch konstruktiv umzusetzen, indem er Einsatzfahrer bei einem Notfalldienst wurde. Da konnte er mit Blaulicht und Sirene alle anderen von der Fahrbahn scheuchen. Schließlich wurde ihm jedoch nach einer Unfallflucht für ein Vierteljahr der Führerschein entzogen. Diese Strafe bewog ihn, in psychotherapeutischen Gesprächen seine Aggressivität und seinen seelischen Sadismus zu bearbeiten und sich mit seinem Verhalten den Kindern gegenüber auseinander zu setzen.

Im Verlauf der Therapie zeigte sich: der Patient inszenierte mit seiner Destruktivität, was ihm selbst in der Kindheit widerfuhr. Er litt unter seinem Vater; der verhielt sich so, wie der Sohn es jetzt als Lehrer tat. Dieser Vater – übrigens auch Lehrer – sah in blindem Gehorsam das wichtigste Erziehungsziel. Eigenständige Regungen des Jungen wurden erstickt. Der Vater dressierte das Kind zu absoluter Untertänigkeit. Er prügelte häufig; bei diesen Strafaktionen wurde dem Jungen verboten zu weinen. Bei Tisch durfte kein Wort gesprochen und nicht gelacht werden. Die vorgeschriebene Essens-Portion musste der Junge aufessen oder er bekam sie zur nächsten Mahlzeit erneut vorgesetzt. Oft wurde das Kind in den dunklen Keller gesperrt.

Auf diese persönlichkeitsverletzende Behandlung reagierte das Kind dem Vater gegenüber mit Angst, und es passte sich an; Untertänigkeit schützte vor Verfolgung. Herr A. sagte: »Ich wusste allmählich genau, was der Vater will; ich wurde richtig hörig. Das bewahrte mich vor Schlägen und drastischen Strafen.« Ein wiederkehrender Angsttraum des Lehrers, aus dem er oft schreiend aufwachte: »Ein despotischer Riese verfolgt mich; er fängt mich mit Expandern ein, fesselt mich und hängt mich an einen Baumast, an dem ich verzweifelt und in panischer Furcht zapple.«

Seelischer Sadismus: Die Unfähigkeit zu fühlen macht Kinder leiden

In seiner Ohnmacht erwuchs im Sohn der unbewusste Wunsch, zu werden wie der gehasste Vater. So könnte er endlich der Aggression entgehen und selbst mächtig werden.

Während seiner Lehrerausbildung malte er sich aus, wie streng er die Schüler behandeln und keinerlei Widerspruch dulden werde. Seine diktatorische Haltung proklamierte er unter dem Deckmantel pädagogischer Notwendigkeit. Unbewusst rächte sich Lehrer A. an den Schülern für das, was ihm in seiner Jugend widerfuhr. Mit seiner Aggressivität wiederholte er aktiv, was er vom Vater passiv erleiden musste.

Er trug seinen Autoritätskonflikt auch in Prüfungssituationen aus. Da betrachtete er den Prüfling »von oben herab« und erwartete in ihm den »gehorsamen Sohn«. Der musste genau vortragen, was er verlangte. Wenn sich Schüler selbstständig zeigten, wertete das Lehrer A. als Versuch, sich über ihn zu erheben; deshalb musste er sie »klein machen«. Er reagierte beleidigt und verwies den »Sohn« in seine Schranken. Die unbewusste Formel des vom Vater unterjochten Lehrers lautete: »Wie er mir, so ich dir!« Er verteidigte seine rigorose Unterdrückung mit dem Hinweis: »Strenge hat noch niemandem geschadet«; denn er durfte nicht wahrnehmen, wie sehr sie ihm geschadet hat.

Für Lehrerinnen und Lehrer, die an einem ungelösten Autoritätskonflikt leiden, ist die Schule ein geeignetes Feld, den Konflikt auszuleben. Denn in den Schülern haben sie von vornherein Unterlegene. Jetzt sind *sie* überlegen – nach Jahrzehnten des Unterdrücktseins. Da Schulkinder gegenüber ihren Lehrern in der schwächeren Position stehen, brauchen solche Lehrer Überlegenheit nicht durch Leistung zu erringen, durch unterrichtliche Fähigkeiten und menschliches Vorbild; das Überlegensein ist bereits durch die Lehrerposition gegeben.

Bei dem sadistischen Lehrer handelte es sich um eine schwere Persönlichkeitsstörung mit fehlgeleiteter Aggression. Er durfte als Junge keine *gesunde* Aggression entwickeln. Dadurch gingen ihm Impulse der Selbstbehauptung verloren. Wer hingegen Selbstbehauptung ausbilden kann, fühlt sich weniger bedroht. Er gerät nicht so schnell in die Lage, aggressiv zu reagieren.

»Die der Selbstbehauptung dienende Aggression befähigt einen Menschen, seine Ziele zu erreichen. Daher muss er den anderen nicht auf sadistische Weise beherrschen. Der wichtigste Faktor, welcher die der Selbstbehauptung dienende Aggression schwächt, ist eine autoritäre Atmosphäre in Familie und Gesellschaft, wo Selbstbehauptung mit Ungehorsam und Sünde gleichgesetzt wird. Ein sadistischer Mensch ist sadistisch, weil er an einer Impotenz des Herzens leidet, an der Unfähigkeit, den anderen zu bewegen, ihn zu einer Reaktion zu veranlassen und sich selbst zur geliebten Person zu machen. Er kompensiert dieses Unvermögen mit der Leidenschaft, Macht *über* andere zu haben.« (Erich Fromm[12])

Unter dieser »Impotenz des Herzens« litt Herr A. und es litten seine Schüler. Psychologisch zu erklären, weshalb der Lehrer Kinder sadistisch unterdrückt, ändert nichts daran, dass er für sein kinderschädigendes Handeln verantwortlich ist. Deshalb müsste ihm verboten werden, Lehrer zu sein.

In der Psychotherapie des neurotischen Lehrers ging es darum, die persönliche Not zu entdecken, die sich hinter dem destruktivem Handeln verbarg. Man musste dem Lehrer helfen, sich seiner Hemmungen bewusst zu werden und zu verstehen, wie es zu seinen sadistischen Neigungen kam. Die durch den therapeutischen Prozess bewirkte Selbstwahrnehmung befähigte ihn nach und nach, seine Schülerinnen und Schüler als *Kinder* wahrzunehmen. So konnte er vermeiden, die Schule als Austragungsort seiner seelischen Störung zu missbrauchen.

Pädagogik der Unterwerfung – Schülern wird Hilfe staatlich verweigert

Das Beispiel zeigt, wie Lehrerkolleginnen und Kollegen, Schulleitung und Schulrat, Eltern und Elternbeirat versagten. Sie standen den erniedrigten Kindern nicht bei, aber sie weigerten sich ebenso, dem psychisch kranken Kollegen zu helfen. Die Vertreter des Staates schützten die Schüler nicht vor einer Pädagogik der Unterwerfung, obwohl im Grundgesetz steht: »Es ist Verpflichtung aller staatlichen Gewalt, die Würde des Menschen zu achten und zu schützen.«

Für die Unfallflucht nach einem belanglosen Unfall entzog man dem aggressiven Lehrer den Führerschein. Für seine Flucht aus der Verantwortung gegenüber kleinen Kindern wurde er nicht zur Rede gestellt; schon gar nicht wurde ihm die Lehr-Erlaubnis entzogen. Weil er einen Autofahrer beleidigte, erhielt er eine Strafanzeige; für die täglichen Beleidigungen, die er den Kindern durch diffamierende Äußerungen antat, wurde er nicht einmal ermahnt. Weil er die Geschwindigkeitsbegrenzung überschritt, musste er Geldbußen bezahlen. Aber niemand zog ihn zur Rechenschaft, weil er die Grenze emotionaler Verletzlichkeit von Kindern überschritt.

Weil er eine Verkehrsampel bei Rotlicht überfuhr, musste er sich einer Nachschulung unterziehen. Für das Krankmachen kleiner Kinder ordnete niemand eine pädagogische Nachschulung an. Dafür, dass er sich nicht weiterbildete, hatte er keine Konsequenzen zu befürchten. Er konnte seine pädagogisch-psychologische Unfähigkeit täglich an Schülerinnen und Schülern ausleben. Bei diesem Unvermögen und obwohl er sich weigerte, pädagogisch verantwortlich zu sein, wurde er sehr gut bezahlt.

Es gibt viele Ausformungen, als Lehrerinnen und Lehrer persönliche Konflikte auf die Schulsituation zu übertragen. So gibt es Lehrer, die ihre Rivalitätsproblematik an der Schulklasse abreagieren, indem sie die Klasse nicht hochkommen lassen. Andere müssen ihre Minderwertigkeitsgefühle ausgleichen: Endlich können sie ihre Überlegenheit auskosten. Wieder andere missbrauchen die Schüler dazu, narzisstische Bedürfnisse zu befriedigen. Oder sie müssen die Klasse »im Griff« haben, um Macht- und Autoritätsbedürfnisse auszuleben. Sie wählten den Lehrerberuf aus anderen Motiven als dem Beweggrund, der den guten Lehrer ausmacht: sich gern mit Kindern und Jugendlichen einzulassen.

Wenn jemand in anderen Berufen grobe Fehler macht oder sich als unfähig erweist, hat das Folgen: Er wird durch Vorgesetzte ermahnt, auf eine Stelle mit anderen Arbeitsinhalten versetzt, in eine niedrige Gehaltsklasse zurückgestuft, nicht befördert oder entlassen; er wird verpflichtet, sich durch Fortbildung besser zu qualifizieren; den Selbstständigen bleibt ihr Klientel weg. Jeder Handwerker muss eine schlecht ausgeführte Arbeit nachbessern; Lehrer müssen sich für Personen schädigendes Handeln und mangelhaften Unterricht nicht verantworten, weil in der Gesellschaft das Bewusstsein für schulbedingte seelische Schäden kaum vorhanden ist.

Ärzte müssen für therapeutische Fehler einstehen; aber äußerst selten werden *Lehrer* wegen eines Verstoßes gegen die Menschenwürde zur Rechenschaft gezogen. Jeder Angestellte muss mit persönlichen Nachteilen rechnen, wenn er ungenügende Sachkenntnis für seine Aufgabe besitzt; ein Lehrer hingegen braucht nichts zu befürchten, wenn er von Pädagogik keine Ahnung hat oder sie gar missachtet. Ein Richter wird wegen Befangenheit abgelehnt, wenn er eigene Konflikte und Vorurteile in die Gerichtsverhandlung einzubringen droht; ein Lehrer hingegen kann Fehlhaltungen unkontrolliert an Kindern abreagieren.

Die Härte der Realität bekommt ein Lehrer, der seine pädagogische Aufgabe ungenügend erfüllt, nicht zu spüren. Die Schüler können sich ihm nicht widersetzen; sie können ihm nicht aus dem Weg gehen, sie können ihm nicht kündigen oder sich einen anderen Lehrer suchen. Wenn er beamtet ist, nehmen Vorgesetzte die beamtenrechtliche Möglichkeit nur selten wahr, um etwas gegen ihn zu unternehmen. Ein verhaltensgestörter Lehrer wird allenfalls an einen anderen Dienstort versetzt. Das zeigt, in welchem Ausmaß Vertreter der staatlichen Organe die Persönlichkeitsrechte von Kindern missachten: *Andere* Kinder werden zu Objekten gemacht, an denen die gestörte Lehrerpersönlichkeit ihre Konflikte abreagieren und die Schüler krank machen darf. Denn die Würde des Schülers ist *nicht* unantastbar.

Der autoritäre Charakter – Macht-Ungleichheit Lehrer– Schüler

Oft glaubt man den Kindern nicht, wenn sie erzählen, wie herabsetzend sie behandelt werden – und hinter die verschlossene Klassenzimmertür darf niemand blicken. Da Lehrerinnen und Lehrer an ein unterlegenes Gegenüber gewöhnt sind, neigen besonders die

Unfähigen dazu, ihre Fähigkeiten zu überschätzen. Sie nehmen weder von den Schülern Kritik an, noch von Erwachsenen.

Zudem können Kinder selten mit der Hilfe ihrer sonst fürsorglichen Eltern rechnen. Diese haben Angst, sich mit sozialem Mut einzumischen, oder sind der Ansicht: »Durch diese Mühle muss er durch.« Manchen ist nur wichtig, dass das Kind den elterlichen Leistungsehrgeiz befriedigt und ohne Umschweife auf das Abitur zusteuert. So können schwierige Lehrer ohne Gegenwehr der Eltern ihre Probleme auf die Schüler abladen.

Es gibt Lehrerinnen und Lehrer mit einer Persönlichkeitsstruktur, die Erich Fromm als »autoritären Charakter« beschrieb. Ihnen kommen die hierarchischen Verhältnisse der Schule entgegen. In Vorgesetzten und Schulbehörden haben sie Autoritäten *über* sich, denen sie sich unterwerfen können. Gleichzeitig sind sie selbst Autorität gegenüber den unterlegenen Kindern. Ihre Beziehung zu anderen Menschen ist von der Vorstellung geprägt: Der eine muss dem anderen überlegen sein.

»Für den autoritären Charakter gibt es die Mächtigen und die Machtlosen. Seine Bereitschaft zur Unterwerfung wird automatisch von der Macht geweckt, ganz gleich, ob es sich dabei um eine Person oder Institution handelt. Die Macht fasziniert ihn, nicht weil sie spezielle Werte repräsentiert, sondern als Macht. Machtlose Menschen wecken seine Verachtung. Allein der Anblick eines machtlosen Menschen erweckt in ihm den Wunsch, diesen anzugreifen, zu beherrschen, zu demütigen.« (Erich Fromm[13])

Es gibt Lehrerinnen und Lehrer, die sich nach Erlassen geradezu sehnen. Sie wollen »im Namen« von etwas handeln, das dem eigenen Selbst *übergeordnet* ist. Lehrer mit autoritärem Charakter gewinnen Kraft, indem sie sich an die überlegene Kraft des Schulleiters, Direktors, Schulrats, der Schulordnung oder des Lehrplans anlehnen. Sie führen die Macht unabänderlicher Vorschriften wie einen Schild mit sich, der sie unangreifbar macht. Gleichberechtigung kennen sie weder Kindern noch Kollegen gegenüber; es gibt nur »oben« und »unten«. Im Bild des Radfahrertypen *buckeln* sie vor Schulleitern, Schulräten und Ministerialräten nach oben und *treten* die Kinder nach unten. Mit dem zur Anpassung dressierten Kind geschieht, was Bertolt Brecht in einem Gedicht beschrieb:

Was an dir Berg war
Haben sie geschleift
Und dein Tal
Schüttete man zu
Über dich führt ein bequemer Weg.

Die verfehlte Berufswahl solcher Lehrerinnen und Lehrer wird zum Unglück Hunderter oder Tausender von Schülerinnen und Schülern. Die ungleiche Situation bildet in der Lehrer-Schüler-Beziehung eine große Gefahr: Die Macht des Lehrers steht der Ohnmacht des Kindes gegenüber. Deshalb meinte Sigmund Freud, die Verantwortung des Erziehers würde die des Arztes noch übersteigen: Der Arzt hat es in der Regel mit Personen zu tun, die bereits psychisch gefestigt und selbstständig sind. Pädagogen hingegen treffen auf formbare junge Menschen, die jedem Eindruck zugänglich sind und deren Seelenleben verletzbar ist. Erzieher müssen sich deshalb die Verpflichtung vorhalten, behutsam mit den Kindern umzugehen und deren individuelle Möglichkeiten zu respektieren.[14]

Lehrerinnen und Lehrer, die zu diesem behutsamen Umgang mit Kindern nicht fähig sind, sollten einen anderen Beruf wählen – oder sich mit ihrer Person auf einen Entwicklungsprozess einlassen. Aber dazu müssen sie den Druck empörter Eltern, unterstützender Kollegen und verantwortungsbewusster Vorgesetzter erfahren.

Auch »beiläufige« Kränkungen machen krank – und wirken lange nach

Hinter spektakulären Ehrverletzungen, wie sie Lehrer A. verübt, verschwinden »kleine« Kränkungen des Unterrichtsalltags. Gegen sie protestiert niemand, und doch können beiläufige Kränkungen krank machen; oft haften sie lebenslang. Eine Studentin berichtet über ein Erlebnis aus der Grundschulzeit, das sie krank machte; und sie hat in ihrer Not auch »krank gemacht« und mied den Unterricht. In dem Lernbereich, in dem sie gekränkt wurde, blieb sie über ein Jahrzehnt hinweg gestört. Ein Lehrer, der unfähig war zu fühlen, hat sie lächerlich gemacht.

Das ist mir in der letzten Zeit so häufig wieder eingefallen. Ich konnte damals nicht schwimmen, und die Nichtschwimmer hatten einen anderen Schwimmlehrer als die Schwimmer. Dieser Schwimmlehrer hatte offenbar nichts für mich übrig. Er hat mich vor der ganzen Klasse aus dem Wasser herausgeholt und hat mich Trockenübungen am Beckenrand machen lassen und sich über mich amüsiert. Es war mir natürlich vor den anderen furchtbar peinlich, und ich habe mich so geschämt, dass ich vor jedem Schwimmunterricht wirklich krank wurde oder einfach krank gemacht habe. Das hatte für mich zur Folge, dass ich nicht schwimmen konnte, bis ich vierzehn Jahre alt war. Ich habe es dann ganz, ganz spät erst gelernt, und ich hatte bis vor kurzem noch immer Angst vor Wasser.[15]

Dieser Lehrer hat wegen pädagogischer Unzulänglichkeit und der Ehrabschneidung gegenüber dem Mädchen nichts zu fürchten; denn Eltern, Kollegen und Mitschüler nehmen die Kränkung ohne Widerspruch hin: manche tun dies gleichgültig, weil sie selbst seelisch empfindungslos geworden sind, andere mit Bedauern; aber nur wenige mit der Bewusstheit dafür, wie verletzend es sich auswirken kann, wenn ein Lehrer sich öffentlich über Schwächen der Kinder »amüsiert«, statt ihnen zu helfen, ihre Schwächen zu überwinden.

Auch die Nachdenklichen, Einfühlsamen und Aufgeklärten unter den Eltern verteidigen die persönliche Ehre der Kinder nicht, obwohl es sich bei Fällen wie dem vorstehenden um eine Persönlichkeitsverletzung handelt. Diese verstößt gegen das Grundgesetz, gegen Artikel 1: Die Würde des Menschen ist unantastbar. Und gegen Artikel 2: Jeder hat das Recht auf die freie Entfaltung seiner Persönlichkeit.

Tatsächlich bekommen Kinder Schmerzensgeld, wenn Eltern wegen der Verletzung des Persönlichkeitsrechts vor Gericht klagen. Zum Beispiel weil Schüler diffamiert, öffentlich verspottet oder beleidigt wurden. Das Schmerzensgeld mildert zwar den angerichteten psychischen Schaden nicht. Aber die gerichtliche Verurteilung destruktiven Lehrerverhaltens macht von juristischer Seite her darauf aufmerksam, welche Folgen Persönlichkeitsverletzungen in der Schule für Kinder haben, und dass psychisch verletzende Lehrer gegen das Recht verstoßen.

Manche Verletzungen des Persönlichkeitsrechtes werden dauerhaft, weil sie ganz selbstverständlich in den Schulalltag eingehen. Etwa wenn eine Lehrerin in der 4. Klasse den Schülerinnen die Sitzplätze entsprechend ihrer Leistungen zuweist: In der Fensterreihe sitzen die »Guten«, die mit Sicherheit ins Gymnasium kommen, in der Mittelreihe jene, bei denen der Übertritt möglich, aber noch unsicher ist. Und in der Wandreihe sitzen die »Schlechten«, die nicht für eine höhere Schule infrage kommen.

Dass dies eine strukturelle Diffamierung der Kinder sei, leugnet die Lehrerin; sie spricht bei ihrer entwürdigenden Maßnahme von »Differenzierung«. Zwar bezeichnen Schülereltern, Kollegen und Schulrat diese fortgesetzte Kränkung im Jahre 1999 als »mittelalterlich«. Aber niemand riskiert deswegen eine öffentliche Diskussion – obgleich sich Lehrerinnen und Lehrer ob einer solchen Kollegin für die Lehrerschaft schämen müssten.

Kinder bräuchten eine *Lobby*, die sich des Macht-Ungleichgewichts zwischen Lehrern und Schülern annimmt und sich vor schutzbedürftige Kinder stellt; sie bräuchten

– Erwachsene, die sich für Persönlichkeitsrechte der Schülerinnen und Schüler einsetzen und die Kinder vor seelischen und körperlichen Verletzungen bewahren. Dazu müssten sie mehr *Öffentlichkeit* herstellen und die Politiker beeinflussen, eine kinderfreundlichere Politik zu betreiben;

– Schulgesetzgeber, die die *Rechte der Kinder* und Jugendlichen konkretisieren und Wege festlegen, wie die Menschenrechte in der Schule zu schützen sind: im Unterrichtsalltag und im schulischen Zusammenleben;

– Politiker, die sich darum kümmern, junge Menschen in der Schule mehr Demokratie erfahren zu lassen. Zum Beispiel, indem wirkungsvolle Bedingungen der *Schülermitsprache* und -mitbestimmung geschaffen werden;

– Schülereltern, die mehr *Elternrechte* fordern und sich ihre Elternrechte nehmen, statt darauf zu warten, bis sie ihnen gegeben werden. Sie könnten dann ihr Sorgerecht für Kinder auch in der Schule praktizieren;

— Abgeordnete, die für Kinder und Jugendliche die Institution einer *Kinderbeauftragten* schaffen. Diese schützt die Grundrechte der Kinder, ist für deren Nöte und Sorgen offen und hilft, wenn Schülerinnen und Schüler unwürdig behandelt und krank gemacht werden.

Elternmut: Rütteln am Tabu destruktiven Lehrerverhaltens

Es ist möglich, destruktives Lehrerverhalten nicht wegschauend, resigniert oder bagatellisierend hinzunehmen. Ziel ist es, aus dem Gegeneinander ein Miteinander zu machen, *gemeinsame* Lösungen zu finden.

✔ *Genau hinsehen*, den Ist-Zustand wahrnehmen, statt wegzuschauen. Aufmerksam die seelische Wirklichkeit der Kinder erkennen und sich in ihre Situation hineinversetzen.

✔ Das *Kind frei erzählen* lassen, was es in der Schule bedrückt. Mit ihm überlegen, ob es selbst etwas tun kann, um die ängstigende Situation zu verbessern.

✔ Gespräche mit anderen *Schülereltern* über deren Erfahrungen führen; sich solidarisieren, um gemeinsam für die Kinder einzutreten.

✔ Elterngespräche mit dem schwierigen *Lehrer* riskieren: Sich begreiflich machen und die Not des Kindes erkennen lassen, statt den Lehrer vorschnell schuldig zu sprechen; aber gleichzeitig auf den Persönlichkeitsrechten des Schülers bestehen.

✔ Das Kind in der *Schulsprechstunde* dabei sein lassen, um größere Offenheit und Gemeinsamkeit zu schaffen. Es wird dann nicht übereinander, sondern *miteinander* geredet.

✔ Gespräche der Eltern mit der *Klassenlehrerin*, dem Vertrauenslehrer und mit aufgeschlossenen Lehrern des Kollegiums. Die Situation aufzeigen und um Mithilfe bitten.

✔ Gespräch der Eltern mit der *Schulleitung*. Dazu sollten sich die Eltern genau informieren über lernstörendes, demütigendes, taktloses, überforderndes oder unterdrückendes Lehrerverhalten.

✔ Eine schriftliche *Dokumentation* erarbeiten, in der alle die Kinder verletzenden und das Lernen störenden Vorfälle genau festgehalten sind.

✔ *Briefe* als Gesprächsgrundlage an die Beteiligten schreiben; sie erleichtern die Argumentation.

✔ Gespräche von *Lehrerkollegen* mit dem unpädagogisch handelnden Kollegen: einzeln oder in kleiner Gruppe pädagogisches Handeln aufzeigen, den Konflikt klären und Hilfsangebote machen.

✔ Gespräche mit *Verbindungslehrer, Schulpsychologin* und *Beratungslehrer*: Wie kann den Kindern geholfen werden und wie können sich Psychologe und Beratungslehrer engagieren?

✔ Offenes Gespräch in der *Lehrerkonferenz*; ein Bündnis für Veränderungen anstreben; gemeinsame Lösungen suchen; den Lehrer mit seinem lernstörenden Verhalten konfrontieren und zum Wahrnehmen anregen.

✔ Gespräche mit *Schülern*, konfliktbearbeitende Gespräche der Schüler mit dem schwierigen Lehrer, zusammen mit einem Vertrauenslehrer. Vorschläge erarbeiten, und verfolgen, ob sie verwirklicht werden.

✔ *Klassen- und Schulsprecher* in die Konfliktbearbeitung einbeziehen, aber sie nicht überfordern.

✔ Diskussion im *Elternbeirat*. Gespräche von Elternvertretern mit dem beklagten Lehrer, dem Klassenlehrer und der Schulleitung.

✔ Eine *Elternversammlung einberufen*, diese gründlich vorbereiten: konkrete Beispiele sammeln, Problemfragen formulieren, Wünsche klarstellen.

✔ Sich *pädagogisch sachverständig* machen, um argumentieren zu können. Erziehungswissenschaftler, Psychologen, Kinderärzte und Psychotherapeuten für Jugendlichen zurate ziehen.

✔ Bei durch die Schule ausgelösten psychosomatischen Erkrankungen ein *kinderärztliches Gutachten* einholen und den Kinderarzt bitten, für das Kind einzutreten.

✔ Antrag auf *Umschulung*: Das durch den verhaltensgestörten Lehrer psychisch verletzte Kind in eine andere Klasse versetzen; dazu die pädagogisch-psychologische Argumentation zusammentragen und schriftlich formulieren.

✔ Vorsprache bei den *Schulbehörden*, eine *Dokumentation* vorlegen über Vorfälle, die gegen die Würde der Kinder verstoßen und deren seelisch-körperliche Gesundheit gefährden.

✔ *Öffentlichkeit herstellen* mithilfe von Presse und anderer Medien, die auf die lernstörende Situation aufmerksam machen.

✔ *Dienstaufsichtsbeschwerde* einreichen, gestützt durch Unterrichtsgesetz, Schulordnung, Beamtenrecht, Grundgesetz, Verfassung und Kinderkonvention der Vereinten Nationen.

✔ Vom *Petitionsrecht* Gebrauch machen, sich schriftlich mit Bitten oder Beschwerden an die zuständigen Stellen und die Volksvertreter und den Landtag wenden.

✔ *Gerichtliches Vorgehen* bei Verstößen gegen die Persönlichkeitsrechte der Kinder, nicht nur bei körperlichen Strafen, sondern auch bei seelischen und psychosomatischen Verletzungen durch Beleidigung, üble Nachrede, Verleumdung und andere Persönlichkeitsverletzungen.

Angewandte Ethik im Schulalltag? – Sympathie

Diese Schritte der Konfliktbearbeitung gehen vom Recht der Kinder aus, achtungsvoll behandelt zu werden. Achtsamer Umgang mit Schülerinnen und Schülern respektiert deren Persönlichkeit. Er erleichtert ihnen zu lernen, weil er das Selbstwertgefühl stärkt. Und die Jugendlichen erfahren am Vorbild des Lehrers die »Goldene Regel« der Ethik des Zusammenlebens: Was du nicht willst, dass man dir tu, das füg auch keinem andern zu.

»Ethik« ist Unterrichtsfach; die Schülerinnen und Schüler lernen darin,
– den anderen aufmerksam wahrzunehmen,
– sich um Schwächere und Schutzbedürftige zu sorgen,
– für den Nächsten Verantwortung zu übernehmen,
– sich auf fremdes Leid mit tätigem Mitleid einzulassen,
– die Interessen anderer nicht zu verletzen.

Aber müsste das Unterrichtsfach »Ethik« nicht in eine »angewandte Ethik« im Schulalltag münden?

Fragen dazu sind:

Wie sieht im schulischen Zusammenleben das *richtige Handeln* aus? Was bedeutet die *Wahrnehmung des anderen* im Lehrer-Schüler-Verhältnis? Was folgern wir praktisch aus dem Paradigma der *empfindsamen Anteilnahme* für die Art, miteinander umzugehen? Welche Handlungskonsequenzen ziehen wir im Unterricht aus dem Anerkennen der *menschlichen Würde*: sie erkennt *jeder* Person allein kraft ihres Menschseins absoluten Wert zu. Wie handeln wir in der Schule, wenn wir uns angesichts fremden Leides von *Mitleid* erfassen lassen? Voraussetzung für moralisches Handeln ist, sich in eine *andere Person hineinversetzen* zu können – wie üben wir das?

Durch solche Besinnung würden seelische Vergehen, wie ich sie in Fallberichten dieses Buches schildere, nicht als selbstverständlich gelten, sondern kritisch wahrgenommen und verhindert werden. Wir müssen Kinder durch moralische Einmischung vor destruktiver Lehreraggression bewahren. Meist verharren die »Verantwortlichen« in seelischer Stumpfheit. Ethisch handeln bedeutet aber: den »Bruch mit der Gleichgültigkeit, sich dem anderen zu widmen, Sich-Sorgen um den anderen, ein Für-den-Nächsten-Dasein. Ethik ist die Nicht-Gleichgültigkeit, die Begegnung mit dem Antlitz des Nächsten, das Erwähltsein zu einer Verantwortung für den anderen Menschen.« (Emmanuel Lévinas[16])

Die emotional annehmende Beziehungsaufnahme erleichtert Kindern und Jugendlichen das Lernen und Leben. Je jünger die Schüler sind, umso mehr ist der stützende Kontakt die Basis, auf der die Kinder neue Entwicklungsschritte wagen. Die helfende Beziehung zeigt ihnen Auswege aus der Hilflosigkeit. Lehrerinnen und Lehrer, wie auch Mütter und Väter setzen dann dem Mechanismus der Macht das Sympathieprinzip entgegen: die Fähigkeit, sich einzufühlen, spontan mitzufühlen, die auf mit-empfindendem Verstehen einer anderen Person und der eigenen beruhende Zustimmung. Mit dem Sympathie-Impuls nehmen wir *An-teil*: entsprechend dem Wortsinn *teilen* wir Freude und Leid, Stärke und Schwäche, das Zusammenspiel von Geben und Nehmen. Max Frisch[17] beschreibt das so:

Das Klima der Sympathie – wie sehr wir darauf angewiesen sind!
Es zeigt sich, sobald uns eine Sympathie,
die lang vorhanden gewesen ist, entzogen wird.
Da ist es, als habe man keine Luft unter den Flügeln …
Wie verloren man ist, wo uns die Sympathie entzogen wird.
Verloren: ohne Schutzengel …
Sympathie hat Geduld, die Geduld der Hoffnung; sie behaftet uns nicht
    auf einer einzelnen Gebärde, die ungehörig, vorlaut, tappig, eitel,
    rücksichtslos, selbstgerecht;
sie lässt uns stets eine weitere Chance.
Anders der Partner, der keine Sympathie empfindet: er verbucht, was
    ist, und gibt uns keinen Vorschuss,
er ist gerecht, und das ist fürchterlich …
Das Gefühl, keine Luft zu haben, so, dass die Stimme nicht trägt,
jedes Wort fällt auf den Boden und zerschellt …,
das Gefühl, in Scherben zu gehen, das Gefühl zu bluten.
Der Schutzengel: die Sympathie, wir brauchen ihn immerzu.
Wir haben ihn als Kind, sonst wären wir längst überfahren,
wir wachsen damit auf, wir verlassen uns auf ihn,
und dabei ist es nur ein Hauch, was uns schützt.
Die Luft unter den Flügeln, der Schutzengel,
wir brauchen ihn immerzu.

Eltern brauchen ihn, Lehrerinnen und Lehrer brauchen ihn, Kinder
brauchen ihn ganz besonders: den Schutzengel der Sympathie.

Sich einmischen oder wegschauen? – Fragen an Eltern

Wer mit Eltern, Lehrern und Schülern spricht, merkt überrascht: Kaum ein Befragter, der nicht sofort einen Einzelfall destruktiven Lehrerverhaltens parat hat, den er gegenwärtig erlebt, oder aus seiner eigenen Kindheit berichten kann, oder aus seinem Lehrerkollegium kennt, oder an seinen Kindern erfährt. Da nimmt es wunder, dass alle es so bleiben lassen, wie es ist.

? Erinnern Sie aus Ihrer Schulzeit, oder erfahren Sie aus Schulberichten Ihrer Kinder, wie einzelne Lehrerinnen und Lehrer den grundlegenden menschlichen Anstand verletzen – ohne dass jemand Einspruch wagt?

? Viele Schülereltern fragen sich in Situationen, in denen ihr Kind von einer Lehrerin gedemütigt, bloßgestellt, verlacht oder geängstigt wird: Mache ich es nicht noch schlimmer, wenn ich zur Lehrerin gehe und mich beschwere? Wie geht es Ihnen als Mutter oder Vater, wenn sie merken, dass Ihr Kind unter einer Lehrerin leidet? Würden Sie nicht doch lieber Ihrer menschlichen Überzeugung treu bleiben und dem Kind beistehen?

? Beobachten Sie an sich selbst Angst vor dem Lehrer, und gehen deshalb nicht zu ihm? Tatsächlich ist aber die Chance, durch das Gespräch die Lernsituation des Kindes zu verbessern, viel größer als das Gegenteil. Sie bräuchten Ihre Angst nicht *überwinden*, sondern könnten *mit* ihrer Angst in die Schulsprechstunde gehen. Sie verstehen dann Ihr Kind besser.

? Kennen Sie das: Alle schimpfen über einen Lehrer und sind sich einig über dessen lernstörenden Einfluss. Dann ist Elternabend; die Mütter (und wenigen Väter) wollten sich schützend vor die Kinder stellen. Tatsächlich wagen *Sie* selbst es, darüber zu sprechen, wie Ihr Kind und Sie unter Androhungen und Erniedrigungen leiden ... Plötzlich merken Sie: Alle anderen, die zuvor lauthals über den Lehrer geschimpft haben, schweigen. Sie stehen allein da, und die Kinder werden verraten.

? Haben Sie Erfahrungen damit, wie die Behörden-Hierarchie schuldemokratische Mitsprache von Eltern verhindert? Dabei geben doch die Eltern den Lehrern den Auftrag, die Kinder zu unterrichten, und Sie haben das Recht, diese Dienstleistung zu verlangen. Oft erscheint es umgekehrt: als stünden Eltern und Schüler bei Lehrern in der Pflicht.

? Es ist erstaunlich: Eltern und Lehrerkollegen schweigen in der Regel auch bei schweren Persönlichkeitsverletzungen, wenn Kinder beispielsweise körperlich gezüchtigt oder in ihrer Ehre verletzt werden. Sind vielleicht manche insgeheim mit der entwürdigenden Behandlung einverstanden – im Sinne von »Uns hat es auch nicht geschadet«?

? Meist lassen sich Beschwerde führende Eltern bereits von der Schulleitung zurückhalten, anstatt alle möglichen Schritte bis zum Ministerium und Landtag zu nützen. Können Sie sich vorstellen, Schritte gegen kleine oder große offensichtlich unpädagogische Maßnahmen zu wagen – und damit ihren menschlichen Maßstäben treu zu bleiben?

Für unterdrückte Schulkinder eintreten

Sympathie und Mitleid –
Befreiung von krank machender Lehrerin

> Die allen gemeinsame Menschennatur offenbart sich nicht in der
> Vernunft, sondern im Mitleid: in einem eingeborenen Widerwillen,
> einen Menschen leiden zu sehen.
> *Jean-Jacques Rousseau*

> Ich spüre die Verantwortung, mich für das einzusetzen,
> was ich für gut und richtig halte. Ob es mir gelingt,
> etwas zu verändern, weiß ich nicht. Ich lasse beide
> Möglichkeiten zu. Ich lasse nur eines nicht zu,
> dass es keinen Sinn mache, das Gute anzustreben.
> *Václav Havel*

Eltern und Lehrerkollegen wagen selten moralischen Widerstand,
wenn Kinder durch Einzelfälle unpädagogischer Lehrerinnen und
Lehrer krank gemacht werden. Gelegentlich klagen Mütter oder
Väter einen Lehrer wegen körperlicher Züchtigung an, aber selten
wegen seelischem Sadismus. Dieser verwundet die Kinder jedoch
ebenso, wie wenn sie geschlagen werden. Oft bekunden die Erwachsenen Verständnis für psychisch krank machende Lehrer, aber bringen kein Mitgefühl für krank gemachte Kinder auf. Auch in der
Schule des Jahres 2000 bleibt tabu, wenn Lehrer Macht über Schüler ausüben, Kinder unmündig machen, Zwangsmittel der Schwarzen Pädagogik anwenden. Schulbehörden und Vorgesetzte decken
jahre- und jahrzehntelang Lehrer, denen Berufsverbot erteilt werden müsste; denn verhaltensgestörte Lehrer rauben Kindern das
Recht auf freie Entfaltung ihrer Persönlichkeit, auf Leben und körperliche Unversehrtheit.

Der Unterricht raubt Conrad Schlaf, Gesundheit und Lernfreude

Conrad ging gern in den Kindergarten, war spielfreudig und wiss-begierig, hatte Kontakt zu anderen Kindern. Der Junge war weder seelisch noch körperlich auffällig; er freute sich auf die Schule. Das änderte sich während der ersten Monate seines Schulbesuchs. Er wollte nicht mehr zur Schule gehen, denn er fürchtete sich vor der Lehrerin. Die Mutter, Frau H., berichtete:

»Conrad hat fast täglich nach der Schule geweint, nachts flüch-tete er vor seinen Ängsten in mein Bett und morgens wollte er nicht aus dem Haus. Er war unruhig, konnte abends nicht einschla-fen und schlief keine Nacht durch. Oft schreckte er auf, weil er von Hexen träumte, die ihn einsperren wollten. Nach solchen Albträu-men konnte ich den Jungen kaum trösten. Er wurde zurückhaltend, ängstlich, erzählte nicht mehr so frei wie bisher und begann an den Nägeln zu beißen: Das hatten wir noch nie an ihm beobachtet. Im Gespräch mit anderen Eltern erfuhr ich: Manche ihrer Kinder litten bereits in den ersten Schulwochen unter Bauchschmerzen, andere klagten über Kopfweh, viele hatten Angst.«

Weshalb löste der Schuleintritt bei Conrad eine emotionale Kri-se aus, die krank machte? Frau H. erzählte, wie die Lehrerin die Kinder das Fürchten lehrte. Schuld für die Erlebniskatastrophe der Schulanfänger trägt jedoch nicht nur die Lehrerin. Sie verletzte die Kinder aus ihrer psychischen Gestörtheit heraus, aber alle ließen die Traumatisierung geschehen. Schuldzuspruch und Empörung gilt jenen, die keine Verantwortung für die Kinder übernahmen, sondern diese schutzlos ihrer Not auslieferten: den Schülereltern, Lehrerkollegen, dem Schulleiter und Schulrat. Allen war bekannt, wie Kinder verletzend die gefühlsabgespaltene Lehrerin waltete.

Was brachte die Schulanfänger in Not? – »Die Kinder mussten mit verschränkten Armen sitzen wie vor fünfzig oder hundert Jah-ren«, erzählte die Mutter. »Ständig wurden sie angeschrien, wenn sie falsch antworteten, Schreib- und Rechenfehler machten oder ›schwätzten‹: Halt die Klappe!, hieß es dann. Streng ermahnt wur-den die Kinder, wenn sie nicht ruhig auf ihren Stühlen saßen, son-dern ›zappelten‹ oder vom Platz gehen wollten: ›Bleib hocken, sonst kleb ich dir deinen dicken Hintern auf den Stuhl!‹ Die Lehrerin behandelte die Schüler nicht nur unfreundlich, sondern verächtlich. Arbeiten schwächerer Kinder wurden vor allen Mitschülern abgewertet, sie zerriss die Blätter der Sechsjährigen, wenn diese unbeholfen ihre ersten Schreibversuche machten. Auf dem Elternabend kritisierte sie, wie hässlich die Schülerinnen und Schüler zeichneten.

Kinder wurden von den ersten Schultagen an gegeneinander ausgespielt: Dumme gegen Gescheite, Langsame gegen Flinke, Brave gegen Böse, Mädchen gegen Jungen; das vergiftete das Klassenklima. Was Kinder bastelten, wurde als Mist bezeichnet. Wer ungehorsam war, durfte nicht in die Pause gehen. Einem Kind, das zu früh zu schreiben begann, riss die Lehrerin den Block aus der Hand und warf ihn in die Ecke. Andere zog sie an den Haaren, schlug sie auf die Finger und schüttelte sie. ›Früher‹, sagte die Lehrerin, ›wurden böse Kinder über das Knie gelegt und es wurde ihnen mit dem Stock der Hintern versohlt. Schade, dass das heute nicht mehr sein darf!‹«

Die Würde des Schülers: von der Lehrerin ungestraft verletzt

»Ich suchte mit der Lehrerin das Gespräch«, erzählte Frau H. weiter. »Dabei wollte ich sie auf keinen Fall angreifen; denn ich sah auch ihre Not. Außerdem bin ich in einem Arbeitskreis für Gewaltfreiheit; in diesem üben wir uns darin, Alltagssituationen zu regeln, ohne Macht auszuüben. Ich schilderte der Lehrerin Conrads Ängste, seine Furcht, etwas falsch zu machen, und seine in diesen Wochen erstmals aufgetretenen Krankheitsanzeichen: das nächtliche Aufschrecken, die Albträume und das Nägelknabbern. Ich sagte ihr, wie bedrückt ich war und bekundete meinen Willen, dabei zu helfen, die Probleme zu lindern. Ich versuchte alles, um gegenseitiges Verstehen zu ermöglichen, aber vergebens. Die Lehrerin beschwerte sich über die ungezogenen Kinder und meinen schwierigen Sohn, der zu empfindlich sei. Sie warf mir vor, ich wäre übermutternd und könnte mein Kind nicht loslassen. Auch mich schrie sie an: Ich solle sie endlich in Ruhe lassen. Ich spürte die Ohnmacht und merkte an *mir*, wie ohnmächtig sich Kinder fühlen mussten, wenn sie diese anschrie und erniedrigte.«

Was Frau H. erlebte, geschieht oft, wenn Kinder durch psychisch gestörte Lehrer verletzt werden: Nicht das verletzende Lehrerverhalten und die darunter liegenden inhumanen Schulbedingungen werden wahrgenommen; vielmehr wird das Kind als »psychisch instabil« diffamiert, als »zu sensibel«, als »seelisch labil« oder als »zu empfindsam«. Demnach wäre das Opfer selbst schuld: Es verkraftet nicht, von der Lehrerin grausam behandelt zu werden. Mütter müssen sich vorwerfen lassen, ihre Kinder nicht »richtig« erzogen zu haben.

Fast alle mit Conrad befassten Pädagogen, Psychologen und Schulbehörden verwarfen die Untaten der Lehrerin. Sie beteuerten, Conrads Not zu verstehen. Dennoch stellten sie sich *gegen* ihn: aus Gleichgültigkeit, aus Angst sich mit Behörden anzulegen; oder weil sie kühl kalkulierten, es könnten sonst noch mehr Schülereltern für ihre Kinder Menschlichkeit einklagen. Deshalb dürfe man keinen Präzedenzfall schaffen, indem man einem Lehrerinnenwechsel zustimmte, wie ihn Frau H. für ihr Kind wünschte.

Manche Lehrerkollegen schauten weg, weil sie befürchteten, sie könnten wegen ihres Einspruchs von Vorgesetzten oder im Kollegium Schwierigkeiten bekommen. Es würde womöglich als unkollegial gelten, wenn sie sich gegen das Unrecht an Kindern auflehnten. Andere hüllten sich in selbstgerechtes Schweigen. Eltern hielten still, weil sie meinten, die Kinder müssten noch mehr leiden, wenn sie sich wehrten und trugen so zu deren Leiden bei.

Ein Glück für Conrad – ein seltenes Glück, wie Schulbeobachtungen zeigen: Er hatte Eltern, die zu ihm standen und alles bewegten, um ihn aus der organisierten Lieblosigkeit zu befreien. Erste Versuche der kompromissbereiten Eltern, das Schulschicksal ihres Kindes zu mildern, schlugen fehl; nicht nur die Versuche von Conrads Eltern, sondern auch die anderer Schülereltern.

Als sie sich bemühten, mit der Schulleiterin zu reden, wurden sie abgewiesen. Die Rektorin verwahrte sich gegen die Einmischung; die Klassenlehrerin sei eine erfahrene Lehrkraft. Die Art der »Erfahrung«, die diese Lehrerin seit Jahrzehnten *macht* und die traumatischen Erfahrungen, die sie den Kindern *bereitet*, interessierte die Schulleiterin nicht. Sie habe keine Weisungsbefugnis der Lehrerin gegenüber.

Die Rektorin schämte sich nicht, den Eltern zu sagen, die Regelschule sei für Kinder wie Conrad nicht zuständig. Wenn der Junge nicht vertrüge, hart angefasst zu werden, solle er in eine Montessori-Schule oder Waldorf-Schule oder eine andere freie Schule gehen. Demnach wäre die Regelschule nur für »psychisch abgehärtete«, »seelisch robuste«, »unempfindliche« Kinder da? Wer ihre Abhärtungsmethode für eine »harte Gesellschaft« nicht vertrüge, müsse sich eine private Schule suchen?

Pädagogen, Psychologen und Behörden stellen sich gegen Kinder

Der Schulrat kannte die Klagen über die Lehrerin. Bereits Schülereltern vorausgegangener Jahrgänge hatten sich bei ihm beschwert. Er stellte nicht in Abrede, dass die Lehrerin »veraltete Methoden« anwende und »pädagogisch nicht auf dem letzten Stand sei«. Er wisse auch, Klagen über die Lehrerin reichten in die Zeit bis vor zwanzig Jahren zurück. Trotz seiner Bedenken und dem Verständnis für die Klage führenden Eltern weigerte sich der Schulrat, den wehrlosen Kindern zu helfen. Schließlich war er für die Schulaufsicht zuständig und nicht für bedrängte Kinder und klagende Eltern. Aber wozu ist die Aufsicht gut, wenn seelisch verletzende Lehrer aus der Verantwortung der Schulaufseher herausfallen und nicht beaufsichtigt werden? Muss man nicht ein stilles Einverständnis des Schulrats mit der destruktiven Lehrerin vermuten?

Nachdem sie vergeblich gegen Behörden anrannte, schloss sich eine Gruppe empörter Eltern zusammen und reichte eine Dienstaufsichtsbeschwerde ein. Diese zeigte anhand amtlicher Richtlinien auf, in welchem Ausmaß die Lehrerin gegen ihre Dienstvorschriften verstieß. Was die Lehrerin zu der Beschwerde sagte, drückt ihre Verachtung der Kinder aus: »Gott sei Dank, dann kann ich endlich in Pension gehen und bin die Klasse los.«

Die Beschwerde führenden Eltern beriefen sich auf schulgesetzliche Aussagen wie »Dem Recht auf Kindsein«. Danach sollen die Schülerinnen und Schüler »behutsam zu schulischem Lernen« geführt werden, bei dem »das Kind auf Erfolgserlebnisse angewiesen« ist. Lehrerinnen und Lehrer lassen »dem Kind Zeit, sich allmählich in die Ordnung der Schule einzuleben«. »Individuelle Begabungen sind bestmöglich zu entfalten«, »Schwächen zu beheben oder anderweitig auszugleichen«. Wenn das nicht möglich ist, müssten die Kinder angeleitet werden, »mit den Schwächen zu leben«. Die Schüler sollten »Selbstvertrauen und Zuversicht« in »einer Atmosphäre der Anerkennung, des Vertrauens und der Geborgenheit« entwickeln. »Der Unterricht muss Gelegenheit zu Spiel und Bewegung geben und darf das Kind hinsichtlich des Stillsitzens nicht überfordern.«

Über diese Richtlinien des Kultusministeriums kann sich jede Lehrerin freuen; denn sie ermöglichen ihr und den Kindern, lebendig miteinander zu arbeiten. Es ist offensichtlich: Conrads Lehrerin befolgte nicht eine einzige dieser Vorschriften: Sie raubte den Schülern das Recht auf Kindsein, zerstörte den Lernwillen, stieß die Kinder in Misserfolgserlebnisse, schädigte deren Selbstvertrauen und Zuversicht, engte die Schüler in ihrem Bewegungsdrang ein … Diesen Erkenntnissen zum Trotz wurde die Dienstaufsichtsbeschwerde der Eltern zurückgewiesen: von seelenblinden Beamten des gleichen Kultusministeriums, das in ihren Verordnungen die kinderfreundlichen Sätze aufstellt.

Conrads Mutter wandte sich an die Schulpsychologin. Die war Psychologin für die *Schule*, nicht für die Kinder. Sie wollte den Jungen *testen*, anstatt ihm zu helfen, und vermied, sich kritisch mit der Institution auseinander zu setzen. Deshalb erklärte die Psychologin die Not des Kindes zu einem Konflikt zwischen Klassenlehrerin und Mutter. Sie nahm an einer Unterrichtsstunde in Conrads Klasse teil. Dabei wurden für sie »keine Verhaltensauffälligkeiten des Kindes oder Spannungen zwischen Lehrerin und Schüler erkennbar«.

Offenbar *durfte* für sie nichts erkennbar werden, sie musste sich mit Blindheit schlagen und dem Konflikt mit Kolleginnen und Schulbehörde ausweichen. Sie blendete die Leid verursachende Lehrerin aus und verleugnete das Leid des Kindes.

Zu selten halten Eltern zu ihrem Kind – Mitleid als moralische Kraft

Die Schülereltern ließen ihre Kinder im Konflikt mit der krank machenden Lehrerin und den Behörden im Stich. Teils aus Resignation: »Man sieht es ja, du kommst nicht dagegen an, du schadest deinem Kind nur noch mehr.« Teils aus harten Erziehungsansichten heraus: »Es tut den Kindern nicht gut, wenn sie zimperlich angefasst werden. Mich fasst auch niemand sanft an und mein Kind behandelt später auch niemand mit Samthandschuhen.« Nicht wenigen Eltern gefiel es, als die Lehrerin auf dem ersten Elternabend – zwei Wochen nach Schulanfang – von der Vorbereitung auf das Gymnasium sprach, für die sie sich vom ersten Schuljahr an zuständig fühle. Dass die Lehrerin »straff durchgriff«, kam jenen entgegen, die ihre Kinder selbst hart straften und die sich durch die Härte der Lehrerin in ihrer eigenen Härte bestätigt sahen.

Andere Eltern schimpften auf der Straße über die Lehrerin, wagten aber nicht, sich mit ihr auseinander zu setzen; die Furcht vor der Lehrerautorität war ihnen von ihrer eigenen Kindheit her tief eingepflanzt. Ihre Autoritätsangst verdeckten sie mit dem Argument, sie wollten um des Friedens willen nichts sagen. Deshalb verleugneten sie die seelisch verletzende Wirklichkeit ihrer Kinder. Sie durften sich nicht ihres Verstandes bedienen und die pädagogischen Missstände wahrnehmen. Die Bedrängnis von Kindern und Eltern wurde *außerhalb* der Schule diskutiert, nicht dort, wo die Diskussion hingehörte: in Elternversammlung, Schulkonferenz, Sprechstunde, ins Eltern-Lehrer-Schüler-Gespräch, den Elternbeirat, das Schulamt und Ministerium, die Abgeordneten-Sprechstunde, den Landtag …

Am Ende blieben vier Elternpaare übrig, die ihre Kinder vor der entwürdigenden Behandlung schützen wollten. Frau H. sprach auf dem Ministerium vor, weil sie Conrad in eine Parallelklasse versetzen lassen wollte. Dort bescheinigte ihr ein der Erziehungswissenschaft kundiger Ministerialrat, der Klassenwechsel sei pädagogisch vernünftig, dem stünde aus ministerieller Sicht nichts im Wege. Als jedoch weitere Eltern wünschten, ihr Kind zu einer anderen Lehrerin zu geben, blockierte die Behörde: »Da würden sich ja Schleusen öffnen ...« Genau diese Schleusen könnten sich öffnen, ließen sich Eltern, Lehrer und Schüler nicht abweisen, sondern setzten sich in pädagogischer Vernunft für ihre Kinder ein.

Wie erbarmungslos Behörden die Not der Kinder ignorierten, zeigt die Fortsetzung des Konflikts um den Lehrerinnenwechsel. Die Eltern eines Kindes beantragten ebenfalls, ihren Sohn zu einer pädagogisch engagierten Lehrerin zu geben; diese hätte das Kind gern aufgenommen. Der Klassenwechsel wurde mit der Begründung verweigert, das Kind sei neurotisch gestört. Die damit ausgedrückte skandalöse Gefühlsstumpfheit behördlicher Täter besagt: Die unverschuldeten Nachteile des gestörten Kindes können in der Schule rücksichtslos vermehrt, anstatt vermindert werden.

Es gibt viele Erklärungen dafür, weshalb die Mehrzahl der Beteiligten an inhumanen Zuständen festhalten. Die mangelnde Hilfsbereitschaft hängt mit der großen Distanz zusammen, die die »Verantwortlichen« zu den Kindern einnehmen. Hätte sich ein Pädagoge oder Psychologe aus der Schulverwaltung oder aus dem Ministerium unmittelbar mit den von der fühlunfähigen Lehrerin traktierten Kindern zusammengesetzt, mit ihnen im Kreis sitzend geredet: Er wäre *berührt* worden von den Vorgängen. Diese Berührung geht von Papieren und bürokratischen Überlegungen nicht aus. Nur in großer Entfernung zu den leidtragenden Kindern ist es möglich, deren Kummer gleichgültig hinzunehmen.

Conrads Eltern blieben entschlossen, ihr Kind in eine andere Klasse zu geben. Die Klassenlehrerin stimmte dem Wunsch zu und eine Kollegin an der Schule war bereit, Conrad in ihre Klasse aufzunehmen. Aber die Schulleiterin verweigerte den Wechsel aus bürokratischen Gründen. Die Eltern ließen ihr Mitgefühl nicht unterdrücken und versuchten alles, um ihr Kind vor weiterer seelischer Verletzung zu bewahren.

Zwischenüberlegungen für Leserinnen und Leser: Wegschauen oder helfen?

⇨ Wenn Sie über das Seelen verletzende Handeln fassungslos sind: Schütteln Sie bitte nicht entsetzt den Kopf über die unpädagogische Lehrerin. Bewahren Sie sich Ihr Entsetztsein für jene Eltern, Lehrerkollegen und Schulbehörden auf, die das unmoralische Verhalten widerspruchslos zulassen – nicht nur an *dieser* Schule. Oder kennen Sie das Schweigen bei Verletzungen der Kinderrechte in der Schule nicht?

⇨ Eine Kultusministerin[18] über kinderfeindliche Lehrer: »Unter hunderttausend Lehrkräften gibt es leider Fälle, für die man nicht eintreten möchte. Wir haben natürlich nicht die Möglichkeit, gegen Dinge vorzugehen, die weder gemeldet, noch in irgendeiner Weise registriert werden.« Frage: Weshalb nehmen Eltern und Lehrerkollegen das Wort der Ministerin nicht ernst und »registrieren« und »melden« Kinder verletzende Vorfälle? Und könnte die »staatliche Gewalt« nicht von sich aus hilfreich eingreifen, wenn der Verdacht von Verstößen gegen die Kinderrechte offensichtlich ist?

⇨ Weshalb schöpfen auch jene Eltern, Lehrerinnen und Lehrer, die eine Bewusstheit für pädagogische Vernunft und Humanität haben, ihre demokratischen Möglichkeiten nicht aus, für die bedrohten Kinder einzutreten? Indem sie zum Beispiel jene zwei Dutzend Handlungsvorschläge in die Tat umsetzen, die im Kapitel »Psychisch kranke Lehrer machen Schüler krank« unter dem Abschnitt »Elternmut: Rütteln am Tabu destruktiven Lehrerverhaltens« aufgeführt sind.

⇨ Dem Schulrat fehlt das Einfühlungsvermögen. Er spricht mitleidlos von »Einzelfällen, die auch in anderen Berufen zu finden wären«. Die geängstigten und von der Lehrerin im Lernen gestörten Kinder kommen in seinem Denken nicht vor. Bürokratisch räumt er ein, dass »vonseiten des Staates mehr Handlungsbedarf gegenüber problematischen Lehrern nötig wäre«. Er selbst fühlt sich offenbar nicht als Teil des »Staates« und schon gar nicht verantwortlich?

⇨ Ein Lehrerkollege kommt als Verbindungslehrer in einen Loyalitätskonflikt: Kinder beklagen sich bei ihm über eine Lehrerin, die Schüler unmenschlich behandelt. Er steht innerlich voll aufseiten der Kinder und ist der Meinung, hier handle es sich um Straftaten im Sinne der allen Bürgern garantierten Persönlichkeitsrechte. »Aber muss ich mich nicht um Solidarität mit der Kollegin bemühen?« Dieser kinderfreundliche Lehrer unterscheidet nicht zwischen Solidarität und Kumpanei. Sollte er nicht Solidarität mit den Kinder *und* der Kollegin wagen: indem er die Schüler schützt – und die Kollegin mit ihrem unrechtmäßigen Handeln konfrontiert, und damit neue Handlungsmöglichkeiten eröffnet?

⇨ Müsste nicht die Lehrerschaft in ihrem pädagogischen Selbstverständnis einen *Ehrenkodex* aufstellen? Damit würden sie sich von rufschädigenden Lehrerinnen und Lehrern abgrenzen und diese auf grundlegende ethische Grenzen verweisen. Das würde dem Ansehen der Lehrer dienen. Oft weisen hingegen Lehrerfunktionäre bei öffentlichen Elternklagen über unpädagogisches Lehrerverhalten die Kritik als »übliche Lehrerschelte« zurück. Damit nähren sie den Verdacht des stillen Einverständnisses mit dem Unrecht.

Ein Brief für Humanität und pädagogische Vernunft

Conrads Eltern beantragten schriftlich, ihr Kind aus der Klasse der krank machenden Lehrerin nehmen zu dürfen. Der Brief kann Eltern und Lehrer ermutigen, sich pädagogisch-psychologisch sachverständig zu machen und sich argumentativ für Kinder einzumischen.

An die Schulleitung

Antrag auf Versetzung unseres Sohnes Conrad … in eine Parallelklasse innerhalb der Grundschule … Folgende persönliche, pädagogische und psychologische Gründe bewegen uns zu diesem Antrag:

Schulbedingte psychosomatische Störungen unseres Kindes.
Conrad leidet unter großer Angst vor der Lehrerin und klagt über Schlafstörungen, Bauchweh, Nägelbeißen, Unruhe und Nervosität. Diese Symptome haben wir an Conrad früher nie beobachtet. Sie wurden offensichtlich durch die seelische Anspannung ausgelöst, in die er durch den Konflikt mit der Klassenlehrerin geriet. Unsere Beobachtungen und die des Kinderarztes legen den Schluss nahe: Die psychosomatischen Störungen werden durch das unpädagogische Verhalten der Lehrerin verursacht. Die Schulsituation zu verändern scheint uns daher dringend angezeigt. Deshalb beantragen wir, Conrad in eine Parallelklasse zu versetzen.

Psychische Überforderung des Jungen durch den Konflikt.
Wir sehen die psychische Stabilität unseres Sohnes in beängstigender Weise gefährdet. Zunehmend beobachten wir ein gestörtes Selbstwertgefühl bei Conrad. Es drückt sich in Äußerungen aus wie: »Ich mach' sowieso alles falsch.« Die Lernabneigung und Schulunlust des bisher lernbereiten Kindes wächst. Der Zusammenhang zu dem entmutigenden Verhalten der Lehrerin ist offenkundig. Dieses Verhalten der Lehrerin und die Vorkommnisse in der Klasse sind in der Dienstaufsichtsbeschwerde aufgeführt, wir brauchen das nicht zu wiederholen. Als Eltern möchten wir unserem Kind die seelische und körperliche Unversehrtheit bewahren. Deshalb nehmen wir unser Elternrecht wahr und beantragen, Conrad in eine andere Klasse umzuschulen.

Das psychisch schädigende Spannungsfeld Eltern-Lehrerin-Kind
Das Vertrauensverhältnis zwischen uns Eltern und der Lehrerin ist zerstört. Zum Schaden unseres Kindes wird ein Konflikt ausgetragen, der dieses überfordert. Etwa wenn die Lehrerin droht: »Ich warne euch, zu Hause noch mal zu erzählen, dass ich schreie!« Wir können nicht verantworten, Conrad länger diesem aggressiv-destruktiven Spannungsfeld auszusetzen. Die psychosomatischen Symptome des Kindes sind Spannungs- und Anpassungssymptome, die mit der überlastenden Konfliktspan-

nung in der Klasse zusammenhängen. Ein ärztliches Gutachten bestätigt das; wir legen es bei.

Die Bedeutsamkeit des ersten Schuljahres für künftiges Lernen.
Die ersten Schulmonate und das erste Schuljahr sind eine besonders verletzliche Phase in der Entwicklung der Kinder. Diese Phase ist mitentscheidend für die weitere Lernentwicklung, für Lernbereitschaft und Lernwillen. Wir sehen an Conrad: Durch das gestörte Lernklima in der Klasse wird diese wichtige Zeit nicht gemäß dem Lehrplan für Grundschulen gestaltet. In diesem heißt es: »Anliegen der Grundschule ist es, jedem Kind Hilfe zu einer bejahenden Lebenseinstellung in einer Atmosphäre der Anerkennung, des Vertrauens und der Geborgenheit zu geben.« Unser Kind leidet darunter, dass diese ministerielle Forderung nicht erfüllt wird.

Fachpsychologische Empfehlung des Klassenwechsels.
Wir haben uns pädagogisch und psychologisch beraten lassen. Dabei wurde uns nahe gelegt, Conrad nicht länger in dieser Klasse zu belassen. Wie vielfältig die Ursachen für den Schulkonflikt auch sein mögen, es ist in jedem Fall angebracht, durch den Wechsel in eine andere Klasse das Kind nicht länger der psychischen Dauerspannung auszusetzen. Es soll ihm ein neuer Anfang ermöglicht werden. Ein fachpsychologisches Gutachten können wir vorlegen.

Wunsch nach kurzfristiger schulinterner Regelung.
Die Versetzung von Conrad in eine andere Klasse kann nach unseren Informationen innerhalb der Schule geregelt werden. Wir würden diesen Weg begrüßen und meinen, auch für die Lehrerin wäre es hilfreich, wenn auf diese Weise der Konflikt gemildert würde. Wenn dieser Weg ausgeschlagen wird, sehen wir keine andere Möglichkeit, als die übergeordneten Behörden, das Kultusministerium, die politisch zuständigen Stellen im Landtag und die Öffentlichkeit in die Konfliktlösung einzubeziehen.

Der Wechsel zu einer einfühlsamen Lehrerin hilft

Auf diesen Antrag hin durfte Conrad endlich zu einer anderen Lehrerin wechseln. Vieles ließe sich verändern, stellten sich mehr Eltern und Lehrer auf die Seite der Kinder. Die Resignation angesichts schulischer Nöte könnte außerdem durch mehr Schuldemokratie aufgebrochen werden. Dazu gehörte, Eltern und Lehrer an Entscheidungen der Schule teilhaben zu lassen.

Die Mitsprache der Eltern darf nicht als »Einmischung fachfremder Personen« aufgefasst werden. Das natürliche Eltern-Interesse daran, wie es den Kindern in der Schule geht, ist ein Element der Zusammenarbeit, der Erziehungspartnerschaft zwischen Familie und Schule. Mütter und Väter sollten mitsprechen, mitentscheiden und mitgestalten, wenn es um das Wohl ihrer Kinder im Unterricht, wenn es um Lehrpläne, Schulversuche und Bildungsreformen geht.

Zurück zu Conrad: Traurig war für ihn, durch den Wechsel in eine andere Klasse von den Schulkameraden getrennt zu werden. Aber er konnte die Fremdheit bald aufheben; denn die neue Lehrerin erleichterte ihm, sich in die unbekannte Umgebung einzugewöhnen. Innerhalb weniger Wochen lösten sich Conrads seelische und psychosomatische Symptome auf: das nächtliche Aufschrecken, die Einschlafstörung, die Albträume, das Nägelbeißen, die Ängstlichkeit und Bedrücktheit. Diese Störungen entstanden durch die aktuelle traumatische Situation. Weil die seelisch verletzende Dauersituation beendet wurde, konnten die Symptome abklingen. Sie waren noch nicht so fest in der Person verankert, dass es einer Psychotherapie bedurfte.

Wie ist es zu erklären, dass aus dem schulisch verursachten leibhaftigen Kranksein ein leib-haftiges Gesundsein wurde? Was ist an dieser Heilung durch hilfreiches pädagogisches Handeln psycho-logisch? Ich zeige an Conrads Symptom »Nägelbeißen« auf, was durch den Lehrerinnenwechsel heilend gewirkt haben mag. Dabei gehe ich von den verursachenden Merkmalen aus, die einen häufigen Hintergrund des Nägelknabbern bilden, wenngleich sie bei jedem Kind anders liegen. Die folgenden Überlegungen zur pädagogisch-therapeutischen Hilfe gelten für die durch die *Schule* bedingte

Störung. Bei einer *neurotischen* Entwicklung kämen noch andere Aspekte hinzu.

Das Nägelbeißen verschwand – Menschliche Pädagogik heilt

Den stummen Protest annehmen und verstehen
Nicht nur Conrads *Verhalten* war gestört, sondern sein Leben. Die Eltern verstanden das Symptom als Notsignal für die Hilflosigkeit des Kindes. Sie erkannten: Beim Nägelknabbern handelt es sich nicht um eine schlechte Angewohnheit, sondern um ein durch inneren Zwang ausgelöstes Handeln. Der Appell der Verhaltensstörung war für sie unverkennbar: »Schaut mich doch an und helft mir.« Das Symptom stellte den unbewussten Versuch dar, elterliche Aufmerksamkeit auf die innere Not zu lenken. Conrads Eltern und die neue Lehrerin verstanden den stummen Protest des Nägelbeißens.

Die unterdrückte Spontaneität befreien
Nägelbeißen hängt mit gehemmten Eigenimpulsen zusammen. Die einengende Schulsituation führte zu dieser Hemmung: Durch autoritären Unterricht wurden Denken und Tun gleichgeschaltet, die machtbesessene Lehrerin forderte blinden Gehorsam und unterdrückte spontane Lebensäußerungen.

Die neue Lehrerin hingegen unterstützte das spontane Verhalten in Spiel, Gespräch, Arbeit, Malen und Singen. Die Kinder konnten selbst tätig sein, eigene Vorschläge bringen, Wünsche äußern. Die im Nägelbeißen deformierte Lebens-Energie verwandelte sich bei Conrad wieder in gesunde Aktivität.

Der Bewegung – körperlich und geistig – »freien Lauf« lassen
Eine häufige Ursache des Nägelkauens ist eingeengte Bewegung. In der Schulsituation wurde das existenzielle Bedürfnis der Kinder, sich körperlich zu bewegen, stark eingeschränkt. Stillsitzen galt als absolutes Gebot. Aufstehen, Aus-der-Bank-Gehen, Zappeln und »fingerschnalzendes« Melden, Toben und Herumrennen war verbo-

ten. Sogar die Hände – das Organ des Zugreifens – mussten ineinander verschränkt, also gleichsam gefesselt werden.

In der neuen Klasse hingegen konnten Kinder ihre Bewegungsimpulse frei entwickeln: Zwischen den Stunden wurde geturnt, es
gab Bewegungspausen und Bewegungsspiele; in Zeiträumen der
Freiarbeit konnten die Kinder herumgehen; es gab kein stundenlanges Auf-dem-Platz-Sitzen; wann immer möglich, durften die
Kinder im Pausenhof laufen, spielen und toben. Bewegungs-Freiheit galt auch für die geistige Arbeit: Die Kinder konnten eigene
Themen suchen, in vereinbarten Zeiten ihr Lernen selbst bestimmen. So kam Conrad zu mehr Eigen-Bewegung im körperlichen,
seelischen und geistigen Sinn des Wortes.

Die gesunde Aggression unterstützen
Im Symptom des Nägelbeißens drücken sich aggressive Impulse
aus. Durch übertriebene Erziehung zum Bravsein werden gesund-
aggressive Regungen des Kindes blockiert, so wie das in Conrads
vorhergehender Klasse der Fall war: Keine Widerrede war erlaubt,
Kritik wurde als »böse« zurückgewiesen; statt Eigen-Willen war Anpassung gefordert, der Eigen-Sinn wurde getadelt, Zorn und Ärger
wurden zurückgewiesen. Der Umgang der Lehrerin mit den Kindern hatte dressurhafte Züge. Unter solchen Umständen kann das
Nägelbeißen als Gebärde des unterdrückten Zorns verstanden werden. Die Aggression, die nach außen hin nicht gelebt werden kann,
richtet sich gegen die eigene Person und führt zur Selbstbeschädi-
gung. Diese »Wendung gegen die eigene Person« trägt Merkmale
von Selbstbestrafung.

Bei der neuen Lehrerin wurde die gesunde Aggression in Aktivität umgewandelt: durch einen Unterricht, in dem die Kinder handeln durften, selbst zupacken, erforschen und entdecken. Sie lernten, Kritik zu üben, ohne zu verletzen, Konflikte zu bearbeiten und
sich zu wehren. Ihr Eigensinn wurde als eigener Sinn konstruktiv.

Das Selbstwertgefühl stärken
Die demütigende Behandlung durch die vorangegangene Lehrerin
verunsicherte Conrad in seinem Selbstwert. Das Nicht-akzeptiert-
Werden, die Misserfolge, die wiederholte Entwertung trafen den

Kern seiner Person. In der neuen Schulsituation fühlte sich Conrad angenommen, die Lehrerin wandte sich ihm – wie allen Kindern – aufmerksam zu. Weil das, was er *selbst* tat, etwas galt, wuchs sein Selbstbewusstsein. Das Nägelkauen war als Zurückfallen auf eine frühere Entwicklungsstufe zu verstehen. Jetzt konnte sich Conrad wieder gesund entwickeln und eigen-ständig werden. Er musste nicht hilflos in psychosomatische Symptome flüchten. Das freudvolle Tun ermöglichte ihm, sich als wertvoll zu erfahren. So sagte er an einem Freitagnachmittag: »Ich freu' mich schon, wenn ich am Montag wieder in die Schule gehen kann.«

Die sichere Beziehung erfahren lassen
Vermutlich setzten sich Conrads Symptome nicht fest, weil er sich des elterlichen Beistands sicher war. Aber der Konflikt zwischen ihm und der Lehrerin, wie zwischen Eltern, Lehrerin und Schule, bewirkte notgedrungen ein zu hohes Maß an Einsamkeit und damit verbundener Angst. Nägelbeißen ist auch ein Anzeichen des Alleinseins.

Jetzt fand Conrad sicheren Kontakt zur neuen Klassenlehrerin, nach und nach auch zu den fremden Klassenkameraden. Die familiäre Situation entspannte sich durch die entspannte Schulsituation. So konnte Conrad aus seiner inneren und äußeren Isolation heraustreten.

Der Junge wurde gesund, weil ihn die Eltern vor seelischem Schaden schützten und ihn zu einer Lehrerin gaben, die Kinder ernst nahm und sich mit ihnen auf eine helfende Beziehung einließ. Die verbesserte pädagogische Beziehung wirkte sich therapeutisch aus: Conrads Symptome lösten sich auf. Aber nicht nur das Kind, sondern die ganze Familie fühlte sich vom Druck befreit.

Ein Kind wurde von einer krank machenden Lehrerin befreit, weil seine Eltern Mitleid und moralische Empörung zuließen; sie stellten sich schützend auf die Seite des Kindes. *Viele* Kinder könnten von krank machenden Lehrern befreit werden, wenn *viele* Eltern ihren »eingeborenen Widerwillen« zuließen, »einen Menschen leiden zu sehen«. Das könnte die Schule verändern: Aus einer krank machenden würde eine gesund machende Schule.

Für Kinder und Jugendliche:
Fühle ich mich im Schüler-Lehrer-Kontakt sicher?

Der Lehrer-Schüler-Kontakt ist entscheidend dafür, wie entspannt und zielstrebig Kinder lernen können und wie dadurch ihre seelische und körperliche Gesundheit beeinflusst wird.

? Haben Lehrerin oder Lehrer Zeit für ein persönliches Wort? Interessieren sie sich nur für meine Leistung – oder auch für mich persönlich?

? Ist die Lehrerin vor Beginn des Unterrichts da, sodass ich, wenn ich will, mit ihr reden kann? – Geht sie auf uns zu? Gehe ich auf sie zu?

? Gibt es eine Schülersprechstunde, in der Schüler mit Lehrern bereden können, wozu sonst keine Gelegenheit ist?

? Kann ich ohne Angst zum Lehrer hingehen und ihm sagen: »Das habe ich nicht verstanden, bitte erklären Sie es mir«?

? Gibt es Gesprächsabende mit Lehrerin *und* Eltern *und* Schülern, in denen alle miteinander offen über das reden, was sie im Schulalltag bewegt?

? Können in die Schulsprechstunde mit den Eltern auch die Schüler mitkommen, damit nicht *über* sie, sondern *mit* ihnen geredet wird?

? Habe ich den Eindruck, Lehrerinnen und Lehrer sind bereit, sich in die Einstellung von uns Jugendlichen einzudenken und einzufühlen?

? Interessiere ich mich für die Lehrerinnen und Lehrer? Dafür, wie es denen in der Schule geht – und was ich sonst gern von ihnen wüsste?

Kinderpolitische Forderungen für Schülerinnen und Schüler

Kinder geraten durch destruktives Lehrerverhalten in seelische und psychosomatische Not, das behindert sie im Lernen. Zu den pädagogischen und kinderpolitischen Konsequenzen aus diesem Unrecht gehört:

Eine Bewusstheit für Menschen- und Kinderrechte schaffen
Schüler, Eltern und Lehrer sollten sich mit den humanen Erklärungen des Grundgesetzes, der Verfassung, der Unterrichtsgesetze und der Lehrpläne befassen. Zwischen ihnen und dem Schulalltag liegt eine große Kluft. Wenn wir den Schulalltag mit dem vergleichen, was in den Präambeln der Schulgesetze an demokratischen und menschenrechtlichen Grund-Sätzen steht, müsste in allen Beteiligten Scham aufkommen; denn wenig davon wird in Taten verwandelt. Den Mangel an Humanität in der Schule *wahrzunehmen* zwingt zu konstruktivem Nachdenken über innere Schulreformen, die sofort möglich wären. Aber viele Lehrer, Eltern und Schüler kennen die für sie gemachten Gesetze und Freiheitsmöglichkeiten nicht oder haben Angst davor.

»Die Rechte des Kindes« der UNO-Kinderkonvention in der Schule anwenden
In dem von den Vereinten Nationen verabschiedeten Übereinkommen über die Rechte des Kindes heißt es: Kein Kind darf willkürlichen oder rechtswidrigen Beeinträchtigungen seiner Ehre und seines Rufes ausgesetzt werden. Die Disziplin in der Schule muss in einer Weise gewahrt werden, die der Menschenwürde des Kindes entspricht. Kinder haben das Recht, ihre Meinung in allen das Kind berührenden Angelegenheiten frei zu äußern. Die Erwachsenen berücksichtigen die Meinung des Kindes. – Die Aussagen dieser für die ganze Erde definierten Resolution ernst zu nehmen könnte den Schulalltag revolutionieren: ihn humaner und zugleich lernwirksamer machen.

Die Rechte der Schüler stärken

Kinder und Jugendliche sind fähig, in allen sie betreffenden Angelegenheiten der Schule mitzudenken und mitzusprechen; diese Fähigkeit kann genutzt und gefördert werden. Junge Menschen sollten mitbestimmen dürfen, wenn es um Unterrichtsinhalte, um die Methode des Unterrichts und um das schulische Zusammenleben geht. Viel pädagogischer Widersinn wäre vermeidbar, wenn jene gehört würden, die Schule vor allem betrifft: Schülerinnen und Schüler.

Kinder vor Lehrergewalt und Erniedrigung schützen – Verbot seelischer Züchtigung

Das Verbot körperlicher Züchtigung muss erweitert werden zum Verbot *seelischer* Züchtigung durch Bloßstellung, Taktlosigkeit, sadistisches Lehrerhandeln, Erpressung, Zensurenmissbrauch zur Disziplinierung, Entwertung der Kinder durch ehrverletzende Bemerkungen, Unterdrückung durch Prüfungswillkür, Missachtung des Datenschutzes. Zwar reicht das Bürgerliche Gesetzbuch, um gegen Beleidigung und Persönlichkeitsverletzung gerichtlich vorzugehen. Aber Eltern, Schüler und Lehrer sind sich dieser Möglichkeit zu wenig bewusst, oder haben nicht den Mut zu personschützenden Initiativen.

Kindern Möglichkeit geben, schulischer Gewalt auszuweichen

Schülerinnen und Schüler müssen das Recht haben, mithilfe ihrer Eltern seelisch verletzende und unterrichtlich unfähige Lehrer abzulehnen und den Lehrer oder die Schule zu wechseln. Sie dürfen nicht gezwungen werden, offenkundig schädigendes Lehrerverhalten zum Schaden ihrer Lernfähigkeit und ihrer seelisch-geistigen Gesundheit auszuhalten.

Den Schülerinnen und Schülern Rechtsschutz gewähren

Psychische Gewalt gegen Kinder wird in der Schule nicht als solche gesehen, weil sie als *heimliche* Gewalt durch Schulstrukturen gedeckt wird. Das ist ein Ausdruck für die Missachtung der Kinderrechte. Lehrer genießen eine Fülle von Rechtsschutz: durch Berufsverbände, ihre Vorgesetzten und die Fürsorgepflicht des Staates gegenüber den »Staatsdienern«. Schülerinnen und Schüler, die ohnehin in der schwächeren Position sind, haben keine Möglichkeit eigener Rechtswahrnehmung: Jugendliche kennen und wagen kaum den Gang in eine Anwaltskanzlei. Sie müssten – wie ihre Lehrer – Rechtsberatung und kostenlosen Rechtsbeistand bekommen, wenn sie rechtswidrig behandelt werden.

Kindern das Recht auf Kritik an Schule und Lehrern einräumen
»Die Anhörungs-, Beratungs- und Vorschlagsrechte von Kindern sollen erweitert werden, sodass Schülerinnen und Schüler auf die Gestaltung des Unterrichts und des Schullebens Einfluss nehmen können. Schülerinnen und Schüler müssen das Recht haben, den Unterricht zu kritisieren und konstruktive Vorschläge zu dessen Gestaltung einzubringen. Sie müssen die Gelegenheit haben, die Schule als ihren ›Arbeitsplatz‹ mitzugestalten, auch in Hinsicht auf die räumlichen Gegebenheiten.« (Klaus Hurrelmann)[19]

Schülerbeauftragte – Eine Lobby für die Schüler aufbauen
Schülerinnen und Schüler brauchen eine politische Lobby, damit auch in der Schule Demokratie verwirklicht wird. Frauenbeauftragte, Ausländer- und Wehrbeauftragte wachen darüber, dass die Grundrechte für diese Personengruppen respektiert werden. Entsprechend ist die Institution einer Schülerbeauftragten zu schaffen. Sie tritt für die Menschenrechte der Kinder und Jugendlichen in der Schule ein. Schülerbeauftragte sind dringend nötig; denn die Schüler zählen zu den Schwächsten und Machtlosesten der Gesellschaft.

Schule kann Kinder gesund machen

Heilende Kräfte in der Lehrer-Schüler-Beziehung

Geistig-seelische Gesundheit ist die Fähigkeit zu lieben und schöpferisch
zu sein. Der Mensch spürt seine Eigenkräfte und gestaltet bewusst sein
Leben. Er nimmt die Mitmenschen wahr und begegnet ihnen mit
Rücksicht, entwickelt Objektivität,
Vernunft und ein positives Selbstwertgefühl.
Erich Fromm

Aus der Trägheit des Herzens heraus setzen wir Schäden,
die Kinder in ihrer Entwicklung stören. Eltern und Lehrer sollten
zusammenwirken, um seelischen Verletzungen vorzubeugen.
Wir tragen Verantwortung dafür, die Würde des Einzelnen zu verteidigen
und Lebensbedingungen zu schaffen,
in denen Menschlichkeit entsteht.
Fritz Riemann

Die Kinderkonvention der UN-Vollversammlung spricht zum ersten Mal in der Geschichte des Völkerrechts nicht nur vom *Schutz*, sondern von den *Rechten* des Kindes. Zu diesen Rechten gehört nach Artikel 24 ein Höchstmaß an Gesundheit.

Der ganzheitliche Gesundheitsbegriff der Weltgesundheitsorganisation enthält mehr als den medizinisch-körperlichen Tatbestand. Nach ihm ist Gesundheit das »körperliche, seelische und soziale Wohlbefinden und nicht nur das Freisein von Krankheit und Gebrechen«. Gesundheit schließt das psychische und gemeinschaftliche Wohlergehen ein. Entspricht die Schule diesem Grundrecht der Kinder?

Ihre eigentliche Aufgabe ist, Wissen und Können zu vermitteln. Wenn sie diese Aufgabe pädagogisch und lernpsychologisch richtig erfüllt, schützt sie zugleich die Gesundheit der Kinder. Denn die Elemente erfolgreichen Lernens erhalten gesund: Mit Freude lernen, eigenständig lernen, mit Selbstvertrauen lernen, anwendungsorientiert lernen, selbst-bestimmt lernen, handelnd lernen, beziehungsorientiert lernen. Diese Formen des Lernens machen Kinder und Jugendliche nicht nur leistungstüchtiger, sondern festigen ihre Gesundheit.

Lehrer S. »heilt« ein bettnässendes Kind: Stefan

Psychosomatisch erkrankte Menschen zu behandeln, ist Aufgabe der Psychotherapie.[20] Im Folgenden berichte ich von einem Lehrer, der keine Therapie im Sinn hatte, denn davon verstand er nichts. Er wollte lediglich zwei Kindern seiner Schulklasse *helfen*. Im Nachhinein stellte sich heraus: seine Hilfe wirkte therapeutisch. Der Lehrer von damals war ich selbst. Ich hatte vor, mit meiner 6. Hauptschulklasse für zwei Wochen in ein Schullandheim zu fahren. Hierzu mussten die Eltern für Schulbehörde und Heimleitung eine Erklärung unterschreiben: Ihr Kind dürfe keine ansteckende Krankheit haben; einnässende Kinder seien vom Heimaufenthalt ausgeschlossen.

Dieses Formular brachte die Mütter zweier Jungen unabhängig voneinander in die Sprechstunde. Sie sagten mir, ihre Kinder könnten nicht mit ins Schullandheim fahren. Bei dem einen Jungen wurde als Grund angegeben, die Eltern hätten das Geld für den Heimaufenthalt nicht. Beim anderen gaben die Eltern vor, das Kind sei kränklich und bräuchte besondere Fürsorge. Ich ließ mir die Probleme schildern und überlegte mit den Müttern, wie wir sie lösen könnten. Das Geld für den einen wäre aufzubringen und um den anderen würde ich besonders sorgen.

Die Mütter merkten, wie wichtig es mir war, gerade *ihre* Jungen dabei zu haben. Mein Interesse überraschte sie; denn sie waren gewohnt, über ihre schwierigen Söhne Tadel zu hören. Schließlich gestanden die Mütter den wahren Grund dafür, weshalb die Schüler nicht ins Schullandheim mitfahren sollten: Beide nässten nachts ein.

Ich wusste nicht, wie ich mich verhalten sollte; aber ich wollte die beiden nun erst recht nicht ausschließen; sie brauchten es besonders, in der Gruppe aufgenommen zu werden. Gleichzeitig fühlte ich mich hilflos, wenn ich mir vorstellte: Stefan nässt seit vielen Jahren mindestens einmal in der Nacht ein und Andreas ungefähr jeden zweiten Tag. Trotzdem sagte ich den verwunderten Müttern, ich würde überlegen, die Kinder gegen das Verbot der Schulbehörde mitzunehmen.

Es waren mehrere Monate Zeit, in denen ich mich mit der Klasse auf das Schullandheim vorbereiten konnte. Mit Stefan und Andreas besprach ich, ob sie denn gern mitfahren wollten. Sie entschieden sich eindeutig dafür, aber sorgten sich, weil sie sich wegen des Bettnässens schämten. Bei einem Gespräch mit beiden gemeinsam zeigten sie sich überrascht, aber auch erleichtert, dass es in der Klasse »noch so einen« gab. Ich schlug ihnen vor, miteinander zu planen, wie wir die Schwierigkeit bewältigen können.

Sie waren damit einverstanden, im Kreisgespräch auch mit der Klasse über das Problem zu reden. Die anderen Kinder erfuhren, wie man Klassenkameraden hilft, denen es nicht gut geht. Einige der Mitschüler erzählten freimütig, wie sie selbst eingenässt hatten, und andere, dass es bei ihnen gelegentlich auch passiere.

Nun schmiedete ich mit Eltern und Schülern ein Komplott, um das Verbot der Heimleitung zu umgehen. Ich besprach mit ihnen, dass es nicht darum ging, von den Kindern zu fordern, sie sollten im Heim »nur ja aufpassen«, damit sie nicht ins Bett machten. Vielmehr galt es zu klären, wie wir mit der aktuellen Situation des Einnässens im Schlafsaal fertig würden.

Wir übten Vorgehensweisen für die Krisensituation. Im Schlafsaal sollten Stefan wie Andreas jeweils von ihren Freunden in die Mitte genommen werden. Wir legten fest, wann und wie wir die Gummiunterlage ins Bett schmuggelten, ohne dass es die Erzieherinnen merkten. Schließlich übten wir in Gedanken den Notfall: Stefan lag nachts nass im Bett. Er steckte mithilfe seines Freundes – unter Umständen musste einer Wache stehen – das nasse Tuch in einen bereitgelegten Sack und holte aus dem Versteck ein neues hervor. Den Sack mit dem voll gepieselten Laken sollten sie mir aufs Zimmer bringen

Der Schullandheimaufenthalt begann, und die Vorbereitung mit den einnässenden Jungen war nur ein Randproblem bei dem vielen, was die Kinder bewegte. Manche trennten sich zum ersten Mal von den Eltern; für alle war es die erste lange Klassenfahrt. Der nächtliche Ernstfall konnte eintreten. Ich saß abends noch im

Schlafsaal und las eine spannende Fortsetzungsgeschichte vor, setzte mich zu den Kindern ans Bett und redete mit ihnen. Mit einem besonderen Augenzwinkern verabschiedete ich mich von Stefan und Andreas; wir waren vorbereitet.

Aber – der Ernstfall trat nicht ein, nicht in dieser Nacht, nicht in der folgenden und auch nicht in der dritten. Stefan machte in den vierzehn Tagen nicht ein einziges Mal ins Bett; bei dem anderen Jungen passierte es nur am vorletzten Tag. Da bewältigten wir die Krisensituation, wie wir es eingeübt hatten. Stefans Mutter war nach unserer Wiederkehr erstaunt: Ihr Junge nässte auch zu Hause in den folgenden Monaten kaum ein. Bis dahin war dies jede Nacht ein- bis zweimal geschehen; Stefan war in seinem bisherigen Leben noch nie trocken. Es handelte sich also um eine besonders schwere Form der Enuresis nocturna.

Schule ist nicht Therapie – Aber humane Pädagogik wirkt therapeutisch

Was war geschehen? Ist es vielleicht psycho-logisch, dass Stefan, der sonst jede Nacht einnässte, in diesen Tagen trocken war – und dies sogar über den Schullandheimaufenthalt hinaus anhielt? Was ich im Folgenden überlege, beziehe ich nur auf den einen der beiden Jungen, beim andern lag vieles ähnlich.

⇨ Vermutlich hing es mit der *entspannten Situation* zusammen, dass Stefan von einem Tag auf den anderen trocken wurde. Niemand erwartete von ihm, er solle sich »zusammenreißen« und »beherrschen«. Im Gegenteil: Wir nahmen ihn mit seiner Schwierigkeit so an, wie er ist, und wollten ihn im Schullandheim dabei haben. Offenbar war er nicht angespannt und seine Blase nicht zum Überlaufen verkrampft.

⇨ Der Schullandheimaufenthalt stärkte Stefans *Selbstgefühl*. In seiner Wohnsiedlung lebten ausschließlich Unterschichtsfamilien. Wegen seines Bettnässer-Leidens wurde er verachtet und bestraft. Die täglich für alle sichtbar aufgehängte Bettwäsche war für ihn Bloßstellung und Erniedrigung. Im Schullandheim erlebte er sich von Lehrer und Klasse akzeptiert. Im Lernen tat er sich schwer, aber Mitschüler wie Lehrer erkannten ihn mit seinen starken Seiten an: Stefan war ein guter Sportler, konnte scharf beobachten und spannend Geschichten erzählen. Auf einer Nachtwanderung traute er sich einen Igel zu fangen und ließ uns die nadelspitzen Stacheln antasten. Solche Erfahrungen eigenen Handelns, das ihm und anderen wertvoll erschien, festigten sein *Selbstbewusstsein*.

⇨ Der verunsicherte Junge fand Beziehung zu Mitschülern und Lehrer. Die Halt gebenden Kontakte stärkten sein Vertrauen. Lehrer und Schüler hatten sich in einer Art Kumpanei für Stefan zusammengetan. Das Gefühl der *Zusammengehörigkeit* wirkte offenbar heilend. Zu Hause erlebte er das nicht: Mutter und Vater waren heillos zerstritten. Wenn der Alkoholikervater nachts betrunken heimkam, verprügelte er oft die ganze Familie, manchmal aber auch nur Stefan, weil der »Scheißpisser«, wie er ihn nannte, ins Bett gemacht hatte und er es ihm austreiben wollte.

⇨ Stefan wurde darin unterstützt, selbstständig zu sein: ein Problem mit eigenen Kräften anzugehen, sich offen damit auseinander zu setzen. Er erlebte, wie er aus der Ohnmacht heraustreten und selbst handeln konnte. So entwickelte er mehr *Selbstvertrauen*.

⇨ Die beiden Jungen, deren Freunde, die Schulklasse und der Lehrer halfen zusammen. Es entstand eine *therapeutische Gemeinschaft*. Durch die Fürsorge, die Stefan von mir und den Mitschülern zuteil wurde, erlebte er sich geborgen. Schließlich machte er die *ich-stärkende Erfahrung*: Es ist möglich, nicht einzunässen; was ihn täglich peinigte, wurde unterbrochen. Vom Miteinanderleben ging eine heilende Kraft aus.

⇨ Das neue Umfeld im Schullandheim wirkte als *Milieutherapie*: der soziale Kontakt, die äußere Umgebung, die anderen Lebensgewohnheiten hatten einen gesund machenden Einfluss: das *erlebnisreiche Lernen* in der Natur, gemeinsames Wandern, morgendliche Vogelliedgänge und aufregende Nachtwanderungen, miteinander singen und spielen, individuelles, interessenorientiertes Lernen durch eigenes Tun und Beobachten; Zusammenarbeiten in Kleingruppen, miteinander diskutieren im Kreisgespräch.

Die »helfende Beziehung« im Unterricht – eine heilende Kraft

Ich habe damals pädagogisch gehandelt und dabei, ohne mir dessen bewusst zu sein, therapeutisch gewirkt, vor allem weil ich *Beziehung* aufnahm. Es war mein erster, unabsichtlicher Heilungs-Versuch, lange Zeit bevor ich Psychotherapeut wurde. Dabei wollte ich lediglich die beiden Kinder nicht von der Klassengemeinschaft ausschließen.

Man kann einwenden, die Heilung sei nicht dauerhaft und vollständig gewesen; es habe sich vermutlich um eine »Übertragungsheilung« durch die gute Beziehung gehandelt. Selbst wenn das zutrifft, meine ich: Schulen könnten eine Stätte sein, an der es nicht die Ausnahme ist, dass jungen Menschen auch dann geholfen wird, wenn sie neurotische oder psychosomatische Symptome haben.

Um Kinder zu unterstützen, muss Schule keine therapeutische Anstalt sein, sondern das, was sie ihrer Bestimmung nach sein sollte: eine *pädagogische* Schule. Oft aber begründet sie die Ausgrenzung schwieriger Kinder mit dem Satz: »Kinder, die stören, sind gestört und gehören nicht hierher.« Diese Erkenntnis verleitet dazu, die pädagogische Verantwortung zu verweigern.

Wenn nämlich Kinder gestört sind, so Hartmut von Hentig[21], »muss man sie nicht mehr erziehen, sondern übergibt sie dem Spezialisten. Als man die Formel ›Kinder, die stören, sind gestört‹ aufstellte, glaubte man zunächst etwas Kinderfreundliches getan zu haben. Man hatte das Verhalten der Kinder entkriminalisiert. Von nun an hatte man ein technisches Problem: sie zu entstören. Aber man hatte vor allem auch einer eigenen Schwäche nachgegeben; man ließ den Anspruch auf Achtung, Rücksicht, Einsicht in den Sinn von Ordnungen, Zutrauen fallen; man machte es sich selber einfach«: Eigentlich gehören diese Schüler in Psychotherapie oder in eine Sonderschule.

Natürlich gibt es Kinder, die psychotherapeutischer Hilfe bedürfen. Aber auch für die Heilung, die Psychotherapeutinnen anstreben, sind sie auf eine menschliche Pädagogik angewiesen. Wenn psychisch gestörte Kinder eine Psychotherapie bekommen, sollten Lehrerin und Psychotherapeutin zusammenarbeiten. Ihre unterschiedliche Arbeit ist auf das gleiche Ziel ausgerichtet: auf die heilende Beziehung. Bei der Lehrerin geschieht dies durch den ichstärkenden Unterricht, bei der Psychotherapeutin durch die Spiel- oder Gesprächstherapie und den Umstimmungsprozess in den therapiebegleitenden Elterngesprächen.

Wie eng Erleben und Körperbefinden zusammenhängen, wurde von vielen Dichtern beschrieben. Elias Canetti schildert in seinem autobiographischen Roman »Die gerettete Zunge« die heilende Kraft der Beziehung. Er war damals fünf Jahre alt. Im Hof des Hauses standen große Kessel mit kochend heißem Wasser. Die Kinder liefen zwischen ihnen hin und her.

Als Laurica mich gleich neben einem der Kessel fing, gab sie mir einen Stoß, und ich fiel ins heiße Wasser. Ich war am ganzen Leib verbrüht. Tante Sophie, die das schreckliche Geschrei hörte, holte mich heraus und zog mir die Kleider herunter. Die ganze Haut ging mit, man fürchtete für mein Leben, und ich lag unter argen Schmerzen viele Wochen lang zu Bett. Der Vater war damals in England, und das war das Schlimmste für mich. Ich dachte, ich müsse sterben, und rief laut nach ihm: »Warum kommt er nicht? Ich will ihn sehen!« Von einem Tag auf den anderen vertröstete man mich. In der Nacht, man meinte, ich sei endlich eingeschlafen, sprang ich vom Bett auf und riss mir alles herunter. Statt vor Schmerzen zu stöhnen, schrie ich nach ihm »Wann kommt er? Wann kommt er?« Die Mutter, der Arzt, alle anderen, die sich um mich bemühten, waren mir gleichgültig, ich sehe sie nicht, ich weiß nicht, was sie unternahmen.

Dann hörte ich seine Stimme, er trat von hinten an mich heran, ich lag auf dem Bauch, er rief leise meinen Namen, er ging ums Bett herum, ich sah ihn, er legte mir leicht die Hand aufs Haar, er war es, und ich hatte keine Schmerzen. Alles was von diesem Augenblick an geschah, ist mir nur aus Erzählungen bekannt. Die Wunde verwandelte sich in ein Wunder, die Heilung setzte ein. Der Vater versprach, nicht mehr fortzugehen, und blieb während der nächsten Wochen. Der Arzt war der Überzeugung dass ich ohne weitere Gegenwart des Vaters gestorben wäre.[22]

Eva-Marias Genesung von einer Gastritis – Identifikation

Auch bei Eva-Maria erwies sich die Beziehung als heilende Kraft. Sie war ein schulängstliches Kind, das häufig unter Entzündungen der Magenschleimhaut litt. Die Angst vor Prüfungen in einem rivalitätsbezogenen, emotional kühlen Unterrichtsklima und die damit einhergehende Beunruhigung schlug dem Mädchen auf den Magen. Seine seelischen und körperlichen Symptome verschwanden allerdings, als es in eine andere Schule wechselte. Was war das Heilende?

In der neuen Klasse fand Eva-Maria eine entspannte Beziehung zu Lehrerin und Mitschülern: Sie brauchte sich beim Lernen nicht zu ängstigen, weil die Lehrerinnen Fehlerfreundlichkeit als Erziehungsprinzip ansahen. Der Prüfungsdruck entfiel; denn die Lehrer zogen Konsequenzen aus der Erkenntnis, dass die herkömmlichen Formen des Prüfens und Abfragens das Lernen stören. Das Mädchen durfte in seinem persönlichen Tempo arbeiten und wurde nicht durch Zensuren gedemütigt.

In der partnerschaftlichen Unterrichtsatmosphäre war Eva-Maria nicht mehr chronisch erregt und durch Konkurrenzdruck überfordert. Anstelle der Schulunlust trat spontanes Lerninteresse. Dieser Wechsel des Kindes auf eine Schule, in der das Lernen Freude machte, diente unmittelbar seiner seelischen und körperlichen Gesundheit. Eva-Maria konnte sich zudem mit einer verehrten Lehrerin identifizieren: Sie wollte so werden wie diese und strengte sich bei ihr besonders an. Das In-Beziehung-Sein mit der Lehrerin stärkte das Selbstvertrauen und weckte Zuversicht.

Die als »Reizmagen« bezeichnete funktionelle gastritische Störung löste sich auf, Tonusstörung und Hypersekretion der Magenschleimhaut verschwanden – offenbar weil die nervöse Reizung des Kindes wegfiel. Eva-Marias klinisches Beschwerdebild des Drucks im Oberbauch, der Appetitlosigkeit, der Unverträglichkeit von Speisen hing mit ihrer verzweifelten Stimmungslage im Unterricht zusammen. Ihr Magen wurde zum Schmerzpunkt für die überfordernden konflikthaften Erlebnisse und psycho-physischen Belastungen, die ihr die vorhergehende Schule zumutete.

Die Magenbeschwerden waren außerdem Ausdruck ihrer depressiven Verstimmung, in die sie die Misserfolge und das Nichtakzeptiert-Werden trieb. Durch den Wechsel in eine alternative Schule verschwanden die seelisch-körperlichen Schmerzpunkte. In sicherer Beziehung zu sein wirkt nicht nur heilend; es ist gleichzeitig eine Kraft, die das Lernen fördert: wenn Lehrer ihre Schüler nicht als Objekte sehen, sondern es verstehen, zur *Persönlichkeit* des Kindes Kontakt herzustellen. »Das kann von erstaunlicher Wirkung begleitet sein«, schreibt Alexander Mitscherlich[23]:

So ist mir ein Mathematiklehrer unvergesslich, ein fast zwergenhafter, jedenfalls eindrucksvoll hässlicher Mann. Er forderte durch sein Äußeres ungewollt die Quälsucht der Klasse heraus. Nach meiner Erinnerung ließ er sich jedoch von diesen Absichten nicht beunruhigen und reagierte nicht mit Terror seinerseits. Auf eine mir damals nicht erklärliche Weise gelang ihm, auf mich Einfluss zu nehmen. Ich bemerkte rückblickend, dass zunächst Mitleid, das »feeling for the underdog«, seine Beziehung zu mir und meine zu ihm bestimmt hat. Das erlaubte mir, mich mit dem, was ihm offensichtlich wertvoll war – der Mathematik – zu identifizieren. In kürzester Zeit veränderten sich meine Noten, aus der Ziffer 5 wurde die Zahl 2, was beide Seiten befriedigte. Das ist sicher der Hergang gewesen: ein therapeutischer Erfolg. In anderen Fällen mag die Bewunderung für den Lehrer, die Identifikation mit ihm die Verbesserung der Leistung herbeiführen. Aber das Gefühl, verstanden worden zu sein, ist wohl entscheidend für solche »therapeutischen« Erfolge.

Durch offenen Unterricht gesünder werden – Eine Untersuchung dazu

Schule kann gesund machen, das zeigte sich an verhaltensgestörten Kindern. Sie litten unter Hyperaktivität: an gesteigertem, nicht normalem Bewegungsdrang, an motorischer Unruhe, die sich auch in nervösen Körperzuckungen äußerte. Die Kinder konnten sich schwer konzentrieren, waren erhöht ablenkbar und dadurch im Lernen gestört. Die Symptome verringerten sich, nachdem die Kinder ein Jahr lang nicht wie üblich unterrichtet wurden, sondern offenen Unterricht hatten.[24]

Beim offenen Unterricht wechselt gemeinsames Arbeiten mit Lernzeiten, in denen die Kinder frei arbeiten dürfen. Die Schüler bestimmen mit, was sie lernen und üben wollen, sie dürfen neugierig ihren Fragen nachgehen. Dazu gibt es reichhaltige und den verschiedenen Altersstufen und Leistungsniveaus angemessene Materialien. Die Schüler lernen nicht isoliert, sondern miteinander: in Partner- und Kleingruppenarbeit, im Kreisgespräch. Sie erhalten viel Zeit, um in Einzelarbeit zu lesen, zu entdecken, einzuüben. Dadurch lernen sie, eigenverantwortlich zu sein. Jeder lernt auf seinem persönlichen Anspruchsniveau, das lässt die Kinder erfolgreich sein und bereitwillig arbeiten. Sie werden nicht in herkömmlicher Weise benotet, sondern bekommen ihren individuellen Lernfortschritt aufgezeigt.

Die Schülerinnen und Schüler dürfen viel handeln; Wortbelehrung und lehrerzentrierte Unterweisung treten zurück. Der Lehrer unterstützt die Kinder, wenn sie allein nicht weiterkommen. Er ermutigt und bestätigt, ermöglicht konzentriertes Arbeiten und Freude am Lernen. Die Kinder dürfen sich jederzeit wechselseitig unterstützen und helfen.

Bei diesem Modellversuch nahmen durch den offenen Unterricht die Symptome verhaltensgestörter Kinder ab. Bei einer Kontrollgruppe, die herkömmlich unterrichtet wurde, war das nicht der Fall. Offener Unterricht erwies sich als gesundheitsfördernd; darüber hinaus waren die Schüler im freien Unterricht weniger ängstlich, ihre Aggressivität nahm ab, sie schwänzten seltener die Schule, fanden mehr Kontakt zum Lehrer und gewannen untereinander bessere Beziehungen.

Die Lehrerinnen und Lehrer, die offenen Unterricht durchführten, praktizierten eine schüler-orientierte, gelegentlich auch therapeutische Haltung. Sie selbst »fühlten sich im offenen Unterricht wohler als im lehrerzentrierten. Mehr Ruhe und Entspannungsmomente, mehr Gelegenheit zu Einzelkontakten, die Möglichkeit, Schüler in neuen Situationen zu beobachten, und die Abkehr von der Rolle des ständig redenden und reglementierenden Lehrers trugen dazu bei.« (Goetze)

Was ist heilsam an der Arbeitsform des freien Unterrichts? – Sind es jene persönlichen Qualitäten und Situationsmerkmale, die auch in der psychotherapeutischen Arbeit, wie überhaupt in menschlichen Beziehungen, heilend wirken?

Selbst-bestimmt, selbst-tätig, in Freude und miteinander lernen

✓ *Kinder dürfen lernen.*

Da sie in ihrem persönlichen Tempo und ihrer Intelligenz entsprechend arbeiten können, haben sie Erfolg – und *Lernerfolg* ist anregend für die ganze Person. Neue Fertigkeiten und Kenntnisse zu erwerben ist für Schülerinnen und Schüler mit Befriedigung verbunden. Wenn man Kindern helfen will, ist es nicht unbedingt nötig, sie psychologisch zu behandeln. Ein Lehrer braucht nicht ungewöhnliche psychologische Fähigkeiten, um Kinder zu verstehen. Aber er muss den Schülern ermöglichen, zu *lernen*; das ist die wichtigste Zuwendung die er ihnen geben kann. Dazu braucht er allerdings psychologisches Wissen und didaktische Kenntnisse.

✓ *Gemeinsam lernen*

Im offenen Unterricht stehen gemeinsame Lernvorhaben im Mittelpunkt. Beim Arbeiten an *Projekten* brauchen alle einander, sie helfen und ergänzen sich. Beziehungsorientiertes Lernen schafft Kontakte, macht selbstbewusst und erhöht die Lernfreude. Lehrerinnen und Lehrer leiten gemeinsame Vorhaben in die Wege, durch die nicht nur Kenntnisse und Fähigkeiten vermittelt werden, sondern auch das Gefühl der *Zusammengehörigkeit* wächst. Dazu müssen Lehrerinnen lernen, sich mit den Kindern lernend und konfliktbearbeitend einzulassen.

✓ *Pädagogisches Arbeitsbündnis*

Lehrerinnen und Lehrer gehen mit den Kindern und Jugendlichen ein pädagogisches Bündnis ein. Sie stellen mit den Schülern Ziele und Regeln auf, wie sie miteinander arbeiten. Sie setzen sich damit auseinander, wie diese Ziele zu erreichen und die Regeln einzuhalten sind. Das pädagogische Bündnis ist nicht ein einmaliger Akt, sondern ein Prozess, in dem Vereinbarungen sorgfältig ausgearbeitet und immer wieder erneuert werden.

✓ *Eigenständig lernen*
Das Arbeitsbündnis ist Voraussetzung dafür, miteinander zu lernen. Es hat den Wandel der Arbeitsbeziehung zu mehr *Selbstständigkeit* zum Ziel. Wünsche, in der Arbeitsbeziehung und im persönlichen Kontakt etwas zu verändern, sind fortlaufend Thema, zum Beispiel für den wöchentlichen Gesprächskreis über das gemeinsame Lernen und Schulleben. Die Schüler lernen, selbst etwas zu initiieren, ihr Lernen zu steuern und zu kontrollieren. Durch das selbst bestimmte Arbeiten werden sie verantwortlich und erleben sich als autonom.

✓ *Vertrauen – Selbstvertrauen*
Bei freien Unterrichtformen setzen die Lehrerinnen Vertrauen in die Kinder. Das stärkt deren Vertrauen in sich selbst: das Selbstvertrauen. Vertrauen entsteht durch Verlässlichkeit, Ehrlichkeit, Offenheit, durch eine bejahende, tolerante Haltung, durch Ermutigung und Respekt. Lehrer trauen Kindern etwas zu und strahlen *Hoffnung* aus. Das bewirkt, Vertrauen in die eigene Leistung zu entwickeln und vermindert Ängste.

✓ *Freundliche Beziehung*
Lehrerinnen und Lehrern, die sich auf freie Unterrichtsformen einlassen, liegt an einer freundlichen Beziehung. In dieser machen die Kinder und Jugendlichen emotionale Erfahrungen, die das *Wohlbefinden* stärken. Das Bemühen, sich zu verständigen, fördert das persönliche Wachstum. Die Kinder fühlen sich in keiner Situation allein gelassen.

✓ *Mit Freude lernen*
Lernfreude ist eine Lernvoraussetzung. Sie entspringt dem Interesse am Tätigsein, der Neugier, der Lust, etwas zu entdecken, und der Zufriedenheit mit der geglückten Leistung.

✓ *Die Schule verändern*
Freiarbeit und offenen Unterricht zu verwirklichen ist möglich. auch wenn die unpädagogische Zensurenregelung noch hinderlich wirkt. Das herkömmliche System zu verändern setzt engagierte und interessierte Lehrerinnen, Lehrer und Eltern voraus. Sie wagen es, sich von eingefahrenen Verhaltensweisen zu befreien und beginnen damit, an ihrem Platz die Schule und damit die Gesellschaft humaner zu gestalten.

Pflegt die Schule Symptome? – Kinder arbeiten sich frei

Schule kann Kinder gesund machen und gesund erhalten. Verbreitet ist jedoch, dass »Kinder, die mit den höchsten Erwartungen, voller Energie und Neugierde eingeschult wurden, nach wenigen Jahren Besorgnis erregende Symptome zeigen: Schulmüdigkeit, abnehmende Konzentration und verminderte Neugierde, Kopfschmerzen, Bettnässen, Magenbeschwerden, häufige Erkältungen, Gereiztheit, Mangel an Lebensfreude und Selbstvertrauen, Angriffslust. Zugegeben, all dies sind verbreitete Symptome unserer zivilisierten Welt, doch scheint die Schule der Ort, an dem sie noch verstärkt werden.«[25]

Rebeca Wild, die das in ihrem Buch »Erziehung zum Sein« (S. 249) schreibt, hat an ihrer freien Schule in Ecuador beobachtet, wie *heilend* sich freies Arbeiten auswirkt: »Kinder die mit Anhängeschildern wie ›Hyperaktivität‹ oder ›Lernschwäche‹ aus einer traditionellen Schule in eine aktive Schule überwechseln, verlieren manchmal schon nach einer Woche die typischen Symptome ihres Leidens. Immer wieder erleben wir: Kinder, die allerlei ›kleine Schäden‹ aufweisen und die in einer traditionellen Schule ›hinausflögen‹ oder in die Hände von Spezialisten kämen, finden hier einen Lebensraum, der ihre positiven Seiten hervorkommen und sie zu Ruhe und Gesundung gelangen lässt.«

Kinder finden in unseren normalen Schulen keinen *Lebensraum* wie ihn Rebeca Wild von ihrer »aktiven Schule« beschreibt. Aber wir könnten uns von dem Modell anregen lassen, wenn wir sehen, wie es einen sechsjährigen Jungen lernbereit und gesund machte:

»Santiago war in drei Kindergärten als hyperaktiv und gefährlich aggressiv beschrieben worden. Bevor wir uns versahen, hatte er am ersten Schultag einen beachtlichen Teil des didaktischen Materials im Gelände verstreut, hatte die Kaninchenställe aufgerissen, die Lamas verfolgt, Hunden, Katzen und den meisten Mitschülern Tritte versetzt und lag nach kurzer Zeit erschöpft und weinend in den Armen eines Lehrers. Dort landete er von nun an jedes Mal, wenn die Welt über ihm zusammenzufallen drohte.

Der Junge konnte in der neuen Schule Erfahrungen in einem riesigen Sandhaufen machen, er verfolgte die tollsten Projekte mit Wasser, Brücken, Schlamm und Steinen, jagte Insekten, kletterte auf Bäume und spielte bis zur Erschöpfung Fußball. Später legte er sich mit Hingabe einen kleinen Garten an.

Als er Interesse an differenzierten Materialien zu zeigen begann, legte er sich eine Steinsammlung an, baute drei Wochen lang Schiffe aus Balsaholz, die er auf dem Teich spazieren fahren ließ. Nach und nach beruhigten sich seine Bewegungen. Er konnte viertelstundenweise in der Schuldruckerei arbeiten, wobei er in einem Monat fließend lesen lernte. Das Montessori-Material zum Rechnen faszinierte ihn ebenso, wie es ihn oft frustrierte, weil die vielen Kugeln und Ketten immer wieder in hohem Bogen vom Tisch flogen. Nach und nach brachte er mehr Ordnung in seine Bewegungen, doch er entwickelte bald die Neigung, möglichst schnell zum Kopfrechnen überzugehen, um die schwierige Handhabung des feinen Materials abzukürzen.

Sein soziales Verhalten besserte sich zusehends. Er wurde bald ein gesuchter Kumpan für alle unternehmungslustigen kleinen Jungen. Wenn sich eines der Kinder beim Spaziergang wehtut oder von einer Biene gestochen wird, ist Santiago der Erste, der sich zum Trösten und Helfen einstellt. Das ist kein Wunder, denn er weiß aus eigener Erfahrung, was Schmerz bedeutet.« (Rebeca Wild, S. 248)

In diesem Beispiel ist die Frage nicht: Pädagogik *oder* Therapie? Vielmehr wirkt hilfreiches pädagogisches Handeln therapeutisch. Fast scheint es, als hätte Santiago Lesen, Schreiben und Rechnen nebenbei gelernt. Aber weshalb ist das so ungewöhnlich? Bis zum Schuleintritt gehören komplizierte Lernvorgänge zum ganzheitlichen Erleben der Kinder. Sie lernen Laufen ohne Laufunterricht; die Eltern unterstützen die spontane Energie, mit der das Kind sich aufrichten, stehen, die ersten Schritte gehen lernt. Die Kinder schaffen einen so differenzierten Lernvorgang wie den des Sprechenlernens – ohne Sprechunterricht, sondern eingebettet ins Zusammenleben, in das kindliche Spiel, die elterliche Fürsorge. Und was gehört zu den »heilsamen Faktoren«, die Santiago gesund und lernfähig machten? Ich lasse die Lehrerin und Autorin – Rebeca Wild – selbst zu Wort kommen:

Aktive Schule: Ort des Handelns und der Ermutigung

Respekt vor Entscheidungen des Kindes – Freies, symbolisches Spiel
»Freie Bewegung und Erfahrung, dass die Entscheidungen des Kindes in der vorbereiteten Umgebung respektiert werden, haben sowohl therapeutische wie pädagogische Auswirkungen. Die wichtigste Rolle in diesem Prozess wird vom freien symbolischen Spiel übernommen. Es wird von allen Lehrern bewusst gefördert, weil es für gesunde und kranke Kinder eine spontane und *natürliche Spieltherapie* ermöglicht. Je mehr ein Kind sich respektiert fühlt, umso furchtloser kann es dieses Sich-Öffnen gegenüber der Welt – der äußeren und seiner eigenen inneren Welt – vollziehen.«

Bewegungsfreiheit – Voraussetzung für Gefühls- und Denkstrukturen
»Stillsitzen und nur dann reden, wenn man gefragt wird, ist für Schulkinder nur unter Unterdrückung ihrer normalen Veranlagung zu schaffen … *Freie Bewegung und freies Reden* sind grundlegend für die Ausbildung gesunder Verständnisstrukturen. Ein positives Erfassen der Wirklichkeit kommt nur in dem Maße zustande, wie die natürlichen Bedürfnisse des Kindes respektiert werden. Egozentrisches Verhalten dauert so lange an, wie der Druck unbefriedigter Bedürfnisse es erfordert. So ist Bewegungsfreiheit in diesem Alter unerlässlich, um eine Therapie unterdrückter Gefühle einzuleiten

und eine dauernde Verbindung zwischen Gefühls- und Denkstrukturen herzustellen.« (S. 244, 255)

Ganzheit von Persönlichkeit und Intellekt – Spontaneität
»Die Schule sollte den Kindern legitime und nie aufhörende Gelegenheit geben, *sich von inneren Spannungen zu befreien*, was immer deren Ursprung sein mag. Und aus dem gleichen Grund sollte es die Schule vermeiden, solche Spannungen selbst zu verursachen … Geben wir den Kindern nicht nur die Erlaubnis, sondern täglich neuen Anreiz, sich spontan und auf die der kindlichen Natur entsprechende Weise zu bewegen, so vereinigt die Schule in einem Zug *therapeutische wie auch pädagogische Prinzipien.*«

Dreieck »Kind-Lehrer-vorbereitete Umgebung«
»Die traditionelle Schule stellt Kinder und Erwachsene in einer Weise gegenüber, die kein Ausweichen erlaubt; einem unsympathischen Lehrer ist das Kind ein ganzes Schuljahr ausgesetzt, ebenso der Lehrer den schwierigen Kindern in der Klasse. In der aktiven Schule ist dieses unvermeidliche Vis-à-vis in ein Dreieck verwandelt: Kinder, Lehrer und die vorbereitete Umgebung oder das Material wirken miteinander und untereinander in einem dynamischen Feld. Je nach seiner Mentalität hat ein jeder *Gelegenheit, den andern zu suchen oder zeitweise zu meiden.*«

Praktisches Arbeiten mit allen Sinnen – Schuldruckerei
Das sich ständig verbreitende Übel, das von den Spezialisten mit »Legasthenie« bezeichnet wird, kommt, Beobachtungen zufolge, in Schulen nicht vor, die die Schuldruckerei nutzen. »Bei dieser Arbeitsmethode stehen die Kinder häufig bei der Arbeit auf, bewegen sich hin und her, betasten die Buchstaben mit den Fingerkuppen, setzen und bauen Drucksätze ab und verrichten – außer der Möglichkeit, sich angeregt miteinander zu unterhalten – eine Serie von praktischen Arbeiten, die alle Sinne ansprechen, dem Kind *Freude am aktiven Selbsttun und am Ergebnis seiner Bemühungen* verschaffen.«

Mut geben – Schule als Lernort und natürliche Therapie
»Trotz all unserer Anstrengungen können oder wollen nicht alle Eltern Änderungen zugunsten ihrer Kinder bewirken. Doch es scheint uns, dass selbst in Fällen, in denen das Kind Tag für Tag erneut in eine schädliche Situation zurückkehren muss und sich die aktive Schule mehr in einen Ort der Therapie als des Lernens verwandelt, ihm diese positive Erfahrung Kraft spendet, mit seiner häuslichen Situation besser zurande zu kommen. Das Mindeste ist wohl, dass solch ein Kind nicht in der Überzeugung aufwächst, dass das Leben eine ausweglose Sackgasse ist, sondern dass es Auswege geben muss. So hoffen wir, dass seine Erfahrung in der aktiven Schule ihm den Mut gibt, in seinem Leben immer wieder nach Alternativen zu suchen.« (Rebeca Wild, S. 250 ff.)

Als Schüler handelnd, eigenständig und selbst-bestimmt lernen?

? Kann ich im Unterricht aktiv sein, eigene Gedanken einbringen, Vorschläge machen – oder habe ich nur dem zu folgen, was Lehrerinnen und Lehrer anordnen?

? Kann ich selbst tätig sein: erkunden, probieren, experimentieren, erforschen? Gibt es im Unterricht mehr Schüleraktivität als Lehrerworte, mehr Schülerfragen als Lehrerfragen?

? Lerne ich, wie man lernt, selbstständig Wissen findet, es sich einprägt, welche psychologischen Lernhilfen es gibt, welche Nachschlagewerke und wie man sie benützt? Darf ich Nachschlagehilfen auch bei Prüfungen verwenden?

? Spielt beim Lernen nur mein »Kopf« eine Rolle, oder kann ich auch *mit der Hand* etwas tun, hand-werklich und *praktisch* lernen?

? Gibt es Freiarbeit, also Arbeitszeiten, in denen ich lernen darf, was *ich* will, und in denen ich eigenen Ideen und speziellen Interessen nachgehen kann?

? Darf ich in meinem persönlichen Tempo arbeiten, langsam, wenn ich langsam bin, schnell, wenn ich schnell bin?

? Kenne ich den Lernstil, mit dem ich persönlich am besten lernen kann, die Lernwege, die *mir* besonders entsprechen?

? Sind mir meine eigenen Gedanken wichtig – oder überlege ich nur, was der Lehrer hören möchte? Ist die Lehrerin an meinen Ideen interessiert?

? Wo kann ich selbstständig entscheiden? Zum Beispiel über die *persönliche Themenwahl* beim Aufsatzschreiben, über die Form der Prüfung, über die Arbeitszeit, die Gruppenzusammensetzung, die Hausaufgabe, über Wahlthemen im Sachunterricht …?

? Kann ich in Ruhe arbeiten, mich selbstvergessen in eine Arbeit vertiefen, ohne von Lehrer oder Mitschülern gestört zu werden?

? Kann ich mir Ziele setzen, die meine *eigenen Ziele* sind und nicht die des Lehrers, Ziele meines persönlichen Interesses?

? Kann ich das, was ich im Unterricht lerne, praktisch *anwenden*? Oder lerne ich nur für die Prüfung? Was für Beispiele fallen mir dafür ein, dass mir das Gelernte unmittelbar im Alltag nützt?

»Verstockt und schüchtern« – Schock am ersten Schultag

Im folgenden Beispiel störte eine Lehrerin die Sprachentwicklung eines Jungen. Ein Lehrer *heilte* die Störung: durch guten Unterricht und weil er verständnisvoll auf die Kinder einging.

Werner wurde als »verstockt« und »sprechunwillig« bezeichnet. Seine Leistungen nahmen während des dritten Schuljahres in dem Maß ab, in dem seine Schul-Unlust zunahm. Die Lehrerin kritisierte, er würde sich weigern, ein Wort zu sprechen. Seine »trotzige Verstocktheit« müsse endlich »gebrochen« werden.

In den ersten beiden Schuljahren beklagte sich die damalige Lehrerin nicht über Werner. Zwar galt er als schüchtern; aber er erreichte gute Leistungen. Die Lehrerin war mit ihm zufrieden; von den Mitschülern wurde er akzeptiert, wenngleich er in seiner ruhigen Art eher am Rande stand. Werners unauffälliges Verhalten änderte sich, als er in der dritten Klasse zu Frau F. kam. Diese galt als unnachsichtig streng und nicht schüler-, sondern leistungsorientiert.

Das erfuhr der knapp Neunjährige am ersten Schultag mit der neuen Lehrerin. Die Kinder schrieben einen Text von der Tafel ab. Frau F. ging musternd durch die Reihen; bei Werner blieb sie stehen: »Ja, so ein Geschmier hab ich in meinem ganzen Leben noch nicht gesehen. Du kannst ja gleich wieder dorthin gehen, wo du hergekommen bist. Aber das werde ich dir schon austreiben.« Der Junge kam bedrückt nach Hause und erzählte weinend den Vorfall: »Zu der Lehrerin möchte ich nicht mehr gehen.« Die Mutter redete ihm gut zu; sie meinte, das würde sich schon geben.

Die von Frau F. kritisierte Schrift war nicht schön, aber leserlich. Werner ist Linkshänder, er schreibt verkrampft und unsicher. Deshalb hätte er Sicherheit gebraucht, statt der Bedrohung, ausgestoßen zu werden. Die Lehrerin verurteilte das Kind, noch ehe sie es kennen gelernt hatte; sie wollte es gar nicht kennen lernen, sondern drückte ihm ihr Vorurteil auf. Dabei wäre die »schlechte« Schrift des Jungen Anlass, ihm beizustehen, statt ihn herabzusetzen. Die Lehrerin könnte sich von der verkrampften Ausdrucksgebärde der Schülerhandschrift bewegen lassen zu helfen.

Am nächsten Tag rief die Lehrerin Werner während einer Lesestunde auf: Er sollte nacherzählen, was in der Geschichte stand. Der Junge, von der erniedrigenden Bemerkung des Vortags geängstigt, presste unsicher einige Worte heraus und blieb dabei mehrmals an Worten »hängen«. Da schrie ihn Frau F. an: »Ja kannst du überhaupt nichts, gestern nicht schreiben, heute nicht sprechen; und wo bist du überhaupt her, dass du nicht richtig reden kannst?« Werner hatte einen schwäbischen Dialekteinschlag, weil seine Eltern vor einem Jahr aus einem kleinen Dorf in Schwaben in eine oberbayerische Kleinstadt umgezogen waren. Auf die Frage der Lehrerin hin begann er zu weinen, was diese mit der Bemerkung verhöhnte: »Jetzt fängt er auch noch an zu flennen.«

Eine gefühlsabgespaltene Lehrerin macht Werner sprachlos

Von da an stockte Werner immer dann beim Sprechen, wenn er aufgerufen wurde, manchmal stotterte er gar; schließlich brachte er kein Wort mehr heraus und schwieg. »Trotzig und verstockt« nannte die Lehrerin dieses Schweigen. Zu Hause veränderte sich Werner: Er verlor jegliche Lernfreude und sprach zunehmend weniger. Schließlich weigerte er sich, im Unterricht etwas zu sagen.

Die verunsicherten Eltern wandten sich an den Schulpsychologen. Dieser wurde bei seiner Ursachenforschung schnell fündig: Die anlagemäßige Linkshändigkeit des Jungen habe zu dem gehemmten Sprechen geführt, nicht die schockierende Verächtlichmachung durch Frau F. – Zwar können Stottern und Linkshändigkeit zusammenhängen. Aber weshalb trat die Sprechschwierigkeit erst *jetzt* zutage und bei *dieser* Lehrerin?

Der Schulpsychologe wurde von der Mutter über das ängstigende Verhalten der Lehrerin informiert. Aber er stand im Bann des Tabus, krank machendes Lehrerverhalten in Schweigen zu hüllen. Er durfte nicht wahrnehmen, dass die seelisch verletzende Lehrerin dem Jungen die »Zunge lähmte«: diesen erschreckte und sprachlos machte. Der Psychologe diagnostizierte »selektiven Mutismus«, ohne sich um die *schulischen* Ursachen zu kümmern, die den Jungen zum Schweigen brachten: die Verunsicherung durch eine gefühls-abgespaltene und pädagogisch unfähige Lehrerin.

Zweifellos hing Werners seelische Störung auch mit seiner Entwicklung in der Familie zusammen. Die Eltern legten großen Wert auf absoluten Gehorsam, »Widerworte« wurden bestraft, die Erziehung hatte dressurhafte Züge. Die Gebote »ruhig sein« und »sich still verhalten« schränkten Werners Bewegungsdrang ein. Seine Sprechweise wurde – wie in der Schule – ständig kritisiert.

Ein anderes Sprachhemmnis war: In der Familie durfte man nicht alles sagen; es gab »Geheimnisse«, über die man nicht sprach. Vater und Mutter lagen oft im Streit miteinander, in den der Junge als Bündnispartner von beiden einbezogen wurde. Werner litt unter dem Konflikt, zu wem er halten solle, was er jeweils zu wem und über den anderen sagen dürfe und was er verheimlichen musste. Wie immer bei sprachgestörten Kindern, kamen auch bei Werner viele Ursachen zusammen, die seine Sprache störten:

- Die aufkeimenden Sprachimpulse wurden von früh an unterbrochen. Jetzt verstärkte sich die früh angelegte Störung durch die uneinfühlsame Lehrerin. Das führte dazu, dass das Kind unwillkürlich die Worte »zerhackte« und »verstümmelte«.
- Bestimmte Wörter und Ausdrucksweisen galten für den Jungen als »verbotene« Wörter, weil spontane Sprechimpulse missbilligt wurden.
- Die frühe Dressur, »schön« und »korrekt« zu sprechen, ließ den Sprechvorgang als schwierige Aufgabe erscheinen, nicht mehr als spontanes Ausdrucksgeschehen. Werner verkrampfte sich, wenn er etwas sagen sollte.
- Die dem Kind »eigene« Sprache, die starke Dialektfärbung, wurde nicht akzeptiert. Das bedrohte sein Selbstwertgefühl.
- Die kindlichen Bewegungsimpulse wurden eingeengt. Die eingeschränkte Motorik wirkte sich hemmend auf die gesamte Eigen-Bewegung, auch das Sprechen aus.
- Durch die blockierten Impulse entstanden innere Stauungen, die den zusammenhängenden Redefluss unterbrachen.
- Mangelnde Aufrichtigkeit in der Familie, Spannungen zwischen den Eltern, versetzten das Kind in innere Dauerspannung. Es

wurde unsicher: Was darf ich sagen und was muss ich ver-
schweigen?

– Unsicherheit im Fragendürfen und das Verbot sprachlicher Auf-
lehnungsreaktionen hemmten den spontanen Ausdruck.

– Durch Überforderung im Leistungsbereich befürchtete Werner,
elterliche und schulische Erwartungen nicht erfüllen zu können.
Die daraus erwachsende Angst trug dazu bei, dass es dem Kind
»die Stimme verschlug«.

Bei all dem wird deutlich, wie hilfreich die Lehrerin der ersten beiden Schuljahre für Werner war; sonst hätte er sich nicht so gut entwickeln können. Dagegen stürzte ihn die Lehrerin der dritten Klasse in eine Katastrophe des Erlebens. In der kränkenden Situation
brachen seine Schwierigkeiten auf und lösten die psychoneuroti-
sche Erkrankung aus.

Lehrer Z. »löst dem Jungen die Zunge« – Lernen dürfen

Ein Lehrerwechsel zu Beginn des vierten Schuljahres wendete Werners Schulschicksal wiederum und wirkte heilend. Der neue Lehrer
war freundlich, den Kindern zugewandt, schaffte eine ruhige Schul-
atmosphäre und hielt einen interessanten Unterricht. Als Erwachsener erzählte Werner, wie er den Wandel erlebte.

»Ich konnte und wollte bei der Lehrerin in der dritten Klasse
nicht mehr sprechen. Vor dem Aufsatzschreiben hatte ich heillose
Angst. Nie habe ich verstanden, was ich eigentlich falsch machte,
wenn ich schlechte Noten bekam. Ich wusste nur: Ich war schlecht.
Jetzt, bei Herrn Z., verschwand meine Angst vor dem Aufsatzschreiben.

Wir durften immer etwas Interessantes schreiben; keiner wurde
zu einem Thema gezwungen. Hernach konnte jeder, der wollte, seine Geschichte vorlesen und wir redeten darüber. Herr Z. schrieb
keine Noten unter die Aufsätze, sondern legte einen Zettel bei, auf
dem etwas Persönliches stand. Wir waren alle begierig darauf, diese
Mitteilung zu lesen und klebten sie in unser Heft. Er schrieb dazu,
was wir im Aufsatzschreiben noch besser machen können; das üb-

ten wir dann. Mindestens einmal am Vormittag setzten wir uns im Kreis zusammen, um über ein Thema zu diskutieren.

Gut fand ich bei diesem Lehrer, dass wir interessante Unterrichtsgänge machten, auf denen wir mit den Leuten, die wir besuchten, redeten. Oder Beobachtungsgänge, auf denen wir Vogelstimmen kennen lernten und Blumen bestimmen durften. Es war nie langweilig und wir lernten ungeheuer viel.

Wir konnten immer fragen, wenn wir etwas wissen wollten oder etwas nicht verstanden. Der Lehrer gab jedes Mal Antwort, oder er sagte, dass er es selbst nicht weiß; dann sollten wir zu Hause unsere Eltern fragen oder im Lexikon nachschauen, und er wollte sich auch erkundigen. Oft haben wir vor den Sachstunden Fragen dazu aufschreiben dürfen, was uns persönlich am Thema interessiert. Am Ende des Unterrichts überprüften wir dann, welche Fragen bereits beantwortet wurden und welchen wir noch nachgehen müssen.

Mich freuten auch die vielen Lieder, die wir lernten, ungefähr dreißig konnten wir auswendig. Am Morgen kam der Lehrer mit seiner Gitarre; wir stellten uns im Kreis zusammen und durften uns Lieder wünschen. Danach besprach Herr Z. mit uns, was wir an diesem Vormittag alles lernen und üben werden; da konnte man sich schon darauf freuen.

Jeden Morgen gab es eine Art Besinnung mit Gedicht oder Spruch und dem Nachdenken darüber; wer wollte, konnte einen Vorsatz für den Tag fassen. Und nach dem Unterrichtsvormittag stellten wir uns wieder im Kreis zusammen und überlegten miteinander, was wir gelernt haben. Wer wollte, durfte etwas erzählen von dem, was er sich gemerkt hat. Der Lehrer sagte oft, wir sollten einfach überlegen, ob es sich gelohnt hat, heute Vormittag in die Schule zu gehen ...«

Der Bericht ging lange weiter: vom Sportunterricht, dem Schullandheimaufenthalt, der täglichen Partnerarbeit und dass Werner einen Rechtschreibhelfer zur Seite bekam, von Gruppenarbeit und Projekten ... Werner erzählte nicht, der Lehrer habe sich besonders um ihn angenommen oder ihm wegen seines anfänglichen Schweigens und seiner Sprechschwierigkeit eine Extrarolle eingeräumt. Er berichtete immer wieder darüber, wie interessant der Unterricht gewesen sei und wie viel er gelernt habe. Und das allein, davon ist er überzeugt, habe bewirkt, dass er nach wenigen Monaten nicht mehr »hängen blieb« und das gehemmte Sprechen auch im weiteren Verlauf des Schuljahres nicht mehr auftrat.

Lernen hält gesund – Unterricht als geistig-seelischer Gesundheitsschutz

Tatsächlich war es nicht außergewöhnliche Fürsorge des Lehrers, die den Jungen von seiner Sprachschwierigkeit befreite, sondern dessen Interesse an den Kindern, der lebendige Unterricht und die spezielle Hilfe. Die ermöglichte es Werner, mit Erfolg zu lernen. Die Pädagogik, die der Junge in dieser vierten Klasse erlebte, wirkte therapeutisch, sonst wären seine Sprechhemmung und die Ängste nicht verschwunden.

Die Schule kann bei einem schwierigen Kind einen großen Vorteil gegenüber der Kinder- und Jugendlichenpsychotherapie nützen: Die Kinder haben 30 Stunden Unterricht in der Woche, im Gegensatz zu nur einer Stunde oder zwei Stunden, wenn sie in Psychotherapie sind. Psychoanalytische Pädagogen wie Bruno Bettelheim, Fritz Redl und August Aichhorn versuchten, in ihren Schulen und Anstalten durch pädagogisches Handeln ein therapeutisches Milieu herzustellen: ein Lebens- und Lernumfeld, das die seelisch-geistige Gesundheit fördert. Zu diesem therapeutischen Milieu gehörte alles, was die Kinder umgab: der Unterricht, die Lehrer und Erzieher, das Schulgebäude, die Klassenzimmer, die Kleidung der Lehrer, das Essen, die Erholung, das Spielen, die Bilder an den Zimmerwänden, die Gegenstände, mit denen Kinder umgingen …

Die Ansicht, dass die gesamte Umgebung bedeutsam sei, entspricht der Einstellung von Arzthygienikern früherer Zeiten. Die hatten es mit individuellen Krankheitserscheinungen zu tun wie Tuberkulose, Diphtherie, Ruhr und anderen, oft seuchenartigen Erkrankungen. Sie beschränkten sich bei ihren Heilbemühungen nicht auf den einzelnen Kranken, sondern durchleuchteten dessen soziales Umfeld. Das führte dazu, in den Städten die Kanalisation zu fordern, sich für gesunde Ernährung der Kinder einzusetzen, trockene Wohnräume anzumahnen. Den damaligen Ärzten war klar: Mit vielen Krankheiten konnten sie nicht fertig werden, ohne die Lebenswelt zu verbessern und eine vorbeugende Gesundheitsfürsorge zu betreiben. Solche Vorsorge wäre auch nötig, um die schulbedingten seelischen und psychosomatischen Erkrankungen zu verringern.

An Werner, der sein Schweigen und Stottern aufgeben konnte, wird erkennbar, wie allein der *Unterricht* die seelische Gesundheit schützen kann; denn – so der Kinder-Psychoanalytiker Fritz Redl[26]: »Lernen trägt zur seelisch-geistigen Gesundheit bei. Wenn man einem Kind helfen will, ist es nicht unbedingt nötig, ihm eine Psychotherapie angedeihen zu lassen. Ein Lehrer kann einem Kind die Zuneigung geben, die es braucht, indem er ihm *hilft zu lernen*. Freundliche Unterstützung beim Lernen ist die der Schule eigene Sprache. Tatsächlich ist im Unterricht die Fähigkeit, Kinder in ihren Bemühungen zum Erfolg zu führen, nötiger als Freundlichkeit.

Ein guter Unterricht gibt Mädchen und Jungen eine Art von Unterstützung, der sie entnehmen können, dass man sie gern hat. Durch Lernen wird Selbstachtung aufgebaut, Lernen kann helfen, ›dazuzugehören‹, es stärkt das Selbstvertrauen. Ein Lehrer, der nicht dazu taugt, Kindern lernen zu helfen, beeinträchtigt ihr geistig-seelisches Wohlbefinden. Wenn ein Lehrer möchte, dass Kinder seelisch stärkende Erfahrungen machen, muss er ein Meister der Unterrichtsmethode sein.«

Lehrer Z. war ein Meister der Unterrichtsmethode. Werner hatte in der Klasse zuvor Misserfolge erlebt, die seine Selbstachtung beeinträchtigten. Jetzt machte er durch den Unterricht ich-stärkende Erfahrungen, weil ihm seine Arbeit Erfolg brachte. Herr Z. gab ihm individuelle Aufgaben, linderte seine Angst und half ihm, wenn er glaubte, etwas nicht zu verstehen. Durch das Erlebnis, etwas zu lernen, verringerten sich Werners Minderwertigkeitsgefühle. Der Lehrer selbst erlebte das wechselseitig sich Bedingende: »Ich mache guten Unterricht, das motiviert die Schüler; sie machen gut mit und lernen etwas. Ich kann mich an diesen Erfolgen freuen und mit mir zufrieden sein.«

Persönliche Überlegungen zu »Schulleben und Gesundheit«

? Unterricht kann ein *heilsamer Faktor* sein. Eine Schule, die gesund erhält, steigert Lernbereitschaft und Leistungsfähigkeit. Haben Sie selbst in Ihrer Kindheit oder mit Ihren eigenen Kindern Erfahrungen dazu, dass Unterricht das Wohlbefinden und die Gesundheit fördert – und zugleich das Lernen? In welchen Situationen erlebten Sie das als Eltern an ihren Kindern und als Lehrer an Ihren Schülerinnen und Schülern?

? »Nur wenige lernen in der Schule wirklich das Wesentliche: die *Freude am Lernen*. Viele lernen hingegen, die Schule zu hassen. Und alle lernen, sich mehr oder weniger damit abzufinden: Schüler, Eltern, Lehrer.« Was meinen Sie zu dieser Aussage Albert Einsteins? Oder denken Sie, Lernfreude sei nicht nötig oder gar verdächtig?

? Wenn Sie zu den Schülereltern gehören, deren Kinder *Nachhilfeunterricht* brauchen: Schieben Sie die Schuld dafür, dass Ihr Kind im Nachhilfefach mangelhafte Leistungen aufweist, der zu geringen Intelligenz des Kindes zu, oder dem mangelnden Fleiß, oder dem Nicht-geeignet-Sein, oder der Überforderung? Oder denken Sie, Sie selbst seien als Mutter oder Vater unzulänglich?

? Oder kommt Ihnen manchmal der nahe liegende Gedanke, ob nicht Lehrerinnen und Lehrer dafür da wären, die Schüler so zu unterrichten, dass es keiner Nachhilfe bedarf – und weshalb nicht *die Schule selbst nachhilft*? Was meinen Sie, weshalb das nicht offen diskutiert wird und die Eltern ohne Murren für die von der Schule verweigerte Nachhilfe an profitorientierte Institute bezahlen?

? Wenn Sie Lehrerin und Lehrer an weiterführenden Schulen sind: Sie bemühen sich in Ihrem Fach, den Schülerinnen und Schülern zu Lernerfolg zu verhelfen. Wie ist das für Sie, wenn trotz Ihres Bemühens die Kinder und Jugendlichen privaten Unterricht brauchen, um das schulische Pensum zu bewältigen? Finden Sie das in Ordnung? Welche Lösung schlagen Sie vor?

? Über den Zusammenhang zwischen Unterricht und Gesundheit können auch die *Schulversäumnisse* etwas aussagen. Bei manchen Lehrern sind die Kinder mehr, bei anderen weniger krank. Und zwar nicht nur, weil sie mehr oder weniger »krank machen«, sondern weil ihr Wohlbefinden tatsächlich besser oder schlechter ist.

? Guter Unterricht ist »freundliche Unterstützung beim Lernen«. Die spezielle Zuneigung, die ein Lehrer den Schülern geben kann, ist: ihnen beim Lernen zu helfen. Erinnern Sie sich an einen Lehrer, der ein Meister der Unterrichtsmethode war?

Was die seelisch-körperliche Gesundheit schützt

Lebendiger Unterricht – Lernbereitschaft – Lernerfolg

> Zwangsunterricht tötet den Willen zu unabhängigem Lernen.
> Menschen sind neugierig und bestrebt, in ihren Lernerfahrungen
> einen Sinn zu erkennen. Nur wenn der Einzelne persönlich
> verantwortet, was er lernt, wird die Entfremdung des Lernens vom
> Leben überwunden.
>
> *Ivan Illich*

Psychosomatisches Denken regt dazu an, das eigene Fühlen und Mitfühlen zuzulassen. Es hilft dabei, das Leben gut zu führen und Menschen besser zu verstehen. Seelisch-leibliche Wahrnehmung legt einen sanften Umgang mit sich selbst, mit anderen und der Mitwelt nahe. Es unterstützt uns darin, seelische Kräfte zu entwickeln, die gesund erhalten.

Die psychologische und medizinische Forschung fragte lange Zeit vorwiegend nach dem, was krank macht, und wie die Krankheit geheilt werden kann. Heute forscht sie nicht nur nach den Ursachen von *Erkrankungen*, sondern danach, was in einem Menschen *Gesundheit* verursacht: Welche Lebenssituationen unterstützen das Gesundsein? Welche persönlichen Eigenschaften fördern das seelisch-körperliche Wohlbefinden? Welche Fähigkeiten tragen dazu bei, gesund zu bleiben? Was sind gesund erhaltende Lebens- und Lernbedingungen in der Schule?

Welche Persönlichkeitsmerkmale erhalten Seele und Körper gesund?

In der psychotherapeutischen Arbeit und in psychologischen Untersuchungen[27] zeigen sich Persönlichkeitsmerkmale, die den Menschen gesund erhalten. Diese Eigenschaften und Fähigkeiten können wir in Familie, Kindergarten und Schule unterstützen:

Verlässliche Beziehung

Kinder, die sich auf Eltern, Erzieherinnen und Lehrer verlassen können und diese als glaubwürdig erleben, werden seltener krank. Sicherheit im Kontakt stärkt die seelische Widerstandskraft und die körperliche Abwehr. Menschliche Beziehung ist eine gesund erhaltende und heilende Kraft.

Kinder können in der Schule Beziehungs-Erfahrungen machen, die ihnen Halt geben, vor allem im Lehrer-Schüler-Kontakt. Sie dürfen nicht gekränkt, bloßgestellt oder allein gelassen werden. Partner- und Kleingruppenarbeit fördern die Beziehung unter den Schülerinnen und Schülern. Die Kinder können anderen helfen, selbst Hilfe empfangen und sich beunruhigende Erfahrungen »von der Seele reden«.

Selbstvertrauen

Das Selbst-Bewusstsein, in Problemsituationen wirkungsvoll handeln zu können, fördert die Gesundheit. Die Heranwachsenden müssen erfahren: das Leben ist verstehbar, sinn-voll und zu schaffen.

Lehrerinnen und Lehrer unterstützen das Selbstvertrauen, wenn sie Kinder in ihrer Eigenart achten, ihnen zuhören, sie ernst nehmen, ihnen etwas zutrauen. Sie lassen die Schülerinnen und Schüler Aufgaben wählen, an denen sie Lernfortschritt und Leistungsbewusstsein erleben, unterstützen ihren Willen und helfen ihnen dabei, Schwierigkeiten zu überwinden. Ermutigende Erfahrungen, Erinnerungen an Erfolge und überwundene Widerstände stärken das Selbstvertrauen.

Heitere Stimmung – Freude

Ein gelöster Gemütszustand und heiteres Gestimmtsein machen widerstandsfähig gegen Infektionskrankheiten. Menschen bilden in positiver Gefühlslage mehr Abwehrkörper aus.

Die Schule kann eine gelöste Stimmung schaffen, wenn sie Angstmachen vermeidet. In entspannter Atmosphäre können Schüler ihre intellektuelle Tüchtigkeit entfalten. Sie dürfen Fehler machen und daraus lernen, anstatt dafür negativ bewertet zu werden.

Lernfreude und Lernbereitschaft entstehen vor allem, wenn Interessen ernst genommen werden und die Schüler kreativ sein dürfen.

Zuversicht und Hoffnung

Kinder und Jugendliche mit zuversichtlicher Lebenseinstellung vertrauen darauf, dass sich Zukünftiges zum Guten entwickelt und sie selbst etwas dazu tun können. Bei Misserfolg geben sie die Hoffnung nicht auf. Das macht sie nicht nur tüchtiger, sondern auch weniger krankheitsanfällig als solche Schülerinnen und Schüler, die pessimistisch eingestellt sind.

Schule kann Hoffnung auf Erfolg wecken. Dazu brauchen die Kinder individuell abgestufte Leistungsanforderungen. Nicht alle lernen das Gleiche, jeder lernt, was für ihn erreichbar ist. Aufgabe des Unterrichts ist es, nicht nur Leistung zu *messen*, sondern vor allem Leistung zu *ermöglichen*. Erfolgserlebnisse machen optimistisch und sind der beste Garant für weiteren Erfolg.

Selbst bestimmte Lebensgestaltung

Menschen, die davon überzeugt sind, Lebensereignisse beeinflussen zu können, stärken ihre Gesundheit. Sie fühlen sich nicht äußeren Einflüssen ausgeliefert, sondern suchen Wege, etwas zu verbessern. Solche Jugendliche vertrauen auf Eigen-Aktivität, Selbst-tätig-Sein und Selbstständigkeit. Sie können mit Ich-Stärke selbst bestimmt handeln; ihr Selbstgefühl macht sie sicher, mit dem Leben verantwortlich umgehen zu können.

Die Schule kann das Vertrauen in die Gestaltungskräfte des Kindes unterstützen, indem sie die Schüler Unterrichtstätigkeiten und Lerninhalte mitbestimmen lässt. Die Kinder erleben sich in ihrer eigenen Spontaneität und mit ihren besonderen Fähigkeiten. Im interessegeleiteten Unterricht entwickeln sie persönliche Neigungen. Sie lernen, wie man selbstständig lernt und demokratisch mitbestimmt. Selbst bestimmtes Lernen lässt sie erfahren, aus eigener Kraft etwas verändern zu können.

Sicheres Selbstwertgefühl

Wenn Kinder überzeugt sind, etwas wert zu sein, trägt das dazu bei, gesund zu bleiben. Sie fühlen sich mit ihren Eigenheiten angenommen. Das Selbstwertgefühl entsteht aus dem Körpergefühl des Kindes: der Beziehung, die es zu seinem Körper entwickelt. Es lernt, eigene Bedürfnisse wahrzunehmen und zu respektieren.

Kinder sollten in der Schule erleben, wertvoll zu sein, um ihrer selbst willen angenommen zu werden, und nicht abhängig von der Leistung. Durch Erfolg wächst die Ich-Stärke. Anstelle der Ziffernzensur muss die individuelle Beurteilung des Lernfortschritts treten. Sie misst das Kind nicht an anderen, sondern an sich selbst.

Eigen-Bewegung

Sich-bewegen ist für Kinder existenziell. Nur wenn sie sich bewegen dürfen, können sie körperlich gesund bleiben. Zur Eigen-Bewegung gehört die gesunde Aggression, mit der Kinder lernen, sich spontan mit der Welt auseinander zu setzen und sich selbst zu bewahren. Wenn sich Kinder ausreichend bewegen dürfen, macht sie das nicht nur körperlich, sondern auch geistig beweglich. Spiel, Sport und freie Bewegung gehören ebenso zum Unterrichtsalltag wie praktisches Lernen mit der Hand.

Heitere Stimmung verhindert Krankwerden – Stimmt die Schule heiter?

Die Widerstandskraft gegen Krankheit hängt auch davon ab, wie sich ein Mensch fühlt. Furcht, Entmutigung, Verzweiflung machen ihn anfällig für Ansteckung. Menschen erkälten sich in gedrücktem Gemütszustand eher als in hoffnungsvoller Stimmung. Das seelische Erleben kann den Ausbruch einer Infektionskrankheit begünstigen oder abwehren. Untersuchungen zeigen: Überforderung und alle Arten negativen psychischen Befindens vermindern die Abwehrkörper im menschlichen Organismus; dadurch können Viren und Bakterien den Körper leichter befallen.

Eine andere Studie deckte auf: Der Organismus von Menschen stellt in heiterer Stimmung viele Abwehrstoffe bereit. Verschwindet die gute Laune, vermindern sich auch die Abwehrstoffe. Die Untersuchung brachte weiter zutage: Heitere Menschen tragen von vornherein mehr Abwehrkörper in sich. Es besteht ein unmittelbarer

Zusammenhang zwischen Freude und körperlicher Abwehrbereitschaft: Positives Gestimmtsein stärkt die Abwehr gegen Krankheitserreger.

Die Abwehrkraft des Körpers wird nicht nur durch belastende Gedanken und Gefühle geschwächt. Erschwerend wirkt, wenn die Person diese Gedanken und Gefühle nicht mitteilen kann, sondern mit sich herumträgt. Unausgesprochene Probleme fordern nicht nur seelische Energie, sondern auch körperliche Kraft. Innere Konflikte »unter Verschluss« zu halten ist Schwerarbeit. Wenn sie längere Zeit schwelen, schwächen sie die körpereigene Abwehr; denn Gefühlsregungen wirken bis in die letzte Zelle des Organismus hinein.

Bei Kindern, die beispielsweise häufig unter Mandelentzündung leiden, wird die Anfälligkeit oft ausschließlich körperlich betrachtet: Einflüsse des Wetters, Ansteckung durch andere Kinder, Erkältungssituationen wie Zugluft, werden für die wiederkehrenden Anginen verantwortlich gemacht. Aufmerksamen Müttern fällt jedoch auf: Gehäufte Krankheitsanfälligkeit hängt auch mit der psychischen Situation des Kindes, dem Familienklima, der Schulsituation zusammen.

In der Schule wird sogar das Kranksein selbst zur seelischen Anspannung. Kinder dürfen nicht unbeschwert von Leistung krank werden. Der durch den Unterrichtsausfall versäumte Stoff, so heißt es, müsse nachgeholt werden; das Kind dürfe in keinen schulischen Rückstand geraten. Schule ist offensichtlich nicht dazu da, einem erkrankten Kind Fürsorge zukommen zu lassen. Vielmehr wird unerbittlich gefordert, selbst den unbedeutendsten, ohnehin zum Vergessen eingebläuten Lernstoff nachzuholen – als hätte sich das Kind durch sein Kranksein etwas zuschulden kommen lassen.

Schule könnte heiter stimmen, wenn sie Kinder und Jugendliche Lust am Tätigsein entfalten ließe, wenn sie Neugier, Wissensdurst und spontanen Lernwillen befriedigte, wenn sie Raum für Bewegungslust schaffte – und wenn sie auch genüssliche Unternehmungen in den Unterrichtsalltag einbezöge wie: miteinander essen, gemeinsam feiern, zusammen wandern, Ausstellungen besuchen, im Schullandheim miteinander leben, spielen, singen.

Sichere Beziehung: »Ich war für Tage glücklich und befeuert«

Kinder, die sich ihrer Bezugspersonen sicher sein können, besitzen damit einen Schutz vor Krankheit. In der Schule trägt es zur Gesundheit bei, wenn Lehrerinnen und Lehrer eine persönliche Arbeitsbeziehung zu den Schülern eingehen: durch kurze Gespräche vor Schulbeginn, während und außerhalb des Unterrichts, durch Einzel- und Gruppengespräche als Lern- und Lebenshilfe. Schülersprechstunden ermöglichen es den Kindern und Jugendlichen, ungestört mit Lehrerinnen und Lehrern zu reden. Hermann Hesse[28] erzählt, wie ihn das aufrichtende Wort eines Lehrers anspornte:

> Ich, der ich stets ein empfindsamer und kritischer Schüler war und mich gegen jede Abhängigkeit und Untertanenschaft bis aufs Blut zu wehren pflegte, war von diesem geheimnisvollen Alten eingefangen und völlig verzaubert worden, einfach dadurch, dass er an die höchsten Strebungen und Ideale in mir appellierte. Er sah meine Unreife, meine Unarten, meine Minderwertigkeiten scheinbar gar nicht: er setzte das Höchste in mir voraus. Er brauchte nicht viele Worte …Wenn er zu einer Arbeit sagte: »Das hast du ganz nett gemacht, Hesse«, dann war ich für Tage glücklich und befeuert. Und wenn er einmal, nur so im Vorbeigehen, mir zuflüsterte: »Ich bin nicht recht zufrieden mit dir …«, dann litt ich und gab mir wilde Mühe, den Halbgott wieder zu versöhnen.

Den Schüler Hermann Hesse beflügelte das zustimmende und kritische Wort. Er spürte: Der Lehrer interessiert sich für mich. Die ihm zugedachte Aufmerksamkeit machte ihn aufmerksam, stärkte seinen Lernwillen und den Glauben an sich selbst. Der Jugendliche war für Tage »glücklich und befeuert«, wenn der Lehrer ein anerkennendes Wort für ihn fand.

Denken Lehrerinnen und Lehrer, denken Mütter und Väter oft genug an dieses »gute Wort«? Leicht unterschätzen sie, wie nachhaltig ihre Bemerkungen haften. Ein aufrichtendes Wort kann aufrichten, ein unbedachtes Wort kränken, Übersehenwerden Resignation auslösen, eine aufmunternde Bemerkung stärkt die Hoffnung auf Erfolg. Das bestärkende Wort wirkt lange nach: Tage, Jahre, Jahrzehnte. In meiner psychoanalytischen Arbeit denke ich manchmal: Es wäre schön, könnte die Lehrerin von damals erfahren, wie lebensleitend es für einen Schüler geworden ist, dass sie sich ihm vor langer Zeit ermutigend zuwandte.

Schülerinnen und Schüler sind lernwilliger, wenn sich die Lehrer auch für ihr Befinden, ihre Gefühle, Sorgen und Freuden interessieren. Untersuchungen belegen, wie eng die Lernbereitschaft mit dem sozialen Klima in der Klasse zusammenhängt. Kinder und Jugendliche, in deren Klassen von Lehrern auch persönliche Belange angesprochen werden, strengen sich mehr an. Ihnen liegt daran, die gestellten Aufgaben zu bewältigen. Die Aufmerksamkeit des Lehrers weckt die Aufmerksamkeit der Kinder. Das verweist darauf, wie notwendig es ist, dass die Unaufmerksamen mehr Aufmerksamkeit bekommen.

Dazugehören: Schülersprechstunde und andere Aufmerksamkeiten

Dieser Wunsch nach Aufmerksamkeit bewog eine Beratungslehrerin, an ihrer Grundschule eine Kindersprechstunde einzurichten. Sie hielt diese in ihrer Freizeit ab, freitags von 13 bis 14 Uhr; denn für pädagogisch hilfreiche Initiativen dieser Art ist in der Regelschule keine Zeit vorgesehen.

Die Schülersprechstunde wurde von den Kindern gern angenommen. Diese wussten: Die Gespräche sind vertraulich und die Lehrerin nimmt sich Zeit, um zuzuhören und gemeinsam mit den Schülerinnen Lösungswege zu suchen; sie wollte Hilfe zur Selbsthilfe anbieten. Die Kinder kamen meist aus eigenem Antrieb; oft nahmen sie Wartezeiten in Kauf und fuhren mit einem späteren Bus: so wichtig war ihnen das Gespräch.

Die Lehrerin[29] sagt: »Viele Kinder wirkten nach der Aussprache erleichtert und sichtlich entspannt; manche kamen wiederholt. Ich selbst habe mehr erhalten als gegeben und viel gelernt. Das Vertrauen der Schülerinnen und Schüler hat mich sehr berührt und brachte mich ihnen nahe. Ich bekam große Achtung vor der Ernsthaftigkeit der Kinder. Viele schienen nicht unbedingt Lösungen von mir zu erwarten; sie wollten eine respekt- und verständnisvolle Zuhörerin. Für mich ist diese Arbeit in der Schülersprechstunde sinnvoll und befriedigend.«

Damit Kinder und Lehrer aufmerksam arbeiten können, müssen die Lern- und Arbeitsgruppen überschaubar sein. Nur in kleinen Klassen können Lehrerinnen und Lehrer

- die persönliche Entwicklung der Kinder unterstützen,
- die Eigenheiten eines jeden Kindes wahrnehmen und achten,
- körperliche und seelische Besonderheiten berücksichtigen,
- dem einzelnen Kind zuhören,
- spezielle Anlagen herausfordern und fördern,
- dem Kind dabei helfen, Schwierigkeiten zu überwinden,
- es Wertschätzung erfahren lassen.

Dass Gefühls-Vorgänge zwischen Schülern und Lehrern das Lernen hemmen oder fördern, hat jeder an sich erfahren. Wie ein Kind sich verhält und befindet, kann sich bei einem Lehrerwechsel schlagartig verändern. Die Begegnung mit der Lehrerpersönlichkeit entscheidet mit, welche Interessen Kinder entwickeln, welchen Lernbereichen sie sich verschließen, welche Verhaltensmerkmale sie ausformen. Sigmund Freud[30] beschreibt das so:

»Ich weiß nicht, was uns stärker in Anspruch nahm und bedeutsamer für uns wurde, die Beschäftigung mit den uns vorgetragenen Wissenschaften oder die mit den Persönlichkeiten unserer Lehrer. Jedenfalls galt den Lehrern bei uns allen eine niemals aussetzende Unterströmung, und bei vielen führte der Weg zu den Wissenschaften nur über die Person des Lehrers; manche blieben auf diesem Weg stecken, und einigen ward er auf solche Weise – warum sollten wir es nicht eingestehen? – dauernd verlegt. Wir warben um sie oder wandten uns von ihnen ab, studierten ihre Charaktere und bildeten oder verbildeten an ihnen unsere eigenen.«

Hilfreiche Beziehungen entstehen auch *zwischen den Schülern*, wenn Kinder und Jugendliche füreinander verantwortlich sein und miteinander Verantwortung übernehmen dürfen. Das ist möglich:

- durch Partner-, Kleingruppen- und Gruppenarbeit,
- durch Miteinander-Sprechen als festem Bestandteil des Unterrichts, zum Beispiel im Kreisgespräch, und
- indem sich die Schüler zu jeder Zeit helfen dürfen.

Klassen mit 15–20 Schülern sind Voraussetzung dafür. In ihnen wird es möglich, Konflikte nicht durch Einschüchtern und Abschrecken zu lösen, sondern indem wir Wünsche, Ängste und Interessen wahrnehmen. Wenn persönliche Beziehungen wachsen, trauen sich Kinder, über innere Probleme und Konflikte zu sprechen – und das fördert das psychische und körperliche Wohlbefinden.

Erfahrungen und Überlegungen – Anregung zur Selbstreflexion

? Durch welche eigenen Erfahrungen können Sie das Gelesene ergänzen? Welche Erinnerungen kamen Ihnen und was betrifft Sie persönlich in der aktuellen Schul- und Familiensituation? Fragen:

? Welche der psychischen Merkmale, die gesund erhalten, sind bei mir stark oder wenig ausgeprägt: Sichere Beziehung, Selbstvertrauen, Spontaneität, heitere Stimmung, Hoffnung, aktive Lebensgestaltung, Selbstwertgefühl, Eigen-Bewegung? Wodurch fördern wir im Familien- und Schulalltag diese Merkmale, welche Beispiele fallen mir dazu ein? Kann ich als Lehrerin und Lehrer in der Schule entspannt arbeiten? Durchzieht den Schulalltag eine heitere Stimmung?

? Erlebe ich als Mutter oder Vater den Schulunterricht der Kinder bereichernd für den Familienalltag? Zum Beispiel durch das, was die Kinder über Gelerntes und Erlebtes berichten? Oder stören Schulschwierigkeiten und Lernunlust das Familienklima?

? Fühle ich mich als Lehrerin in den mitmenschlichen Beziehungen des Schulalltags wohl? Genieße ich die persönlichen Kontakte mit den Kindern und Jugendlichen in der Vorviertelstunde, zwischen den Stunden, in der Pause, und bei besonderen Gelegenheiten? Freue ich mich auf den Unterricht?

? Menschliche Beziehung kann sich als heilende Kraft erweisen. Kenne ich dazu eigene Erfahrungen? Kann ich an Kindern beobachten, wie sie auf Veränderungen in der Eltern-Kind- oder Lehrer-Schüler-Beziehung reagieren?

? An welche Lehrerin erinnere ich mich, der ich das hohe Lob ausgesprochen habe: »Mit der kann man reden«? Was bedeutete das damals für mich? Bin ich selbst heute eine Lehrerin oder ein Lehrer, eine Mutter oder ein Vater, dem die Kinder diese Eigenschaft zuschreiben?

? Führe ich als Lehrerin oder Lehrer regelmäßig Kreisgespräche darüber, wie es mir und den Kindern im Unterricht geht, was das Lehren und Lernen freudevoll oder schwierig macht, was wir gemeinsam verändern können?

? Wie oft geht mir ein anerkennendes Wort über die Lippen? Kein Lob, sondern Anerkennung, das bedeutet: genau hinsehen, etwas *erkennen*, aufmerksam wahrnehmen? Welche Lehrerworte haben mich als Schülerin aufgerichtet? Wie hat eine anerkennende Bemerkung auf mich gewirkt: auf meine Lernmotivation, auf meine Beziehung zu Lehrerin oder Lehrer?

? Wie sieht das »gute Wort« für mich als Lehrerin, Lehrer, Mutter oder Vater aus? Passiert es mir leicht, andauernd zurechtzuweisen, zu kritisieren, zu tadeln oder zu nörgeln: »Hundertmal hab ich dir schon gesagt« … und komme nicht zur Besinnung und frage mich, weshalb ich hundertmal etwas sage, wenn es wirkungslos ist? Wann bekomme *ich* ein gutes Wort von meinem Ehepartner, den Kindern, als Lehrerin von den Eltern, den Schülern?

? Auch durch Kritik erfahren die Kinder, dass man sich um sie kümmert, sie ernst nimmt. Ist meine Kritik höflich? Gibt sie dem Schüler eine Chance? Schafft meine Kritik Beziehung, indem sie nicht persönlich abwertet oder verdächtigt, sondern die Verfehlung kritisiert – und gleichzeitig den Jugendlichen zutraut, etwas zu verändern?

? Habe ich Erfahrungen dazu, dass guter Unterricht, Unterricht, bei dem »man etwas lernt«, das Interesse weckt und die

Stimmung hebt? Kenne ich von mir selbst, dass »Lernen an sich« das seelisch-geistige Wohlbefinden positiv beeinflusst – und wo beobachte ich das an Kindern und Jugendlichen? In welchen Lernbereichen erlebe ich, dass Lernen mein Wohlbefinden hebt – in schulischen oder außerschulischen, beruflichen oder privaten Lernsituationen?

Eigen-Bewegung und gesunde Aggression – Bewegungs-Freiheit

Zur Eigen-Bewegung des Menschen gehört die gesunde Aggression. Sie zeigt sich im »Herangehen« an die Welt: ausprobieren, fragen, untersuchen, sich mit Menschen und Dingen auseinander setzen, angreifen und sich wehren, eigen-sinnig Ziele verfolgen, zupacken, die Erwachsenen infrage stellen und kritisieren. Damit sich ein Kind gesund entwickeln kann, ist notwendig, dass es wütend werden darf und dass es ein Gegenüber findet für seine Wut. Es muss seinen Ärger ausdrücken dürfen und damit ankommen, mit seinem Zorn ernst genommen werden, ohne dass Eltern und Lehrer deshalb das Verhalten gutheißen müssen. Bewerten die Erwachsenen die gesunde Aggression als »böse«, ist das Kind bereit, diese Ansicht zu übernehmen und seine Spontaneität zu drosseln.

Schule kann durch Bewegungs-Freiheit die seelische und körperliche Gesundheit fördern. Turnen und Sport sollten die Freude an der Bewegung wach halten und entfalten. Dabei ist von einem am Leistungsprinzip ausgerichteten Sportunterricht, bei dem alle das Gleiche machen müssen, abzugehen im Sinn der Individualisierung: Kinder betreiben jene Bewegungs- und Sportarten, die ihrer psychischen und körperlichen Situation entsprechen. Sie werden so weit herausgefordert, dass Selbstwertgefühl und Bewegungsfreude wachsen. Häufige Bewegungspausen brauchen nicht nur jüngere, sondern auch ältere Schüler.

Das Lernen selbst muss viel Eigen-Bewegung ermöglichen, Aktivität anregen, selbst tätig sein und persönlich handeln lassen. Was

Kinder und Jugendliche in vielen Schuljahren am sichersten lernen, ist »sitzen«; manche versitzen dabei ihre Spontaneität und schädigen ihre Haltung im doppelten Sinn des Wortes: Sie verlieren ihren »aufrechten Gang« und beeinträchtigen ihre Wirbelsäule. Schule, die die seelische und körperliche Gesundheit fördern will, muss von einer Sitz-Schule zur Arbeitsschule werden.

Wie bedeutsam die eigene Bewegung für die Person ist, zeigt Hannah Arendt[31] am Zusammenhang zwischen Denken und Bewegungsfreiheit: »Der Mensch hat im Denken eine Art und Weise entdeckt, sich in Freiheit in der Welt zu bewegen. Von allen spezifischen Freiheiten, die uns in den Sinn kommen mögen, wenn wir das Wort Freiheit hören, ist die Bewegungsfreiheit nicht nur die historisch älteste, sondern auch die elementarste; das Aufbrechen-Können, wohin man will, ist die ursprüngliche Gebärde des Frei-seins, wie umgekehrt die Einschränkung der Bewegungsfreiheit seit eh und je die Vorbedingung der Versklavung war. Auch für das Handeln, in dem menschliche Freiheit in der Welt primär erfahren wird, ist Bewegungsfreiheit die unablässliche Bedingung. Handeln wie Denken gehen in der Form einer Bewegung vor sich. Die Freiheit, die beiden zugrunde liegt, ist die Bewegungsfreiheit.«

Wie heilsam lebendige Eigen-Bewegung und gesunde Aggression sind, zeigt ein Projekt, in dem *Kreativität* in den Unterricht einbezogen wird. An einer Schule in Berlin-Kreuzberg gerieten Lehrer und Schüler in Ohnmacht ob der Aggressivität, der Zerstörungswut, der Gewalt von Jugendlichen untereinander und gegen Außenstehende. Die Hauptschüler zeigten keinen Lernwillen, schwänzten die Schule, tranken Alkohol und nahmen Drogen. Die Schule war ein demütigender, zerstörerischer und selbstzerstörerischer Ort geworden. Schüler und Lehrer flüchteten, die Schüler auf die Straße, die Lehrer in Unterrichtsroutine und Resignation.[32]

Kreativität in die Schule – Ein künstlerisches Projekt

Dies änderte sich durch das Projekt »KidS«. KidS ist die Abkürzung für »Kreativität in die Schule«. Die Schülerinnen und Schüler bekommen im Rahmen des üblichen Unterrichts unübliche Kurse angeboten. Nicht Lehrer erteilen diese, sondern Künstler, Handwerker, Trainer von außerhalb der Schule. Die Jugendlichen wählen zwischen Lehrgängen wie Fotografie, Theater, Graffiti, Pantomime, Malen, Musik, Aerobic, Akrobatik, Filmemachen und anderem. Im Fach Freies Schreiben haben auch Liebesgedichte ihren Platz, Tagebucheinträge, persönliche Erlebnisse, Freude und Kummer, geheime Sehnsüchte. Die Jugendlichen drücken aus, was *sie* bewegt, schreiben darüber, wozu *sie* etwas auszusagen haben.

In Akrobatik kommt es dem polnischen Nationaltrainer nicht auf Hochleistung an, etwa auf das tatsächlich eingeübte Kunststück, eine menschliche Pyramide zu bilden oder Rad zu schlagen, sondern, so sagt er: »Wenn ich sie dazu kriege, Salto zu machen, hab' ich's geschafft. Dann ist ihr Selbstvertrauen groß genug.« Aggressive Spannungen werden in gegenseitiges Vertrauen umgewandelt.

Diese Schülerinnen und Schüler sind zu Hause und in der Schule mit existenziellen Problemen belastet, vor denen die Lehrer kapitulierten. Die Jugendlichen erleben, in der Gesellschaft nichts wert zu sein; darauf reagieren sie mit Zerstörung, allein um sich der eigenen Existenz zu vergewissern. Sie tragen das Stigma der Aussonderung als Lebensgefühl mit sich. Durch das Projekt »Kreativität in der Schule« merken Eltern und Lehrer, wie viel Begabungen in diesen abgeschobenen Kindern stecken. Die Jugendlichen gewinnen Zugang zu eigenen Stärken. Das häufigste Lob, das Schüler den Künstlern aussprechen, ist denn auch: »Er hat mir Mut gemacht.«

Wie sieht das in der Praxis aus? Hildburg Kagerer, die Projektleiterin an der Freiligrath-Schule in Berlin-Kreuzberg, erzählt[33]: »Aus einer Unterrichtsstunde in Kunsterziehung ist mir Folgendes in Erinnerung: Sven, ein sechzehnjähriger Hauptschüler, schien für seine Lehrer durch nichts motivierbar. Sie hatten sich daran gewöhnt, dass er die Unterrichtsvormittage absitzt, ohne etwas in die Hand zu nehmen. Als ein Student den Kunstunterricht übernahm und die Schüler anregte, große Keilrahmen zu bauen wie die Künstler, ließ Sven sich darauf ein und entwickelte handwerkliches Geschick. Den Inhalt dieser Rahmen sollten die Schüler frei gestalten. Der Student stellte eine Fülle anregenden Materials zur Verfügung.

Die meisten Schüler der Klasse ließen sich gern darauf ein. Sven saß vor seinem fertigen Rahmen und stierte vor sich hin. Er setzte sich wieder den Walkman auf die Ohren, der in den letzten Stunden in der Tasche geblieben war. Da entwickelte sich ein Gespräch zwischen ihm und dem Studenten, das für Sven einen persönlichen Einschnitt bedeutete:

> *Der Student:* Dein Rahmen ist fertig. Warum fängst du nicht an?
> *Sven:* Ich bin fertig. Ich mache nicht weiter. Ich bin fertig.
> *Der Student:* Aber jetzt geht es doch erst richtig los.
> *Sven:* Nein, ich bin fertig. Mir fällt nichts mehr ein. Was soll ich da?
> *Der Student:* Das, was in deinem Kopf ist, was dir wichtig ist.
> *Sven:* Aber in meinem Kopf ist doch nichts. In meinem Kopf ist es leer.
> *Der Student* (schweigt eine Weile, dann sagt er): Ja, das kenne ich auch. So geht mir das auch manchmal. Weißt du was, es gibt sogar ganz tolle Künstler, die kennen das auch. Dieses Gefühl kann man schon kriegen heutzutage. Also wenn du willst, dann lässt du den Rahmen einfach leer.
>
> Sven schweigt. Der Student wendet sich einem anderen Schüler zu. Und ich sehe, wie Sven aufsteht und sich vor seinen Rahmen stellt und ich höre, wie er zu sich selbst sagt: ›Leer bleibt der nicht. Dann mache ich lieber alles schwarz.‹«

Zugang zu eigenen Stärken macht Mut – Gewalt heilende Kräfte

»Nach diesem Gespräch mit einem Menschen, der ihn ernst nahm und zu verstehen versuchte, war es Sven in den folgenden Wochen möglich, sein Bild zu gestalten, ein Bild von berührender Einsamkeit. Sven arbeitete intensiv, selbstvergessen, er war völlig bei seiner Sache. Und ich hatte in diesen Stunden den Eindruck, als könne man zusehen, wie sich bei einem Menschen, der sich schon aufgegeben hatte, Stück für Stück das aufzubauen begann, was wir Selbstbewusstsein nennen, Ich-Stärke. Stolz präsentierte Sven sein

Bild auf einer Ausstellung und schrieb dafür einen Text: ›Am Anfang habe ich nicht gewusst, was ich mit dem fertigen Rahmen machen sollte. Ich fing dann einfach an, das ganze Bild schwarz anzumalen. Da kam ich plötzlich auf die Idee, den Raum darzustellen, die Leere und die Unendlichkeit des Weltalls.‹ Ausgelöst durch die Begegnung mit einem Erwachsenen, den er als Autorität annehmen konnte, gelang es Sven, zu einem Selbstanfang zu kommen.« (Hildburg Kagerer)

Was ist die Gewalt heilende Kraft an diesem künstlerisch-pädagogischen Projekt?

– Die Jugendlichen fühlen sich als Person angenommen; Künstler lassen sich mit ihnen auf eine *Beziehung* ein, statt die Schüler zu erziehen. Das hebt deren *Selbstwertgefühl*. Gewaltbereite Jugendliche leiden an einem gestörten Selbstwertgefühl. Durch das Projekt KidS erfahren sie, dass ihr Selbst gestärkt wird. Gesunde Aggression entartet nicht zu Destruktion, sondern fließt in schöpferisches Handeln ein.
– Den Jugendlichen wird *Mut* gemacht, aus sich heraus etwas zu schaffen. Dabei erleben sie die Chance des Neubeginns. Die Schüler erkennen die Fachleute und Künstler als Autorität an und können sich mit ihnen identifizieren. Sie entdecken andere *Lebens*möglichkeiten in der Schule, nicht nur Leistungsmöglichkeiten. In Gewalt drückt sich gestörte Lebenskraft aus. In dem künstlerisch-pädagogischen Projekt können Jugendliche Lebensenergie entfalten.
– Die Jugendlichen müssen nicht nur mit dem »Kopf« arbeiten, sondern dürfen mit *Körper und Seele*, mit »Kopf, Herz und Hand« gestalten.
– Durch das pädagogisch-künstlerische Projekt wächst *Selbstvertrauen*; das lindert aggressive Spannungen. Die Schüler erleben Situationen, in denen sie mit sich zufrieden sein können. »Mit sich zufrieden sein« ist ein Mittel, der Gewalt vorzubeugen: Das könnten Kinder an jedem Schulvormittag erfahren, wenn wir sie das Glück der gelungenen Leistung erleben ließen, statt sie zu bewerten und zu entwerten.

– Verloren gegangene *Bewegungslust* wird wieder entdeckt. Über-
schießender Bewegungsdrang verwandelt sich in Konzentration
und Selbstdisziplin. Bewegungslust in der Schule? Bereits die be-
wegungshungrigen Schulanfänger werden zu Meistern im Sitzen
gemacht; sie müssen ihre Motorik unterdrücken und gesunde
Aggression verdrängen. Das stört die Schüler im Lernen; denn
körperliche Eigenbewegung ist auch eine Grundlage dafür, geistig beweglich zu werden – und seelisch-körperlich gesund zu
bleiben.

Was die Gewaltbereitschaft und Gewalttätigkeit vermindert, ist also:

– mehr menschlicher Kontakt – weniger Isolation;
– mehr Kooperation – weniger Rivalität;
– mehr sinnerfülltes Handeln – weniger Entmutigung;
– mehr Interesse – weniger Langeweile;
– mehr Eigenbewegung – weniger körperliche Einengung;
– mehr schöpferische Eigengestaltung – weniger genormtes Lernen;
– mehr Beziehung – weniger Erziehung.

Spontaneität: »Edi beim Beichten« – Zufriedenheit mit dem Geleisteten

Spontaneität und Freude sind verknüpft mit körperlichen Vorgängen in Gehirn, Nervensystem, Muskeln, den Organen; sie beeinflussen unmittelbar die Widerstandskraft. Viele spüren »am eigenen
Leib«, wie sich Freude auf den Körper auswirkt: Das Herz schlägt
schneller, es »hüpft vor Freude im Leibe«, wir atmen tiefer, gehen
beschwingter, halten den Körper aufrecht. Manche könnten vor
Freude »fast aus der Haut fahren«. Diese bildhafte Redewendung
verweist auf das Symbol der Häutung als Wandlung, die zu einer
neuen »Haut« verhelfen kann. Kinder hüpfen und tanzen vor Freude, machen Freudensprünge oder vor Freude einen »Luftsprung«.

In einer dritten Grundschulklasse ist Aufsatzstunde angesagt: »Eine Tiergeschichte«. Lissi sagt: »Aber ich weiß keine Tiergeschichte.« – Die Lehrerin: »Aber jeder hat doch schon ein Erlebnis mit einem Tier gehabt. Denk doch mal nach.« – »Aber ich weiß wirklich keine!« – Da erwacht in der Lehrerin die pädagogische Vernunft und sie denkt an die spracherzieherische Regel: Ein Mensch kann nur dann etwas schreiben, wenn er etwas auszusagen hat. Sie fragt Lissi: »Ja, wüsstest du eine andere Geschichte?« Nach einigem Überlegen: »Ich könnte der Cornelia einen Brief schreiben.« Die Lehrerin war einverstanden und das achteinhalbjährige Mädchen schreibt an ihre Freundin, die gerade nicht in die Schule kommen konnte.

Liebes Cöchen.

Du gehst mir so ab in der Schule. Es gefällt mir gar nicht, wenn du nicht da bist. – Ich habe schon wieder ein neues Lied gedichtet. Jetzt erzähl ich dir eine lustige Geschichte vom Beichten. Der Edi war gleich fertig mit Beichten und ist ganz schnell wieder aus dem Beichtstuhl herausgekommen. Ich glaub', der hat nicht alles gesagt, fielleicht nur eine Sünde. Wie der Herr Pfarrer den Edi gesehen hat, hat er gleich selbst alles gewust. Eigendlich braucht der Edi nur zu sagen »ich bin der Edi« und dann weiß man alles. Hernach, wie er die Buße beten sollte, hat er nur einmal schnell ins Buch geschaut, dann hat er es zugeklappt und es auf die Bank hingehaut und hat laut gerufen: i bin fertig, i bet nix mehr. Das war lustig. Der Edi wär schön stolz, wenn er wüsste, dass ich von ihm schreibe. Vom Beichten können wir zwei eine lustige Pantomime spielen, wenn du wieder da bist. Da hab ich nämlich noch was erlebt mit der Evi Habenstiel. Die hat nämlich gemeint, es müssen immer zwei Kinder auf einmal beichten. Da war schon ein anderes Kind im Beichtstuhl drin, dann ist sie dazu hineingegangen und hat laut ihre Sünden gesagt bis sie der Herr Pfarrer rausgejagt hat. Mir ist es beim Beichten gut gegangen.

Und jetzt mein neues Gedicht:

Engel in der Nacht
wacht.
Engel am Baum
im Traum.
Engel mit dem Horn
ohne Zorn.
Engel mit dem roten Haar
so wunderbahr.
Engel komm zu mir

Gedichtet von mir
    Ich geb' dir einen Kuss
    Deine Lissi.

Dieses Kleinod lebendiger Sprachgestaltung wäre sicher nicht entstanden, hätte die Lehrerin am Lehrplan festgehalten. Dann wäre Lissi gezwungen gewesen, sich eine Tiergeschichte aus den Fingern zu saugen – und hätte dabei wahrscheinlich die Lust am Aufsatzschreiben verloren.

Die originelle kindliche Sprachschöpfung wäre auch nicht entstanden, hätte die Lehrerin von ihrem Anstoß zum Geschichtenschreiben gelassen und dem Mädchen gesagt: »Wenn du nichts weißt, dann brauchst du nichts schreiben.« So aber blieb die Lehrerin bei ihrer Leistungsanforderung, ließ jedoch Raum für die Spontaneität der Schülerin. Solche Lehrerinnen und Lehrer – und auf andere Weise auch die Eltern – halten nicht an starren Erwartungen fest, sondern

– folgen den Wünschen der Kinder nach eigener Bewegung, die zu Eigen-Bewegung wird;
– sie akzeptieren den Wunsch, individuell zu entscheiden;
– sie befriedigen den Drang, selbst bestimmt und frei zu lernen;
– sie lassen die Freude erleben, etwas Eigenes zu erfinden und originelle Ideen auszuprobieren;
– sie freuen sich über den Impuls der Kinder, neugierig, wissensdurstig und fantasievoll mit der Welt in Berührung zu kommen, persönliche Interessen zu entwickeln;

- sie fördern die Lust zu denken, *selbst* zu denken;
- sie kommen dem Bedürfnis entgegen, mit Kopf *und* Hand in Eigeninitiative selbst tätig zu sein, also auch *praktisch* zu lernen.

Fragen an Schüler: Lernfreude – Freude machen

? Wann macht mir das Lernen Freude? In welchen Fächern, in welchen Lernsituationen, bei welchen Lehrerinnen und Lehrern?

? Wenn die Lernunlust groß ist: Regen wir Schüler an, mit den Lehrern darüber zu reden, was wir tun könnten, damit der Unterricht mehr Freude macht? (Denn Lernfreude ist eine wichtige Voraussetzung für gute Leistung.)

? Freude verbessert das Lebens- und Selbstwertgefühl. Gibt es in meinem Schulalltag »kleine Freuden«. Welche zum Beispiel?

? Mache ich meiner Lehrerin oder meinem Lehrer gelegentlich eine Freude? Sage ich der Lehrerin, wenn ich den Unterricht interessant fand oder wenn mir sonst etwas gut gefallen hat?

? Finde ich ein dankendes Wort für den Lehrer, wenn er aufmerksam und hilfreich war?

? Tun Lehrerin oder Lehrer gelegentlich etwas, das mich freut; haben sie ein gutes Wort für mich?

? Trifft die Redensart »Geteilte Freude ist doppelte Freude – geteiltes Leid ist halbes Leid« auf unser Schulleben zu?

? Welche Freude kann ich mir selbst im Schulalltag machen – und welche den Mitschülerinnen und Mitschülern?

? Freue ich mich über unser Klassenzimmer? Gibt es darin etwas, das ich gern anschaue?

Freude – Hingebungsvoll tätig sein

Zu den wichtigsten Beweggründen für die Leistung in Schule und Leben zählt die *Freude* an der Arbeit, die *Zufriedenheit* mit dem Geleisteten und das Bewusstsein vom *Wert* des Arbeitsergebnisses für sich selbst und andere. Verena Kast ermuntert dazu, sich nicht nur mit Angst und Aggression, mit Neid und Wut, Trauer und Bedrückung zu befassen, sondern auch mit den gehobenen Emotionen der Freude, Inspiration und Hoffnung:

»Der Mensch ist freude-fähig. Es ist sinnvoll, sich unserer Freude zu erinnern und Erfahrungen der Freude anzuregen … Wenn wir freudige Menschen haben möchten, müssen wir bei Kindern Freude anerkennen und einem Kind, das sich freut, genauso viel Zuwendung geben wie einem traurigen, als Zeichen dafür, dass seine Freude uns auch freut. Vielleicht würden Kinder weniger krank, schenkten wir ihnen auch dann Aufmerksamkeit, wenn sie sich freuen. Wird in der Erziehung Freude mit Freude beantwortet und wachsen Kinder in einer freudigen Umgebung auf, dann wird auch mehr Freude bewirkt.«

In Indien gibt es eine Denkrichtung, nach der Gesundheit als die Fähigkeit definiert wird, Freude zu empfinden. Wie können wir zu Freude anregen und Freude auslösen? Freude stellt sich vor allem ein, wenn wir hingebungsvoll etwas tun. Dabei kann es sich um Arbeit oder Spiel handeln. Es geht um »Selbstvergessenheit in großer Selbstgewissheit«. Dass wir in einer Aktivität »aufgehen«, scheint grundlegend für alle Situationen zu sein, die Freude auslösen. Das ist »die schöpferische Freude, die dann eintritt, wenn man ein Kind es selbst sein und es ungestört hingebungsvoll spielen lässt. Hingabe an das Spiel, an die Fantasie, an das Gestalten bringt Selbstaktivierung bei Selbstvergessenheit. Dieses hingebungsvolle Spielen ist Voraussetzung dafür, dass Kinder und Erwachsene später an ihrem Tun Freude haben können, an der Arbeit und am Spiel.«[34]

Damit Kinder in einer Aktivität aufgehen können, muss sie die Tätigkeit interessieren. Bei Aufgaben, die sie herausfordern, aber nicht überfordern, können sie ihre Fähigkeiten ausschöpfen. Zur Freude an der eigenen Tüchtigkeit und Geschicklichkeit gehört, etwas zu finden, zu erfinden, herauszufinden, kreativ zu sein und eigene Grenzen zu erproben.

Es gibt kaum »eine reinere Freude als die, die sich nach einer gut getanen Arbeit einstellt. Man fühlt sich in seinem ganzen Wesen erhoben. Die Ursachen für diesen beglückenden, eigentümlich kraftvollen Zustand liegen in der Erfahrung, dass wir ein Hindernis überwunden haben und vorangekommen sind. Wir erleben unser Wachstum, und das strahlt Kräfte aus, die den ganzen Menschen erfüllen.

Dieses Wachstumserlebnis erfüllt Kinder in ihren tiefsten Schichten: ihrem Selbstwertgefühl, ihrer Selbstachtung, ihrem Selbstbewusstsein. Die erste und wichtigste Erzieheraufgabe ist, Kinder diese doppelte, ineinander verschränkte Arbeits- und Wachstumsfreude erleben zu lassen, jedem einzelnen Kind zu helfen, sein Wachstum zu spüren und seinen eigenen Wert auf solche Weise zu entdecken.« (Alfons Simon[35])

Das Glücksgefühl nach gut getaner Arbeit

Es wäre einfach, Schülerinnen und Schüler diese »reine Freude« erleben zu lassen:

– Jedes Kind bekommt die passende Arbeit zugeteilt, an der es seine Kräfte einsetzen und stärken kann.
– Lehrerinnen und Lehrer begleiten diese Arbeit und das Wachstum des Kindes.
– Sie helfen über Schwierigkeiten hinweg, machen den persönlichen Lernfortschritt deutlich, rücken falsche Einschätzungen zurecht, bestätigen das Gelungene.
– Sie berichtigen das noch nicht Geglückte, ermutigen zu neuen Versuchen.

Freude wird durch Aktivitäten ausgelöst, die dem Kind sinnvoll erscheinen. Sie brauchen keine äußere Belohnung zu bringen; das Lebensgefühl selbst ist die Belohnung. Das kann ausgelöst werden durch die Erlebniserzählung, die das Kind mit Hingabe geschrieben hat und jetzt den anderen vorlesen darf; durch den Lösungsweg bei einer Mathematikaufgabe, den die Jugendliche entdeckt hat und nun erfolgreich anwenden kann; durch das interessante Wissen über ein fremdes Land, das die Schülerin anregt, noch mehr darüber zu lesen und es anderen mitzuteilen; durch die Einsicht in politische Zusammenhänge, die den Jugendlichen instand setzt, mit anderen argumentativ zu diskutieren …

Wie Belohnung Arbeitsfreude herabsetzt, zeigte sich in einer psychologischen Untersuchung. Es handelte sich um ein Experiment mit Kindern, die am Malen mit Buntstiften große Freude hatten. Immer wieder malten sie spontan und mit Ausdauer. Nun mischten sich die Erwachsenen in das spontane Geschehen ein und *belohnten* die Kinder, wenn sie malten. Aufgrund dieser Belohnung griffen die Kinder ihre Mal-Arbeit weniger häufig auf und setzten sie nicht mehr so lange fort.

Offensichtlich wurde den Kindern der Selbstwert ihrer Aktivität genommen; es war nicht mehr *ihre* Sache. Durch die Belohnung hatten die Kinder Zweifel bekommen, ob sie das Zeichnen als solches wirklich freut. Die Belohnung wurde gleichsam, nach einem Wort Friedrich Schleiermachers, zur »Verunreinigung des Willens«. Aber sie ist noch mehr eine Verunreinigung des Gefühls. Denn sie trübt ein besonders schönes Gefühl, das ein Mensch erleben kann; die Freude an einer gelungenen Arbeit.

Solche Verzerrung geschieht in der Schule ständig. Dort macht den Kindern das Lernen von Jahr zu Jahr weniger Freude, weil alles, was sie ursprünglich mit Interesse lernten, benotet, abgefragt, angemahnt wird. Das Interesse an den Lerninhalten wird geringer, der Blick ist am Ende nur noch auf Zensuren gerichtet.

Es lohnt sich, den Familien- und Schulalltag auf das Erleben der Freude hin zu betrachten: Freude durch die Beziehung der Kinder untereinander und zwischen Kindern und Lehrerin; Freude am Gebenkönnen; Freude am Empfangen von etwas Unverhofftem und am Teilen dieses Gefühls: Geteilte Freude ist doppelte Freude – geteiltes Leid ist halbes Leid; Freude an sinnlichen Erfahrungen, Wahrnehmen von Natur und Kunst, Freude an literarischen Texten. »Das Erleben der Freude verbessert unser Lebens- und Selbstwertgefühl; das bewirkt, dass wir uns weniger ohnmächtig fühlen, deshalb auch weniger rasch feindselig reagieren. Im Gefühl der Freude verhalten wir uns solidarisch mit anderen Menschen; wir fühlen uns den Mitmenschen in natürlicher Weise verbunden.« (Verena Kast)

Hoffnung auf Erfolg – Sicheres Selbstgefühl macht zuversichtlich

Menschen mit Zuversicht werden nicht so leicht krank wie solche, die hoffnungslos sind. Eine Schule, die in den Jugendlichen Zuversicht und Hoffnung auf Erfolg weckt, zeigt sich darin, dass sie nicht von allen Kindern das Gleiche, sondern vom Einzelnen das ihm Mögliche verlangt. Innerhalb der Klasse gibt es abgestufte Lernaufgaben: unterschiedlich in der Aufgabenmenge, in Schwierigkeitsgrad und Bedarf an Arbeitszeit. Das kann durch selbst bestimmtes Lernen, bei Freiarbeit und im offenen Unterricht verwirklicht werden. Anstelle des Klassenunterrichts treten überwiegend Einzel- und Kleingruppenarbeit; der Fachunterricht weicht dem Gesamtunterricht. Lehrerinnen und Lehrer verstehen sich nicht als Be-Lehrer, sondern als Förderer und Anreger von Lernprozessen.

Die Benotung mit Ziffern nimmt vielen Kindern die Hoffnung auf Erfolg und treibt sie in Angst vor Versagen. Hoffnung gehört jedoch zur biologischen Offenheit des Menschen. Sie ist eine psychische Entsprechung für das Nicht-festgelegt-Sein der menschlichen Natur. Ein Erzieher, der keine Zuversicht ausstrahlt, belastet heranwachsende Menschen schwer. Gerade die »hoffnungslosen Fälle« bedürfen der Hoffnung.

Der Philosoph O. F. Bollnow drückt dies mit den Begriffen Vertrauen und Misstrauen aus: »Jedes Misstrauen, das ich einem anderen Menschen entgegenbringe, verändert diesen Menschen. Es macht ihn ebenso faul und dumm und hinterlistig, wie ich es in meinem Misstrauen von ihm erwartet habe. Und umgekehrt: Jedes Vertrauen verwandelt ihn im positiven Sinn in den besseren Menschen, den das Vertrauen ihm vorausgesetzt hat. Man kann den anderen Menschen geradezu besser machen, indem man ihn für besser hält.«

Der Lehrer und Psychoanalytiker Hans Zulliger[36] berichtet von einem Mädchen, das sich durch solches Vertrauen verändern konnte:

Die Schülerin stand im siebten Schuljahr und galt als »intellektuell minderwertig«. Das vierte Schuljahr musste sie wiederholen; jetzt hätte sie eigentlich wiederum nicht versetzt werden sollen. Das Mädchen war scheu und hatte Angst vor der Schule vor Lehrern wie auch vor Mitschülern. Nun kam sie zu einem Lehrer, der verständnisvoll mit ihr umging. Er erkannte an, was sie richtig machte, und war mit negativer Kritik zurückhaltend. Er hob im Gespräch mit der Schülerin hervor, was geglückt war; die Mängel stellte er fest, ohne das Mädchen herabzusetzen; er zeigte ihr Wege, wie sie ihre schulischen Rückstände aufholen konnte und war darauf bedacht, sie in die Klasse einzubeziehen und nicht als »Dumme« abseits stehen zu lassen; er bemühte sich um persönlichen Kontakt.

Diese neue Behandlung durch Lehrer und Mitschüler veränderte die Schülerin im Laufe des Schuljahres zum großen Erstaunen von Eltern und anderen Personen ihrer Umgebung. Die Schülerin ging nun gern zur Schule und saß eifrig hinter den früher verhassten Hausaufgaben. Am Ende der Schulzeit erbrachte die »intellektuell minderwertige« Schülerin gute Leistungen.

Auch in ihrem späteren Beruf sah ihr niemand mehr an, dass sie einst als »Schwachsinnige« galt. Ihrem Lehrer schrieb sie: »Bis ich zu Ihnen ins siebte Schuljahr kam, hatte ich Angst vor der Schule und glaubte, ich sei dumm. Alle Lehrer sagten mir dies auch. Ich glaubte es, ebenso glaubten es meine Eltern. Bei Ihnen und meinen neuen Kameraden änderte es sich …«

In der Schule kann Zuversicht und Hoffnung geweckt werden:
– durch ein unterschiedliches Lernangebot, das die Einzelnen weder unter- noch überfordert;
– indem sich Lehrerinnen und Lehrer bemühen, den Lernstoff durchschaubar zu machen, sodass sich die Schüler den Lerninhalt persönlich aneignen können;
– durch den Versuch, die Lerninhalte so nah an die Interessen der Schülerinnen und Schüler zu bringen, dass diese sich bereitwillig auf sie einlassen;

– durch das fortlaufende Gespräch mit den Kindern, in dem diese mitteilen, welches Leistungsbewusstsein, welche Freuden, Erfolge und Schwierigkeiten sie beim Lernen haben.

Wer sein Leben beeinflussen kann, wird seltener krank

Alle Studien, die es zur krank machenden Schulsituation der Kinder gibt, lassen Eltern, Lehrer und Politiker offenbar ungerührt; zum Beispiel eine Untersuchung, die »Schülerurteile über die Schule«[37] zum Gegenstand hat.

– In ihr beschreiben nur 15 Prozent der deutschen Schülerinnen und Schüler ihr Befinden in der Schule positiv; lediglich 30 Prozent geben ein positives Gesamturteil über die Schule ab.
– 86 Prozent der Realschüler urteilen über ihr (Wohl-)Befinden in der Schule negativ.
– Bei den Gymnasiasten trifft die negative Einschätzung für 80 Prozent zu.
– 69 Prozent der Hauptschüler bezeichnen ihr Befinden in der Schule als unbefriedigend;
– bei den Grundschülern sind es 32 Prozent, die die Schule negativ einschätzen.
– Über zwei Drittel der Äußerungen auf der Oberstufe bekunden keine Freude an der Schule.

Kein Wunder, dass Lehrerinnen und Lehrer verzweifeln, wenn sie mit lustlosen Kindern arbeiten müssen. Aber könnten sie diesen nicht Lust auf Schule machen? Und könnten sie die Schüler nicht daran beteiligen, die Unlust zu überwinden? Bei vielen Kindern ist Schule von Ohnmachtsgefühlen begleitet, wie sie Susanna Tamaro[38] beschreibt:

Jedes Mal, wenn ich jemand sagen höre, wie schön doch die Schulzeit gewesen sei, wundere ich mich. Für mich waren diese Jahre mit die schlimmsten meines Lebens, vielleicht sogar die schlimmsten überhaupt, wegen des ständigen Gefühls der Ohnmacht. Die gesamte Dauer der Grundschule war ich unbändig hin und her gerissen zwischen dem Willen, dem treu zu bleiben, was ich in mir fühlte, und dem Wunsch, dem nachzueifern, was die anderen glaubten, obwohl ich ahnte, dass es falsch war.

Es fördert die Gesundheit, wenn Menschen die Ereignisse ihres Lebens bestimmen können. Sie fühlen sich nicht äußeren Einflüssen ausgeliefert oder ausschließlich abhängig von anderen. Vielmehr wissen sie sich in der Lage, Bedingungen zu schaffen, die sie befriedigen. Sie erleben: Mein Handeln bewirkt etwas; ich kann in meiner Umwelt etwas verändern. Fühlt sich jemand hingegen von Problemen überwältigt, vermindert sich die seelische und körperliche Abwehrkraft. Fehlende Möglichkeiten mitzugestalten, mangelnde Kontrolle über das eigene Leben machen hilflos und seelisch-körperlich angespannt. Das wiederum ist Ursache für psychische und psychosomatische Symptome.

Die Schule trägt in der Regel wenig dazu bei, in Kindern das Bewusstsein eigenen Einflusses auf Lebensereignisse zu entwickeln. Im Gegenteil: Die Schülerinnen und Schüler erfahren kaum, durch *eigenes* Handeln etwas verändern zu können. Vielmehr fühlen sie sich dem ausgeliefert, was Schule über sie verfügt. Sie können sich nur anpassen und re-agieren. Das macht sie passiv, apathisch, resignativ und für Krankheit anfällig.

Selbst-Bewusstsein – Kinder mitgestalten lassen

Sich sicher sein, Lebensereignisse beeinflussen zu können, kann im Unterricht vor allem durch selbst bestimmtes Lernen geweckt werden. Kinder und Jugendliche dürfen mitplanen und mitbestimmen, was und wie sie lernen. Die Unterrichtsplanung zielt darauf ab, sie initiativ werden zu lassen. Zum Beispiel im *Projektunterricht*. Hier erleben sich die Schüler planvoll handelnd an wirklichen Lebensproblemen und im sozialen Bezug zu Mitschülern. Sie bestimmen zusammen mit Lehrerinnen und Lehrern das Schulleben; sie lernen selbst-tätig und werk-tätig. Sie üben sich im entdeckenden, forschenden Lernen an praxisnahen Aufgaben.

Aber die wenigsten Kinder bekommen von ihren Lehrern auch nur einfachste Methoden des Lernens und Forschens gezeigt. Deshalb fühlen sie sich den Stoffmassen gegenüber ohnmächtig. Sie kommen über das Ansammeln und kurzzeitige Sichaneignen der Lerninhalte nicht hinaus. Von vertiefter Welteinsicht und Lebensgestaltung kann nicht die Rede sein. Um Hilflosigkeit zu überwinden, müssen Schülerinnen und Schüler *lernen, wie man lernt*. Sie werden mit Merkmalen geistigen Arbeitens vertraut, damit sie selbstständig arbeiten können: Lernen, wie man Fragen stellt, wie man die Aufmerksamkeit schult, wie man Zugang zu Informationen bekommt, wie man sinn-entnehmend liest und sich fachbezogene Lernmethoden aneignet.

Mitsprache ist im ersten Schuljahr ebenso möglich wie im zwölften. Die Kinder und Jugendlichen bekommen Gelegenheit, über Tatsachen zu sprechen, die *sie* betreffen: welche Unterrichtsinhalte sie auswählen, wie der Unterricht verläuft, wie Schulaufgaben geschrieben werden, wie die Hausaufgaben sinnvoll sind. Durch freie Niederschriften, schriftliche Befragungen, Wandzeitung, in Gesprächen und Diskussionen sollten die Schüler mitteilen lernen, wie sie Lehrerinnen und Lehrer sehen und was sie über Schule denken. Es muss sich um eine wechselseitige Kritik und Verständigung handeln, bei der beide Seiten ihr eigenes Tun infrage stellen. Die Kritik wird Anlass, miteinander zu reden. Die Schüler erleben, dass Sprache – auch ihre Sprache – Folgen haben kann: dass sie mit dem gesprochenen und geschriebenen Wort etwas verändern können.

Lehrerinnen und Lehrer entlastet es, wenn sie nicht *gegen* den Willen der Schüler unterrichten müssen, sondern *mit* ihnen etwas tun können. Deshalb ist Kritik an Lehrern erwünscht, sie entspricht der Lehrerkritik an Schülerinnen und Schülern. Kritikfähige Kinder und Jugendliche kommen weniger leicht in Gefahr, sich an fragwürdige Autoritäten und undurchsichtige Machtverhältnisse zu gewöhnen. Sie haben ein Recht darauf, mit der gleichen Achtung wie Erwachsene ernst genommen zu werden. Dazu gehört, dass Lehrerinnen und Lehrer das, was sie tun, öffentlich begründen und bereit sind, ihre Urteile und Handlungen zu prüfen.

Eigene Beobachtungen – Innehalten und Nachdenken

? Bewegungsfreiheit ist elementar für Frei-Sein im Denken und Handeln. Wie viel körperliche Bewegung haben Ihre Kinder, und wie viel geistige Bewegungsfreiheit im Unterricht, zum Beispiel bei der Themenwahl?

? Gewalt als destruktive Aggression ist die Folge fehlgeleiteter gesunder Aggression. Wo begegnet Ihnen gesunde Aggression der Kinder – und wie begegnen Sie ihr?

? Unterricht kann in der Regelschule amtlich verordnete Langeweile und Unterdrückung kindlicher Spontaneität sein. Bei welchen Gelegenheiten beobachten Sie das? Und welche Beispiele fallen Ihnen ein, in denen Spontaneität der Kinder konstruktiv in das Lernen eingeht?

? Ist es den Schülerinnen und Schülern möglich, etwas zu tun, was für sie sinnvoll ist? In welchen Situationen erleben sie Leistungsglück und Leistungsstolz? Kenne ich die Gefahr, den Kindern die »reine« Freude der geglückten Leistung zu vermindern, indem ich sie lobe, anstatt anerkenne, sie zensiere, statt mich für ihre Arbeit zu interessieren?

? Hoffnung ist offen für eine Entwicklung zum Guten. Sie ist Grundlage von Kreativität, Freude, Mut. Begleite ich die Kinder mit einer hoffnungsvollen Einstellung? Oder gebe ich »hoffnungslose Fälle« auf?

? Kann ich als Lehrerin oder Lehrer meinen Unterrichtsalltag selbst in die Hand nehmen und nach meinen pädagogischen Vorstellungen gestalten? Nütze ich die Möglichkeiten, mein Schulleben konstruktiv zu beeinflussen?

? Haben die Schülerinnen und Schüler Chancen, verändernd in das Schulleben einzugreifen, mitzubestimmen, den Unterricht mitzugestalten, zu erleben, dass sie nicht ohnmächtig sind, sondern etwas verbessern können?

? Kenne ich die »reine Freude der gut getanen Arbeit«? Wann stellt sie sich bei mir ein und was bewirkt sie bei mir? Kann ich für mich selbst Situationen und Arbeitsbedingungen schaffen, in denen mir diese Freude zuteil wird? Und wie sieht das für Kinder und Jugendliche aus?

? Merke ich mir als Lehrerin oder Lehrer, wie ich selbst zufrieden sein kann, wenn ich gut unterrichte? Darf ich genießen, wie die Freude und Bereitschaft der Kinder und Jugendlichen Zustimmung für meine Person ausdrückt und auch zu *meiner* Freude wird?

Was die *Gesundheit* schützt, hängt eng zusammen mit dem, was das *Lernen* fördert. Psychologische Merkmale, durch die die Schüler erfolgreich lernen, unterstützen zugleich das Gesundsein:

- Mit Freude *lernen* stärkt den Leistungswillen und die Lernbereitschaft.
- *Anwendungsorientiert lernen* macht die unterrichtliche Arbeit sinnvoll. Die Schüler können mit dem Gelernten etwas anfangen, es praktisch ausprobieren.
- *Lernerfolg erfahren* führt zu Zufriedenheit mit dem Geleisteten und erhält die Hoffnung auf Erfolg.
- *Beziehungsorientiert lernen*: Halt gebende Kontakte zu Lehrern und Mitschülern machen die Kinder sicher.
- *Das Selbstvertrauen stärken*, indem die Schüler im Unterricht das Kraftgefühl eigenen Könnens erleben.
- *Handlungsorientiert lernen* unterstützt die geistige Eigen-Bewegung der Jugendlichen und hebt deren Bewusstsein.
- *Eigenständig und selbst bestimmt lernen* macht zuversichtlich und festigt das Selbstwertgefühl.

Ohne Noten lieber lernen und mehr leisten

Kinder individuell fördern statt zensieren

> Wer mir sagt: »Meinem Kind machen die Zeugnisse nichts aus!«,
> der sagt mir nur: »Es ist schon ihr Opfer geworden.«
> Die pädagogische Reform der Leistungsbewertung fordert mehr Mühe,
> eine höhere Kunstfertigkeit, eine strengere Verantwortung. Wer solche
> Wege für nicht gangbar hält, der lässt nicht nur diese –
> gemessen an den Weltproblemen – kleine pädagogische Aufgabe
> ungelöst. Der gibt auch den Glauben an das
> Überleben einer freien – nämlich aus der freien Vernunft
> der Bürger bestimmten – Gesellschaft auf.
> *Hartmut von Hentig*

Das größte Hindernis, die Schule zu einer *pädagogischen* Schule zu machen, sind die Ziffernnoten. Die für das Zensurensystem Verantwortlichen bezweifeln es nicht: Kinder kommen durch Noten in Not. Deshalb beginnen Schulbehörden, Minister, Lehrerfunktionäre vor jedem Zeugnistag zu beschwichtigen. Scheinheilig werden Sorgentelefone eingerichtet, anstatt die Kinder erst gar nicht in Sorgen zu stürzen. Noten-Notdienste sollen verzweifelte Schüler trösten; den Eltern wird geraten, die Noten nicht so wichtig zu nehmen. Anstatt *ursächlich* vorzubeugen und die Kinder nicht der staatlich verordneten Noten-Not auszusetzen, wollen die Noten-Nothelfer das Symptom mildern, das sie selbst verursachen. In der Manier Schwarzer Pädagogik geben sie vor, »nur das Beste« für die jungen Menschen zu wollen. Diese sollen nicht merken, was ihnen angetan wird.

Lehrer wollen Noten – Ist die Schule »sitzen geblieben«?

Eine Lehrerbefragung in Deutschland[39] ergab: Nur 32 Prozent aller Lehrer wollen in den ersten drei Grundschuljahren keine Noten;

86 Prozent sehen es nicht als notwendig an, das Sitzenbleiben abzuschaffen. Dass nur knapp ein Drittel der Lehrerinnen und Lehrer dafür sind, in der ersten bis dritten Grundschulklasse ohne Zensuren zu unterrichten, ist erstaunlich. Denn in persönlichen Gesprächen und Diskussionen äußern sich viele von ihnen anders: Sie würden lieber nicht benoten, aber sie *müssten* pflichtgemäß die Kinder mit Leistungsprüfungen und mit der Jagd nach Noten beunruhigen.

Nach ihren anonymen Angaben bei der Lehrerbefragung sind sie nicht einmal im Hinblick auf *kleine* Kinder bereit, die Beunruhigung aufzuheben. Die große Mehrheit spricht sich für Ziffernnoten aus. Von diesen weiß man, dass sie viele Kinder entmutigen, das Interesse an der Sache abtöten, die Lernbereitschaft vermindern, Versagensängste auslösen, das Konkurrenzdenken schüren, dass sie nicht objektiv sind, sondern allenfalls ein primitives Mittel unbarmherziger Auslese. Dabei bräuchten Lehrer bei kleinen Kindern die Noten nicht zur Disziplinierung, wofür sie bei Jugendlichen oft missbraucht werden.

Lehrerinnen und Lehrer müssen weit von den Schülern entfernt sein, und Eltern von ihren Kindern. Sonst könnten sie sich in jene Kinder hineinversetzen, die unter der Angst vor Zensuren Bauchweh bekommen, denen der Notendruck Kopfschmerz, die Schulaufgaben Magendrücken bereiten und denen die Furcht vor Prüfungen den Schlaf raubt. Nehmen sie wirklich an, Zehntausende von Kindern, die mittags mit einer Sechs oder Fünf nach Hause gehen, können gut damit leben?

Der pädagogischen Unvernunft und der organisierten Lieblosigkeit gegenüber Sechs- bis Neunjährigen stimmen zwei Drittel der Lehrer zu. Das halte ich für ein Zeichen von Abwesenheit der Pädagogik in den Schulen; denn wo die Ziffernzensur beginnt, endet die Pädagogik. Die Zustimmung zur Benotung steht auch für fehlenden pädagogischen Takt und für die Unfähigkeit zum Mitfühlen.

Nur in großer Distanz zu jungen Menschen gelingt es, so gleichgültig über Kinder und Jugendliche hinwegzugehen, wie dies die Untersuchung aufzeigt: Lediglich 14 Prozent der Lehrerinnen und Lehrer lassen sich vom Sitzenbleiber-Elend berühren. Das zeigt: Die hunderttausend Schüler, die wiederholen müssen, werden tatsächlich von der Schule »sitzen gelassen«. Und das, obwohl bekannt ist, wie wenig sinnvoll das Wiederholen unter lernpsychologischen Aspekten in den meisten Fällen ist, und wie diese »korrekte« Demütigung das Selbstwertgefühl verletzt.

Jene 86 Prozent der Lehrerinnen und Lehrer, die das Sitzenbleiben nicht abschaffen wollen, lassen sich kaum vom Erleben der Kinder berühren, die im Zeugnis erfahren, ihre Versetzung sei »gefährdet«. Im Grunde fühlen diese nicht nur ihr Vorrücken gefährdet, sondern sich selbst, ihre Person. Fragen Lehrer danach, wie die Schüler mit solcher Gefährdung zurechtkommen und wie gut es sich mit Misserfolgsnoten lebt? Und danach, welche Versagensängste vor diesen gefährdeten Schülerinnen und Schülern liegen, weil sie am Schuljahrsende nicht zu den Sitzenbleibern gehören wollen?

Oft dauert es in der Notenkonferenz wie in einem Schnellgericht nur wenige Minuten und das Kollegium hat entschieden, einem Kind die Versetzung in die nächsthöhere Klasse zu verweigern. Kaum eine Frage danach, welche Sorgen diese Jugendliche hat, was zu ihrem Versagen führte und wie ihr geholfen werden kann. Genau da zeigt sich die Abwesenheit pädagogischen Denkens: Die Lehrerkonferenz ermittelt die »korrekte« Note, übt »Gerechtigkeit«, aber sucht nicht nach Wegen, den Gefährdeten zu helfen. Das Prinzip »Fürsorge« – für die Kinder sorgen – steht nicht im Mittelpunkt des Nachdenkens. Wo Schüler »sitzen bleiben«, ist die Schule »sitzen geblieben« – und die Lehrerausbildung.

Zensieren: Pädagogische Verantwortung verweigern

Die unpädagogische Einstellung von Lehrern verweist auf das Versagen der Universität und der Lehrerweiterbildung. Dort bekommen Lehrerinnen und Lehrer kaum Chancen, den Umgang mit Kindern einzuüben: sich mit diesen einzulassen, mit ihnen zu reden, mit deren Schwierigkeiten umzugehen, mit ihnen Konflikte zu bearbeiten; das alles wäre lernbar. Noch weniger wird die Grundlage des achtungsvollen Umgangs mit anderen gelernt: Sich-Einfühlen und aufmerksames Sich-selbst-Wahrnehmen.

Wenn Selbstreflexion nicht gewagt wird, geraten Erwachsene in

Gefahr, unreflektiert zu praktizieren, was ihnen selbst widerfahren ist. Mit Noten wurden Erwachsene zu bewerteten Menschen gemacht; deshalb neigen sie ihrerseits dazu, andere zu be- und entwerten. Weil sie nicht gelernt haben, sich mit Jugendlichen nach dem »Prinzip Verständigung« konfliktbearbeitend einzulassen, greifen sie zu Machtmitteln. Ein wirksames, leicht zu handhabendes Mittel, Macht auszuüben, sind die Ziffernnoten.

Lehrerinnen und Lehrer, die durch Zensuren Macht auf Kinder ausüben, werden darin durch noch stärkere Machtausüber gestützt: jene Politiker und Kultusminister, die nicht davon ablassen, bereits kleine Kinder durch Noten zu ängstigen. Fern von erziehungswissenschaftlichen Erkenntnissen und unfähig, seelische Vorgänge bei Kindern und Jugendlichen wahrzunehmen, wiederholen sie ihre Scheinbegründungen für Zensuren. So zum Beispiel in einer Stellungnahme des Kultusministeriums von Baden-Württemberg zur Notengebung in der Grundschule. Darin heißt es:

»Es gibt auch gute Argumente dafür, Kinder schrittweise an gesellschaftliche Leistungsnormen heranzuführen und ihnen damit die richtige Einschätzung ihres Lernerfolgs, aber auch ihrer eigenen Verantwortung bewusst zu machen. Es darf nicht übersehen werden, dass für viele Kinder Ziffernnoten eine Bestätigung ihrer Leistung sind, die sie besonders motivieren können. Den Eltern geben Noten eine klare Orientierung über den Leistungsstand der Kinder. Dazu kommt ein weiterer Gesichtspunkt: Wenn die Schule keine Noten mehr vergibt, entfällt ein Vergleichskriterium, das trotz mancher Schwachstellen letztendlich die höchste Objektivität und damit auch die Chancengleichheit der Kinder sichert. Nach der Grundschulzeit haben die Kinder die Möglichkeit, entsprechend ihrer individuellen Begabung verschiedene weiterführende Schulen zu besuchen. Auch für diese Wahl der weiterführenden Schullaufbahn sind Noten eine Entscheidungshilfe. Das Kultusministerium hält nach wie vor an der Regelung fest, dass in Klasse 1 und 2, die eine pädagogische Einheit bilden, die Kinder einen Schulbericht erhalten. Dieser beschreibt die Lernfortschritte und vor allem die Entwicklung des Kindes im Verhalten, im Lernen und im Arbeiten. Am Ende der Klasse 2 fließen in diesen Schulbericht in Deutsch und Mathematik Ziffernnoten ein.«

Ein bayerischer Kultusminister brachte die gleiche Begründung. Auch diese war weder von erziehungswissenschaftlichem Denken geleitet, noch von den Lernbedürfnissen der Kinder. Allerdings verteilte der Minister dazu vernichtende Noten an Erziehungswissenschaftler, Politiker, Lehrerinnen und Lehrer, die sich für eine zensurenfreie Grundschule einsetzen. Nach einem Oppositionsantrag im Landtag bezeichnete er die Forderung nach Abschaffung der Noten in der Grundschule »als ›verstaubten, längst ausdiskutierten Ladenhüter‹. Das ständige Wiederholen falscher Behauptungen und absurder Unterstellungen verfolgte anscheinend nur das Ziel, schulische Leistungen bei Eltern, Schülern und in der Öffentlichkeit abzuwerten und die Lehrer als wütende Zensoren zu diffamieren. Die Wirklichkeit schaue ganz anders aus: ›Schüler und Eltern wünschen die offene Information in der Form der Ziffernnoten, schätzen sie als Ansporn, als klare Standortbestimmung und rasche Orientierungshilfe.‹«

Hier zeigt sich ein Feindbilddenken, das *pädagogische* Gespräche erschwert. Die ministeriellen Äußerungen dienen dazu, Andersdenkende zu entwerten und einer erziehungswissenschaftlichen Argumentation aus dem Weg zu gehen.

Ziffernnoten stören das Lernen – Die ungerechte Gerechtigkeit

Pädagogisches Denken kommt zu dem Ergebnis: Das Zensurensystem ist für die Bildung schädlich: »Um gerecht oder doch objektiv zu sein, beschränkt man den Nachweis auf bestimmte Gebiete, man macht sie messbar und setzt die Schülerinnen und Schüler unter einen permanenten Erfüllungsdruck. Dadurch vernichtet man den pädagogischen Auftrag der Schule, nämlich jeden Einzelnen nach seinem Vermögen zu fördern und ihn zu selbstständiger Leistung zu befähigen. Man verhindert erfolgreich, dass die Schülerinnen und Schüler das Lernen in der Schule als ihre eigene Sache erkennen, eben als Bildung.« (Hartmut von Hentig)

Müssten nicht *moralische* Bedenken aufkommen, wenn wir zum Beispiel die Erinnerung dieser Studentin lesen: »Das Schlimmste an der Schule waren die Noten. Meine Eltern und Lehrer hatten wenig Ahnung, wieviel Angst ich durchmachte, wenn wir am nächsten Tag eine Probearbeit schrieben. Bereits wenn ich daran dachte, dass ich eine Fünf oder Sechs bekommen könnte, spürte ich Magenschmerzen, obwohl ich viel gelernt hatte. Meine Mutter gab mir dann Tabletten. Die befürchtete schlechte Note lag wie ein Albdruck auf meiner Seele. Ich fühlte mich in einem entsetzlichen Zustand, in dem ich unfähig war, weiter zu lernen. Es war, als wäre bis in mein Gehirn hinein alles gelähmt. Ich konnte abends nicht einschlafen und wachte nachts erschreckt auf. Manchmal weinte ich leise in mein Kopfkissen. Am Morgen brachte ich keinen Bissen hinunter und mir wurde ganz schwindlig. Im Unterricht unterdrückte ich die Tränen und versuchte mein Zittern zu verbergen. Oft ging ich weinend aus der Schule heraus. Die Noten waren für mich ein einziges Martyrium. Ich zappelte erbarmungslos im Netz der Zensuren und Lehrer.«

Es ist einzusehen, dass das Mädchen in diesem lähmenden Erregungszustand nicht leisten konnte, wozu es fähig gewesen wäre. Ohne Notendruck hätte es besser lernen können. Hinter seiner Beunruhigung verbarg sich die Sorge, von Eltern und Lehrern nicht angenommen zu werden, wenn es nicht »gut genug« ist.

Dass 40 bis 80 Prozent der Schüler unter Schulangst leiden, hängt vor allem mit den Zensuren zusammen. In Schulen ohne Ziffernnoten ist die Angst weit geringer.

Muss das verletzende Notensystem wirklich sein? Erziehungswissenschaftliche Erkenntnisse zeigen auf:

⇨ Ziffernnoten entmutigen viele Schüler, weil unbefriedigende Noten Misserfolgserlebnisse auslösen.
⇨ Sie verhindern das »Lernen aus Interesse an der Sache«; die Schüler arbeiten nur noch um der Noten willen.
⇨ Ziffernnoten vermindern Lernbereitschaft und Kreativität; wo Lernwille sein sollte, entsteht Lernzwang.
⇨ Der Leistungsdruck durch Noten ruft Versagensängste hervor.
⇨ Schulnoten stören die Lehrer-Schüler-Beziehung und bringen Anspannung, Kummer und Unfrieden in die Familie.

➪ Zensuren schüren das Konkurrenzdenken und behindern die Schüler, partnerschaftlich miteinander zu lernen.

➪ Sie versetzen Kinder in seelische Anspannung, die psychisch und psychosomatisch krank machen kann.

➪ Noten sind nicht objektiv. Untersuchungen zeigten das nicht nur für Fächer wie Deutsch, sondern auch für so »objektive« wie Mathematik.

➪ Sie sagen über Leistungsfähigkeit und Lernbereitschaft der Schüler zu wenig aus.

➪ Zensuren wirken sich unsozial aus, weil sie die schwachen Schüler noch mehr schwächen und allenfalls die Starken stärken.

➪ Noten werden oft als Disziplinierungsmittel missbraucht, ihre Androhung zwingt die Schüler, sich wohlzuverhalten und anzupassen

➪ Ziffernnoten werden der Individualität der Schüler und ihrer unterschiedlichen Entwicklungsstufen nicht gerecht. Alle Schüler werden »gleich« behandelt – und damit ungerecht.

➪ Die der Zensurengebung zugute gehaltene Gerechtigkeit ist eine inhumane Gerechtigkeit; ihr fehlen die Elemente Einfühlung und Wohlwollen.

»Aufkündigung der Freundschaft« – Die Lernmotivation wird verfälscht

Lehrersein bedeutet, den Kindern beim Lernen zu helfen. Diese helfende Beziehung wird durch das Benotungssystem gestört. Ein Lehrer erlebt das so: »Beim Zensieren wird aus dem Helfer ein Richter. Wegen der vorgeblichen Objektivität muss sich der Lehrer distanzieren, die Beziehung zu den Kindern wird abgekühlt, der Kontakt eingeschränkt. Oft handelt es sich geradezu um eine ›Aufkündigung der Freundschaft‹. Der Schüler bezieht die Note auf seine gesamte Person. Er und oft auch seine Familie empfinden eine schlechte Note als persönlich abwertend. Das Kind übersetzt eine schlechte Zensur leicht in die Vorstellung: ›Der Lehrer mag mich nicht.‹«

Nicht nur *schlechte* Noten behindern das Lernen. Auch das »Glück der guten Noten« ist zweifelhaft. Manche Kinder wurden so erzogen, dass sie bereits bei der Note Zwei Panikstimmung befällt. »Gute« Schüler geraten in Dauerspannung, wenn sie sich nicht sicher sind: Gilt die Zuwendung von Eltern und Lehrern mir als Person – oder nur meiner Leistung? Unbewusst belastet sie die Frage: Lieben sie mich auch, wenn ich keine guten Zensuren nach Hause bringe?

Andere Kinder sehen sich nur dann erfolgreich, wenn es Mitschüler gibt, denen sie sich überlegen fühlen. Das bringt sie in Rivalitätsspannung. Sie lernen nicht, wie man mit anderen zusammenarbeitet, wie man Schwächeren hilft, wie Starke und Schwache einander ergänzen; die Notenkonkurrenz macht sie zu Gegnern.

Sie lernen aber auch zu wenig, sich auf die *Lerninhalte* einzulassen, wie aus einer Diskussion mit Gymnasiasten hervorgeht: »Obwohl ich in Chemie ordentliche Noten hatte, habe ich nichts, aber auch gar nichts gelernt über Chemie. Ich hab' immer nur verstanden, die Schulaufgabe zu bewältigen – und dann war wieder alles weg.« Ein anderer Schüler: »Ich hab' eigentlich nur gelernt, um die Schule hinter mich zu bringen, zu den Sachen selber konnte ich keine Beziehung finden, jedenfalls nicht zu denen, die wir im Unterricht durchnahmen.« Eine weitere Schülerin: »Die Sachen, die mich interessiert hätten, konnte ich nicht machen, die ließen sich nicht benoten.« Und eine andere: »Ich hab' nur danach gestrebt, die für mein Fortkommen nötige Punktzahl zu erreichen …«

Durch das Punkte- und Zensurensystem erfahren die Kinder und Jugendlichen zu wenig, aus eigenem Antrieb heraus und um einer interessanten Sache willen zu lernen. Inhalte und Werte, um die es im Unterricht gehen sollte, bleiben ihnen gleichgültig. Viele trachten nur danach, zur bestmöglichen Note zu kommen. Dadurch dringen sie zu wenig in den Sinn der Bildungsinhalte ein.

Zwar wirken sich Ziffernzensuren auch bei guten Schülern störend aus. Verhängnisvoll werden sie jedoch bei jenen, die besonders unterstützt werden sollten: bei den schwächeren Kindern. Eine neunjährige Schülerin schreibt die Erlebniserzählung »Hund gebissen!«. Zwei Lehrerinnen geben darauf eine unterschiedliche Antwort. Die eine antwortet mit Ziffern, die andere mit hinweisenden und bestätigenden Worten.

Hund gebissen!

Vorgestern schickte mich meine Mutter zum
Briefmarkenkaufen. Ich eilte zum Postamt.
Als ich am Eingang war, wollte eine
Dame mit einem Dackel an der Leine
auch hinein. Im selben Augenblick
wollte ein Briefträger heraus.
In seiner Eile verhedderte sich der Postbote
mit einem Bein in der Hundeleine. „
Können Sie denn nicht aufpassen!"
schimpfte die Dame. Wütend knurrte
der Hund und schnapp! schon
hatte er den Mann ins Bein gebissen
„Verflixtes Biest," schrie der etsetzt.
Ängstlich und kleinlaut fragte die Dame
„Tut es sehr weh?" Der Mann
schüttelte den Kopf und meinte dann
„Das nächste Mal passen sie auf
ihren Hund ein bißchen besser auf!"

Schr. 4 -   A. 4

Lehrerin Z. beurteilt »objektiv« mit Ziffernnoten

Diese Lehrerin sagt, sie tue ihre Pflicht: Kinder müssten mit ihrer Leistung an anderen Schülern der Klasse gemessen und objektiv beurteilt werden. Wir nehmen an, Frau Z. habe die Schülerin mit der Note 4 gerecht eingestuft. Darüber kann man streiten: Alle Untersuchungen über die Ziffernbeurteilung ergeben, dass es eine objektive Zensur nicht gibt. Verschiedene Lehrerinnen mögen auch bei Steffis Aufsatz zu unterschiedlicher Bewertung kommen. Aber das ist für die Frage danach, wie sich die Zensur auswirkt, zweitrangig: Wird Steffi durch die Beurteilung mit der Note 4 besser im Aufsatzschreiben?

Unmoral des Benotens: Organisierte Demütigung der Schwachen

Die mit Ziffern beurteilte – oder verurteilte – Schülerin wird in ihrer Freude am Aufsatzschreiben nicht bestärkt. Es wird ihr schwerlich gelingen, die Leistung zu verbessern. Das verdeutlichen folgende psychologisch-pädagogischen Überlegungen:

⇨ Das Mädchen fühlt sich durch die Note 4 nicht bekräftigt und ermutigt; seine Leistung wird abgewertet, dadurch fühlt es sich als Person entwertet.

⇨ Die Schülerin erlebt sich durch die kränkende Zensur von der Lehrerin nicht akzeptiert. Sie hat nicht das Gefühl, etwas zu gelten, sie erfährt keine Zustimmung. Das schwächt ihr Selbstbewusstsein.

⇨ Damit wird in dem Mädchen der Wunsch nach gutem Kontakt zur Lehrerin enttäuscht; die Beziehung ist gestört: das wirkt sich auf den sprachlichen Ausdruck ungünstig aus; denn Sprechen und Schreiben heißt vor allem: mit anderen Menschen Kontakt aufnehmen.

⇨ Die Schülerin bekommt keine Mitteilung über den erreichten Erfolg. Sie erfährt nicht, dass das Ergebnis ihrer Bemühungen Richtiges enthält. Ihre persönliche Arbeit wird nicht anerkannt; deshalb kann sie sich selbst mit ihrer Leistung nicht akzeptieren: Ihr Selbstgefühl wird geschwächt.

⇨ Bei wiederholter Erfahrung des Misserfolgs – und das ist die Regel – sieht sich die Schülerin ausschließlich selbst als Urheber des Misserfolgs. Sie kommt nicht auf den Gedanken, dass die Lehrerin sie überfordere, ihr nicht beim Lernen helfe und sie nachlässig behandle. Vielmehr ist sie durch die sich wiederholenden Misserfolge zunehmend davon überzeugt, sie sei unfähig. In ihr entsteht ein negatives Selbstbild.

⇨ Das Mädchen wird durch Ziffernnoten nicht über seinen Leistungsstand informiert; über das, was nach objektiven Maßstäben gelungen ist; und über das, was es verbessern muss. Deshalb kann es keine wirklichkeitsgerechten Gütemaßstäbe darüber entwickeln, wie ein Aufsatz »gut« wird.

⇨ Dies wiederum macht es ihm unmöglich, sein Leistungsverhalten selbst zu steuern: Die Schülerin weiß nicht, was sie anders machen soll und wird deshalb durch die Zensur daran gehindert, im Aufsatzschreiben tüchtiger zu werden.

⇨ Weil die Schülerin – mit Ziffern beurteilt – keinen Gütemaßstab erwerben kann, ist es ihr nicht möglich, ihr Leistungsverhalten selbst zu bekräftigen, mit sich zufrieden zu sein. Das verfestigt die lernstörenden Gefühle der Unfähigkeit.

⇨ Das Mädchen kann aufgrund der Ziffernbeurteilung nicht merken, dass es mit seinem Bemühtsein angenommen wird. Aus der – von der Lehrerin schlecht beurteilten – Schrift ist zu sehen, dass es sich unsicher fühlt und sich angespannt bemüht. Das Erleben des Nicht-angenommen-Werdens vergrößert die Unsicherheit.

Ziffernnoten werden für einen Teil der Kinder – die Schwachen – zur organisierten Demütigung. Sie bekommen korrekt ihre schlechten Noten, erfahren ihre Wertlosigkeit und fühlen sich als schlechte Menschen. Ihr auf diese Weise beschädigtes Selbstwertgefühl erschwert ihnen das Lernen. Jenen Kindern, die sich ohnehin im Lernen schwer tun, wird durch die herabsetzende Ziffernzensur das Lernen noch schwerer gemacht.

Genau genommen verstößt die Schule mit dieser fortdauernden Erniedrigung der schwächeren Kinder gegen die Grundrechte. Ziffernnoten sind undemokratisch; durch ihre unbarmherzige »Ge-

192

rechtigkeit« schränken sie die Kinder in ihrem Grundrecht auf freie Persönlichkeitsentfaltung ein.

Subjektive pädagogische Stellungnahme – Lernanregung, Lernerfolg

Lehrerin B. beurteilt subjektiv in Worten

Diese Lehrerin übernimmt pädagogische Verantwortung für das Mädchen. Sie nimmt den kultusministeriellen Lehrplan für die Grundschule ernst. Dieser fordert eigentlich dazu heraus, das Zensurensystem abzuschaffen; denn seine Leitziele sind nur mit einer *pädagogischen* Leistungsbeurteilung zu verwirklichen. Nach ihm sollen Lehrerinnen und Lehrer »jedem Kind Hilfen zu einer bejahenden Lebenseinstellung in einer Atmosphäre der Anerkennung, des Vertrauens und der Geborgenheit« geben. Die Lehrenden sollen sich bemühen, »die Lernfreude durch Erfolgsbestätigung zu erhalten und zu stärken«.

Aber jene Kinder, die durch Ziffernnoten geängstigt und verurteilt werden, können keine bejahende Einstellung zur Schule und deshalb schwerlich eine »bejahende Lebenseinstellung« erwerben. Sie erleben keine »Atmosphäre der Anerkennung«, sondern werden verunsichert; sie fühlen sich nicht »geborgen«, sondern bedroht. Weil sie durch die Ziffernnoten keine Erfolgsbestätigung erfahren, ist es nicht möglich, die »Lernfreude zu erhalten und zu stärken«. Um den pädagogischen Grundaussagen des Lehrplans gerecht zu werden, schreibt Lehrerin B. unter Steffis Aufsatz:

> Ich habe deine Geschichte gern gelesen und dabei lachen müssen. Du hast lebendig erzählt, Steffi. Gut, dass du wörtlich geschrieben hast, was die Leute gefragt, geschimpft und geschrien haben. Weil du treffende Wörter verwendest, kann sich der Leser die Situation gut vorstellen. Ich merke, dass du dir im Schreiben Mühe gibst. Wörter, die du üben sollst, habe ich dir auf das beiliegende Blatt geschrieben.

Lernfreude und bessere Leistung durch das Lehrerinnenwort

Welche Bedingungen ergeben sich, wenn der Aufsatz von Steffi nicht mit Ziffern bewertet, sondern mit Worten beurteilt wird? Es ist wahrscheinlich, dass das Mädchen in ihrer Freude am Aufsatz-schreiben bestärkt wird. Durch die Informationen in der Bemerkung wird es ihm möglich, die Leistung zu verbessern. Das wird aus folgenden psychologisch-pädagogischen Überlegungen deutlich:

⇨ Die Schülerin fühlt sich durch die bestätigende Bemerkung – »Lebendig erzählt« – *bekräftigt und ermutigt*. Sie erfährt, dass ihre Leistung positiv bewertet wurde. Daraus erwächst Hoffnung auf Erfolg.

⇨ Das Mädchen erlebt sich von der Lehrerin akzeptiert. Es kann das Gefühl haben, etwas zu gelten und *erfährt Zustimmung*. Es weiß sich angenommen – und wird dadurch sicherer. Das stärkt sein Selbstbewusstsein.

⇨ In dem Mädchen wird der Wunsch nach guten Beziehungen erfüllt; die Lehrerin spricht Steffi mit Vornamen an; *der Kontakt wird verbessert*. Das wirkt sich auf den sprachlichen Ausdruck günstig aus: Sichere menschliche Beziehungen unterstützen das Sprechen und Schreiben.

⇨ Die Schülerin bekommt eine Mitteilung über den erreichten Erfolg: »Gut, dass du …« Sie erkennt, dass ihr Handlungsergebnis richtig war. Deshalb kann sie sich selbst mit ihrer Leistung akzeptieren: *Ihr Selbstgefühl wird gestärkt*.

⇨ Sie erkennt sich selbst als Urheber ihres Erfolgs. Wenn sie das wiederholt erfährt, kann sie die *Vorstellung eigener Tüchtigkeit* im Aufsatzschreiben entwickeln. Sie merkt, dass sie es in der Hand hat, ihre Leistung zu verbessern.

⇨ Das Mädchen wird über seinen Leistungsstand *informiert*: darüber, was an der Leistung nach objektiven Maßstäben gelungen ist, etwa dass sie lebendig erzählt, wörtlich geschrieben hat, was die Leute fragten, schimpften und schrien. Mithilfe dieser Mitteilung kann die Schülerin im Laufe vieler Beurteilungen wirklichkeitsgerechte *Gütemaßstäbe entwickeln*. Sie erfährt, wie ein Aufsatz für den Leser ansprechend wird.

⇨ Der so entstehende Gütemaßstab führt dazu, dass die Schülerin ihr Leistungsverhalten *selbst steuern* kann: Sie setzt sich Ziele für das Aufsatzschreiben und versucht diese zu erreichen.

194

⇨ Weil die Schülerin – durch hinweisende und ermunternde Worte – einen Maßstab für gutes Aufsatzschreiben erwirbt, wird es ihr möglich, ihr *Leistungsverhalten selbst zu bekräftigen*: Wenn der Gütemaßstab erfüllt ist, erlebt die Schülerin Freude am Lernfortschritt. Sie ist mit sich zufrieden.

⇨ Das Mädchen erfährt durch die schriftliche Bemerkung der Lehrerin, dass es mit seiner Unsicherheit und mit seiner Bemühung angenommen wird: Das drückt sich in der annehmenden Bemerkung über die Schrift aus. Zudem erhält es einen stützenden Hinweis darauf, was es *besser machen* kann.

Schüler leisten ohne Noten nicht weniger – Recht auf Individualität

Was spricht dagegen, als Lehrerin oder Lehrer den Weg zu beschreiten, auf dem Steffi eindeutig *mehr lernt* und *lieber Aufsätze schreibt*? Was spricht dagegen, die Unterrichtsmethode zu wählen,

– durch die das Mädchen erlebt, etwas zu gelten und durch das ihm zugedachte »gute Wort« ermutigt wird?
– durch die sein Wunsch nach guter Beziehung erfüllt wird?
– durch die sein Selbstgefühl gestärkt wird, weil es sich als fähig erlebt?
– durch die die Schülerin Gütemaßstäbe für ihre Leistung gewinnt, weil sie durch die schriftliche Bemerkung informiert wird?
– durch die das Mädchen eigenständiger wird, sich selbst bekräftigen und sein Verhalten selbst steuern kann?
– durch die dem Kind aus Lernschwierigkeiten herausgeholfen, anstatt dass es durch kränkende Zensuren noch tiefer in sie hineingedrückt wird?
– durch die Steffi hoffnungsvoller, mutiger und sicherer wird?

In den Waldorfschulen bekommen die Kinder und Jugendlichen während der ersten elf Jahre ihrer Schulzeit keine Zeugnisse mit

Ziffern, sondern Wortbeurteilungen. Ihre Schüler erlangen deshalb keine schlechteren Leistungen als andere. Waldorfschulen verzichten auf das übliche Bewertungssystem und auf das Rivalitätsprinzip. Trotzdem bringen sie keinen geringeren Prozentsatz von Abiturienten hervor.

»Das ist ein Datum unerhörter und aufregender Kritik am öffentlichen Schulsystem. Waldorfschulen, die eine hohe Zahl schwieriger Schüler auffangen, die keinen Sitzenbleiber ausfiltern und die ihren Lehrplan bis zum elften und zwölften Schuljahr nicht auf das Abitur abstellen, sondern anderen Zielen Vorrang geben, deren Schüler sich schließlich fremden staatlichen Prüfern stellen, also unter erschwerten Bedingungen auftreten müssen: Sie stehen in ihrer Abiturientenzahl nicht schlechter da als die öffentlichen Schulen – von den Lebensleistungen, den schwer messbaren, ganz zu schweigen.« (Andreas Flitner)

In Großbritannien, Italien, Dänemark, Norwegen, den Niederlanden und anderen Ländern lernen die Schüler bis zum sechsten oder achten Schuljahr ohne Ziffernnoten. Auch in privaten Schulen der Bundesrepublik Deutschland, den Montessorischulen, der Peter-Petersen-Schule, der Bielefelder Laborschule, der Odenwaldschule, in freien Schulen und in Schulversuchen wird zensurenfreier Unterricht praktiziert. Hier werden zum Teil bis zum elften Schuljahr anstelle der Ziffernnoten hilfreiche Informationen über den Leistungsstand und den weiteren Lernfortgang gegeben – ohne dass die Schüler deshalb weniger leisten.

Zum pädagogischen Prinzip dieser Schulen gehört, den *persönlichen* Fortschritt im Lernprozess festzustellen. Lehrerinnen und Lehrer gehen in jeder unterrichtlichen Beurteilungssituation von der individuellen Lage der Schüler aus: von deren Leistungsstand, der Lernentwicklung, den persönlichen Arbeitsbedingungen. Sie messen die Leistung nicht im Vergleich zu anderen, sondern daran, wie dieses Kind im Vergleich zu seiner Ausgangsleistung, seinen persönlichen Möglichkeiten entsprechend vorangekommen ist.

Wenn der individuelle Lernfortschritt festgestellt wird, erleben die Schülerinnen und Schüler ihr Lernwachstum. Das unterstützt die Lernfreude, den Lernwillen und den Stolz auf die eigene Leistung: In allen Unterrichtsfächern und Unterrichtssituationen gilt

als pädagogisches Prinzip: dem Kind die seinen Leistungsmöglichkeiten angemessenen Aufgaben zuzuweisen, den persönlichen Lernfortschritt wahrzunehmen und anzuerkennen, und den weiteren
Lernweg aufzuzeigen.

Lernberichte: Information, Ermutigung, Kritik und Beratung

Ein Beispiel aus der Arbeitshilfe des Hamburger Amtes für Schule
verdeutlicht die Art von Textzeugnissen:

Du hast auch in diesem Schuljahr gute Fortschritte gemacht, Jörn. Du
kannst dir jeden Text erlesen und nach einigem Üben fehlerfrei und
fließend vorlesen.

In Diktaten schreibst du die geübten Wörter und Sätze meistens
ohne Fehler.

In Mathematik weißt du besonders gut Bescheid. Du erkennst alle
Zahlen im Bereich von 0 bis 100 sehr sicher und kannst Vorgänger
und Nachfolger bestimmen. Du kannst jede gestellte Aufgabe in diesem Zahlenbereich mit reinen Zehnern und Zehnerübergang selbstständig lösen. Du kannst mit Mengen umgehen und Teil- sowie
Schnittmengen bilden. Du erkennst alle mathematischen Zeichen sehr
sicher und kannst sie immer richtig einsetzen.

Im Sportunterricht machst du immer gut mit, hast gute Ideen und
fügst dich gut in deine Gruppe ein. Du hast dich immer bemüht, anderen Kindern zu helfen

Im mündlichen Unterricht machst du zeitweise sehr gut mit und
trägst Wichtiges zum Unterrichtsgespräch bei. Es passiert aber leider
häufig, dass du dich mit anderen Dingen beschäftigst und deine Nach-
barn dabei störst. Aus eigener Erfahrung weißt du, wie anstrengend es
für eine Klasse ist, wenn etwas unnötig oft wiederholt werden muss,
nur weil einige nicht aufgepasst haben.

In der Gruppenarbeit gibst du dir viel Mühe, sodass deine Gruppe
gute Arbeitsergebnisse erreicht. Besonders viel Freude hast du an Rol-
lenspielen und machst auch uns durch deine Spielvorschläge Freude.

Die zensurenfreie Leistungsbeurteilung bekennt sich zur subjektiven pädagogischen Stellungnahme mit dem vorrangigen Ziel, den einzelnen Schüler im Lernen zu unterstützen und ihn damit leistungstüchtiger und selbstbewusster zu machen. Auf der gymnasialen Oberstufe sieht diese pädagogische Hilfe dann so aus wie bei einer Lehrerin, die Aufsätze über die Problematik der Kernkraft korrigierte. Sie schreibt einem Schüler darunter:

> Sie haben Ihre Argumente klar formuliert. Gut gefallen hat mir, dass Sie Ihre Aussagen mit Beispielen belegten. Überall bemühten Sie sich um treffende Wortwahl und um einen einfachen, durchsichtigen Satzbau. Die kleinen Schritte, mit denen Sie das Energieproblem auf sich persönlich und auf jeden Einzelnen von uns bezogen haben, fand ich interessant und bedenkenswert. Ich würde Ihre Arbeit gern für die Klassendiskussion verwenden, wenn Sie damit einverstanden sind.

Ein im schriftlichen Ausdruck noch nicht gut geförderter Schüler findet unter seinem Aufsatz diese Bemerkung:

> Es hat mir gut gefallen, mit welch innerer Anteilnahme Sie sich dem Thema gewidmet haben. Was Sie von den Aktivitäten in Ihrer Gruppe berichten, habe ich interessiert gelesen. Ich möchte Ihnen einige Hinweise dafür geben, wie Sie Ihre Aussagen noch überzeugender darstellen können:
>
> Das Erste ist, dass ich es günstig fände, wenn Sie sich vor dem Schreiben Ihrer Erörterung überlegten, in welcher Reihenfolge Sie Ihre Argumente bringen möchten. Für den Leser wird es zwingender, wenn er merkt, wie Sie zunächst einen Gedanken abhandeln – und dann erst zum nächsten gehen. In der vorliegenden Arbeit war es manchmal schwierig, Ihren Gedankensprüngen zu folgen.
>
> Ein zweiter Ratschlag: Versuchen Sie beim nächsten Mal, sich die wesentlichen Begriffe für das Thema zusammenzustellen. Dabei können Ihnen Wörterbücher helfen, vor allem das Wörterbuch in Sachgruppen, aber auch das Bildwörterbuch der Deutschen Sprache.
>
> Außerdem können Sie mich fragen, wenn es Ihnen schwer fällt, die zutreffenden Begriffe zu finden.
>
> Als deutlichen Fortschritt habe ich an Ihrem Aufsatz gefunden,

dass Sie mit viel mehr Spontaneität geschrieben haben und daher lebendiger als bei den vorangegangenen Arbeiten.

Die Lehrerin hat *genau hingesehen*: auf die Leistung und die Leistungsmöglichkeiten. Nach dieser Beurteilung kann das Lernen weitergehen – und die Beziehung zwischen Schüler und Lehrerin.

»Leistungsbewertungen in Form eines ausführlichen Berichts, wie sie an den Waldorfschulen oder an der Odenwaldschule oder an der Laborschule Bielefeld üblich sind, sind sehr aufwendig. Aber gehört diese beschreibende und analysierende Beurteilung der Entwicklung eines Schülers nicht zum Kern der pädagogischen Arbeit der Schule? Kurze Beurteilungen enttäuschen fast immer, selbst wenn sie sehr gut sind: Ich also bin dem Lehrer keine große Mühe wert gewesen! Die Berichte führen zu einer Entkrampfung des Verhältnisses zwischen Lehrern und Schülern und Schülern und Mitschülern – zusammen mit der Offenheit und Achtung, der Freundlichkeit und Redlichkeit, der Selbstverantwortung und Mitverantwortung, die auch sonst das Klima der Schulen bestimmen sollen.« (Hartmut von Hentig[40])

Das Zensieren zu lassen und stattdessen die Jugendlichen pädagogisch zu unterstützen bedeutet eine Abkehr vom Machtprinzip. Die Hinwendung zum Sympathieprinzip könnte auch hier beginnen: Lehrerinnen und Lehrer lassen sich nicht weiterhin vorschreiben, auf Kinder mit Noten zu zielen und sie dabei zu verletzen. Die Lehrerinnen und Lehrer selbst entfremden sich mit der Praxis der Ziffernbewertung ihrer pädagogischen Hilfsbereitschaft. Sie wollen im Grunde nicht Amtswalter sein, die Punkte zählen, Schüler aussortieren, be- und verurteilen, für viele Kinder Schicksal spielen, sondern eine *helfende Beziehung* eingehen.

Teil dieser helfenden Beziehung ist: die »objektive« Ziffernzensur durch die subjektive pädagogische Unterstützung zu ersetzen. Was die andere Art der Antwort auf eine persönliche Schülerleistung ausmacht, ist nicht eine veränderte »Technik« der Leistungsbewertung oder eine Umwandlung von Ziffernzensuren in Wortbeurteilung; es ist vielmehr ein schonenderer Umgang von Menschen mit Menschen.

Zum persönlichen Erleben: Bin ich selbst Opfer der Ziffernbewertung?

? Welche Erfahrungen machten Sie mit dem Benotet-Werden? Wie war es, wenn Sie gute, und wie, wenn Sie schlechte Noten bekamen? Wie stellten Sie sich als Schülerin oder Schüler auf die Realität der ständigen Leistungsbewertung ein? Welchen Einfluss hatte die Zensurengebung auf Ihre Beziehung zu Lehrern und Eltern?

? Hartmut von Hentig schreibt: »Wer meint, ›meinem Kind machen die Zeugnisse nichts aus‹, ist schon ihr Opfer geworden.« Wie schätzen Sie bei Ihren Kindern die Auswirkungen der Ziffernnoten ein? Welche Rolle spielen Zensuren in Ihrem Familienleben?

? Kennen Sie als Lehrerinnen und Lehrer die Erfahrung des zitierten Kollegen, er müsse durch die Zensuren »die Freundschaft zu den Kindern aufkündigen«?, er könne nicht Lehrer, sondern müsse Richter sein? Falls Sie diesen Rollenkonflikt spüren: Wie kommen Sie damit zurecht, wenn Sie lieber *pädagogisch* handeln würden, statt zensieren?

? Vermutlich möchten Sie zu Ihren Kindern oder Schülern eine freundliche pädagogische Beziehung, sonst würden Sie dieses Buch nicht lesen. Erleben Sie in diesem Kontakt, wie dramatisch sich Zensuren auf das Leben der Kinder auswirken können? Wie ist das für Sie, wenn Sie pflichtgemäß die Schwachen kränken, oder wenn Sie als Eltern sehen, wie Ihr Kind korrekt durch Noten gedemütigt wird?

? In den einzelnen Bundesländern wird die Dienstaufsicht unterschiedlich gehandhabt. Aber Lehrerinnen und Lehrer klagen vielerorts darüber, dass auch sie zensiert werden und dass sie die Art und Weise der dienstlichen Beurteilung in Angst versetzt. Wie ist das bei Ihnen? Erkennen Sie einen Zusammenhang zwischen dem Bewertet-Werden und dem Bewerten-Müssen?

? Beobachten Sie, dass die Notengebung gelegentlich nicht nur mit objektiver Beurteilung, sondern mit Disziplinierung zu tun hat? Etwa, wenn ein Lehrer den Schülern sagt, falls sie sich nicht ordentlich benähmen, müsse er eben »die Notenschraube« anziehen? Oder wenn eine unruhige Klasse mit einer »Ex« zur Ruhe gebracht wird?

? Kennen Sie die Einwände gegen das Lernen ohne Noten, wie: Noten sind Ansporn … Ohne Zensuren würden Schüler nichts lernen … Die Schüler verlangen selbst nach Ziffernnoten … Die Jugendlichen wollen die Rangordnung innerhalb der Klasse wissen … Ohne Noten kommt der Schock später auf die Kinder zu … Das Leben nimmt auch keine Rücksicht … Schlechte Noten machen den Kindern nichts aus, die gewöhnen sich daran … Uns hat es auch nicht geschadet … – Was denken Sie zu solchen Ansichten?

? Ziffernnoten gehören so selbstverständlich zum Schulalltag, dass sich nur wenig Menschen Gedanken über die lernpsychologisch ungünstigen und persönlichkeitsverletzenden Wirkungen der Zensuren machen. Falls Sie sich näher mit den Argumenten für und gegen Noten befassen möchten, können Sie bei der Aktion Humane Schule Bayern (Leonrodstraße 19, 80634 München) eine Broschüre von mir bestellen: Ohne Noten lieber lernen und mehr leisten.

? Schlechte Zensuren sind für Kinder besonders Angst auslösend, wenn die Noten vor der Klasse gnadenlos öffentlich gemacht werden. Könnten Sie etwas dazu tun, die Schüler vor dieser pädagogischen Taktlosigkeit einzelner Lehrer zu schützen?

? Oft wird ein unmittelbarer Zusammenhang sichtbar zwischen Notendruck und psychosomatischen Reaktionen bei Kindern und Jugendlichen. Beobachten Sie solche Zusammenhänge?

»Eine Fünf geschrieben.« Die Lyrikerin Sarah Kirsch bringt dieses Ereignis in Zusammenhang mit Atompilzen, Probe-Alarm und Militär in ihrem Gedicht »Ende des Jahres«:

In diesem Herbst wurden die Atompilze
In den Journalen solch gewöhnlicher Anblick
Dass sich beim Betrachten der Fotografien
Ästhetische Kategorien herzustellen begannen
Die Lage des Blauen Planeten war absehbar
Mein Kind hat eine Fünf geschrieben
Was soll ich sagen, es kostet schon Kraft
Seinen Anblick, die Unschuld ertragen
Und wir leben unser unwahrscheinliches
Abenteuerliches Leben, korrigieren die Fünf
Das Kind geht zur Schule wir pflanzen Bäume
Hören den Probe-Alarm die ABC-Waffen Warnung
Kennen die Reden der Militärs aller Länder.

Was Eltern und Lehrer von Kindern erwarten

Die dem Kind auferlegte Rolle – Erwartungen als Lernanreiz

> In gewissem Grade sind wir wirklich das Wesen,
> das die anderen in uns hineinsehen, Freunde wie Feinde.
> Und umgekehrt: Auch wir sind die Verfasser der anderen.
> Wir sind auf eine heimliche und unentrinnbare Weise
> verantwortlich für das Gesicht, das sie uns zeigen.
> Verantwortlich nicht für ihre Anlage,
> aber für die Ausschöpfung dieser Anlage.
> *Max Frisch*

> Man darf um keinen Preis die Gegenwart der Kinder
> irgendeiner Zukunft opfern.
> *Friedrich Schleiermacher*

Wie sich Kinder entwickeln, hängt auch davon ab, was Eltern und Lehrer von ihnen erwarten. Elterliche Erwartungen können lern*anregend* sein oder lern*störend*. Erwartungen, die hoffnungsvoll stimmen, ermutigen und machen lernbereit. Überfordernde Erwartungen hingegen setzen Kinder unter Druck; der stört das Lernen und löst Versagens-Angst aus. Mütter und Väter »meinen es gut mit den Kindern«: »Wir wollen doch nur sein Bestes.« Aber kommt das gute Meinen auch gut an und bewirkt es immer Gutes?

Eltern, Lehrerinnen und Lehrer tragen durch ihre Person eigene Wünsche und Konflikte in die Erziehungssituation. Erwartungs-Fantasien, mit denen Eltern ihren Kindern bestimmte Rollen zuweisen, können sich schicksalhaft auswirken. Jugendliche geraten in eine hilflose Situation, wenn sie nicht erfüllen, was sich Eltern und Lehrer für sie vorstellen. Das kann sie verzweifeln lassen und seelisch wie körperlich krank machen.

»Der Junge könnte mehr leisten« – Im Netz elterlicher Erwartungen

Jakob musste von seinen Eltern immer wieder den Satz hören: »Du könntest mehr leisten, wenn du dich mehr anstrengen würdest.« Der Junge erreichte mit Mühe Durchschnittsleistungen; in bestimmten Fächern gelegentlich auch mangelhafte. Jakob sagte einmal: »Wie kann man mir nur unentwegt diesen Satz nachhetzen: ›Du könntest mehr leisten, wenn du wolltest.‹ Eine Grundschullehrerin schrieb mir diesen Satz ins Zeugnis, und meine Eltern ließen nicht von dieser Bemerkung ab. Dabei hätten alle sehen können, wie ich mich anstrenge.«

Wenn Jakob es nicht zu schaffen glaubte, quälte ihn die Not des »schlechten Schülers«. Wie manch anderer hielt er sich nicht nur für einen schlechten Schüler, sondern auch für einen schlechten Menschen. Das verletzte sein Selbstwertgefühl; und ohne sicheres Selbstwertgefühl ist es für Kinder schwer, erfolgreich zu lernen. Jakob wollte mehr leisten; deshalb gönnte er sich wenig Freizeit. Seine Misserfolge brachten ihm jedoch die »selbstverständlichen« Demütigungen ein, da mochten die Lehrer noch so freundlich sein. »Ein netter Junge, aber leistungsmäßig gerade noch durchschnittlich.«

Leistungsmäßig: Diese sprachlich barbarische Wortbildung isoliert einen Ausschnitt des Schülers. Sie will nichts vom *Ganzen* des Menschen wissen, von seiner Einmaligkeit. Das Unwort »leistungsmäßig« trennt die Leistung von der ganzheitlicher Entwicklung ab. Es wird nach dem »Effekt« gefragt, nach dem Leistungswert und nicht nach dem Wert des Kindes als ganze Person.

Jakob wollte die Leistungsansprüche der Eltern und Lehrer erfüllen. Dass die Noten in der Klasse vorgelesen wurden, also für Mitschüler wie deren Eltern sein »Schlecht-sein« erkennbar war, kränkte ihn. Die seelische Spannung, in die er geriet, wurde zur körperlichen Spannung. Er klagte häufig über Schmerzen im Nacken- und Schulterbereich. Die Not, die er nicht mitteilen konnte, äußerte er unbewusst durch Körpersymptome.

Der Jugendliche wollte die Eltern nicht enttäuschen. Ihn bedrückte die Angst, nicht mehr gemocht zu werden. Er fühlte sich gefangen im Netz gut gemeinter elterlicher Erwartungen und

schulischer Anforderungen. Jakob verzweifelte an der ihm zuge-
dachten Rolle, besser sein zu müssen. Diese Rolle ging über seine
Wirklichkeit hinweg. Die Erwachsenen nahmen in leistungsorien-
tierter Verblendung seine tatsächliche Situation nicht wahr.

Eltern setzen Hoffnungen in ihre Kinder; das ist natürlich. Aber
es beeinträchtigt deren Leben, wenn Erwartungen nicht auf die
Entwicklungsmöglichkeiten des Kindes bezogen sind. Es geht Müttern und Vätern nicht nur um das Kind, es geht ihnen *auch* um
sich selbst. Wenn Eltern »das Beste für ihr Kind wollen«, verbinden
sie damit auch eigene Bedürfnisse, zum Beispiel unter dem Leitmo-
tiv: »Er soll es einmal besser haben als ich.« Dabei kann ihr wohl-
meinendes Bemühen an den Anlagen und Bedürfnissen des Kindes
vorbeigehen.

Die Schule verschärft den Druck auf Eltern und Kinder, wenn
bereits Zehnjährige ihre Schullaufbahn festlegen sollen. Die frühe
Entscheidung können ohnehin nur die Eltern treffen. Sie ist bei
starren Schulverhältnissen später schwer zu korrigieren und kann
bedrückende Schulschicksale in Gang setzen. Zum Beispiel wenn
Kinder als Gestrauchelte in die Hauptschule zurückverwiesen werden und unter dem Makel leiden, dort zum »Rest« zu gehören. Andere »verpatzen« von vornherein den unter elterlichem Diktat versuchten Einstieg ins Gymnasium und bleiben mit verletztem Selbstwertgefühl zurück.

Optimistische Lehrer – Erwartete Tüchtigkeit
macht tüchtiger

Unbewusste und bewusste Erwartungen können sich positiv und
negativ auf das Lernen auswirken. Nicht nur die von *Eltern*, sondern auch die von Lehrerinnen und Lehrern beeinflussen das schulische Lernen. Der Zusammenhang zwischen dem, was Lehrer erwarten, und der Schülerleistung wurde wiederholt untersucht. Dabei zeigte sich: Die Erwartung von Lehrern beeinflusst, wie sich
Schüler verhalten und wie erfolgreich sie lernen. Lehrerinnen und
Lehrer behandeln Schüler unterschiedlich, je nachdem, was sie von
diesen erwarten. Damit bewirken sie bei den Kindern und Jugendli-

chen unterschiedliche Leistungserfolge. Höhere Leistungserwartungen führen dazu, dass Lehrerinnen Misserfolge eines Schülers nicht darauf zurückführen, dass dieser nicht zu besserer Leistung *fähig* sei, sondern darauf, dass er sich zu wenig *angestrengt* habe. Der Schüler merkt: Der Lehrer traut mir bessere Leistungen zu. Dadurch verändert er das Bild von sich selbst, sein Selbstbild. Er glaubt wie der Lehrer, er sei fähig, Gutes zu leisten. Das macht ihn erfolgszuversichtlich und bereit, sich anzustrengen.

In Untersuchungen zeigte sich: »Lehrer erwarten von vermeintlich schwachen Schülern weniger und behandeln sie entsprechend. Diese Kinder werden im Vergleich zu den als begabt bezeichneten häufiger aufgerufen, der Lehrer lächelt sie seltener an, nickt weniger mit dem Kopf, sie werden häufiger kritisiert, und zwar vor allem bei falschen Reaktionen; bei guten Antworten empfangen die schwachen Schüler seltener Lob, und insgesamt reagiert der Lehrer zumeist überhaupt nicht auf ihre richtigen oder falschen Antworten. Im Falle unzureichender Antworten zeigt der Lehrer geringe Bereitschaft, eine Frage zu wiederholen oder umzuformulieren.«[41]

»Schlechte« Schülerinnen und Schüler, die wegen ihrer schwachen Leistungen ermutigungsbedürftig sind, werden oft schärfer beurteilt als die »guten« Schüler. Bei einer Untersuchung fand man in den Diktatheften sehr guter Schüler 39 Prozent von Lehrern übersehene Fehler, in denen der sehr schlechten wurden nur 12 Prozent übersehen.[42]

Lehrerinnen und Lehrer schaffen – meist ohne es zu wissen und zu wollen – für verschiedene Schüler ungleiche Lernumwelten. Bei Schülern, die sich schwer tun, verstärken sie die Lernschwierigkeiten, während sie die guten Schülerinnen und Schüler anspornen. Eltern und Erzieher sollten sich bewusst machen, wie verhängnisvoll es sich auf Kinder auswirkt, wenn Lehrer abfällig an so genannte »schlechte Klassen« herangehen – oder wie förderlich, wenn sie die Schüler spüren lassen: Wir werden durch unsere Arbeit gemeinsam vorankommen. Es verletzt das Selbstwertgefühl, wenn Eltern und Lehrer geringschätzig von »schlechten Schülern« sprechen. Hingegen stärkt es die Selbstachtung, wenn Kinder erleben: Die Erwachsenen trauen mir etwas zu.

Optimistische Lehrer machen es wahrscheinlich, dass sich die

Schüler positiv verändern. Bei zuversichtlichen Lehrern empfinden Kinder weniger Angst, trauen sich mehr zu, fühlen sich akzeptiert – und das macht sie tüchtiger. Die Schülerinnen und Schüler können dann aus ihrer Spontaneität heraus etwas gestalten, hingegen wird es schwierig für sie, wenn sie aufgrund enger Erwartungen ihr Eigenes zu wenig entwickeln dürfen und sich anpassen müssen.

Die unterschiedlichen Erwartungen von Lehrerinnen und Lehrern an Schüler können durch vielerlei mitbestimmt sein: aus welcher Familie das Kind stammt, wie es aussieht, wie es sich gibt, welche Noten es bisher hatte, welchen ersten Eindruck es hinterlässt. Spontane Erwartungen werden leicht zu Vorurteilen. Wie sich diese auswirken, kann man sich so vorstellen:

⇨ Die Erwartungen des Lehrers bestimmen mit, wie er sich dem Schüler gegenüber verhält. Er behandelt die Kinder in einer Weise, die mit dem, was er erwartet, übereinstimmt. Erwartet er Positives, lobt er die Schüler häufiger, ist ihnen gegenüber aufmerksamer, sucht Kontakt zu ihnen, ist zuversichtlicher, erkennt rasch, wenn sie etwas richtig gemacht haben.

⇨ Die Kinder reagieren auf den Lehrer entsprechend der positiven Erwartung: Sie werden aufmerksamer, hoffnungsvoller, mutiger; die Lernbereitschaft steigt, das Selbstwertgefühl wird sicherer. Das beeinflusst die Leistung günstig.

⇨ Kinder neigen dazu, die von den Erziehern akzeptierten Verhaltensweisen auch künftig zu zeigen. Sie übernehmen die Lehrer-Erwartung und machen sich die Ansicht des Lehrers über ihre Leistung zu Eigen. Das bedeutet zum Beispiel: Weil sie der Lehrer für tüchtig hält, erklären sie ihren Misserfolg nicht mehr mit mangelnder Begabung, sondern mit mangelnder Lernanstrengung. Die Lernanstrengung kann der Schüler beeinflussen, indem er sich mehr anstrengt.

⇨ Das Bewusstsein der Schüler, etwas zu erreichen, wenn sie sich mehr anstrengen, verbessert die Lernmotivation und die Bereitschaft, sich anzustrengen. Dies führt zu besseren Leistungen.

⇨ Höhere Lernmotivation und gute Leistung des Schülers bestärken wiederum den Lehrer darin, den Schüler weiterhin günstig einzuschätzen. Der Leistungserfolg des Kindes bestätigt die Erwartung des Lehrers: Es kommt zur »Sich-selbst-erfüllenden-Prophezeiung«.

⇨ Die Haltung des Lehrers stützt das Selbstwertgefühl des Kindes: das Lehrer-Vertrauen wird zum Selbstvertrauen.

Lehrer-Erwartungen haben nicht nur im Hinblick auf Schulleistung Folgen, sondern auch hinsichtlich des Verhaltens. Schwierige Schüler werden beispielsweise oft in der Rolle des »Schwierigen« festgehalten: Die negative Erwartungshaltung der Umgebung erschwert es ihnen, ihr störendes Verhalten zu korrigieren.

»Mein Vater baute mir die Hölle« – Lernabneigung durch Zwang

Dramatisch wird es für Kinder, wenn sie sich durch elterlichen Erwartungsdruck erpresst fühlen. Georg Hensel[43] erzählt dazu Szenen aus seinem Leben:

> Mein Vater erklärte mir meine Situation. »Ein Jahr lang«, sagte er, »bezahle ich das Schulgeld. Dann kriegst du eine Freistelle. Damit du sie bekommst, brauchst du lauter gute Noten, nur Einser und Zweier. Du willst doch sowieso besser sein als der Durchschnitt. Wenn du dann keine Freistelle kriegst, musst du zurück auf die Volksschule. Blamier dich nicht.« Mein Vater hatte mir, ohne sich viel dabei zu denken, die perfekte Hölle gebaut: Eine Durchschnittsnote, über die meine Klassenkameraden jubelten, trieb mir die Tränen in die Augen, ich musste besser sein, immer und in allen Fächern.
>
> Ohne die Hilfe meiner Mutter hätte ich die Schule nicht überstanden. Ich hatte wenig Spaß am Lernen, sie aber setzte sich jeden Nachmittag zu mir an den Küchentisch und hörte die neuen Wörter ab … Meine Mutter kontrollierte alles genau und so lange, bis ich die Wörter fehlerlos im Kopf hatte. Dann musste ich ihr erzählen, was ich in den anderen Fächern lernte, und sie fragte nach den Einzelheiten, um mich zum Wiederholen zu zwingen. Ihr Ehrgeiz war meine Note Eins, ich aber war heilfroh, wenn ich die Note Zwei erreichte. Die Note Drei hielt auch ich für eine Katastrophe.
>
> Nach zwei Jahren hatte sie es geschafft: Ich bekam ein schlechtes Gewissen und wurde unfähig zu spielen, bevor ich mein Pensum laut

aufsagen konnte, und sie brauchte das nicht mehr zu kontrollieren. Sie hatte mich zu einem fleißigen, wenn auch lustlosen Schüler gemacht. Und so bin ich geblieben: Ich löste die Aufgaben, die mir das Leben stellte, aus Gewohnheit und nur selten mit Vergnügen. Aber ich bemühte mich so zu tun, als sei alles doch irgendwie ein Spaß.

Nach dem heimlichen Prinzip »du sollst nicht merken« (Alice Miller), zwangen die Eltern den Jungen sich so zu verhalten, wie sie es sich vorstellten. Sie befürchteten mögliche Gegenströmungen im Kind, denen man frühzeitig begegnen muss: zu einem Zeitpunkt, zu dem das Kind noch nicht selbst entscheiden kann. Sie vertrauten nicht darauf, im Kind würde sich das Richtige entwickeln, ohne es erzwingen zu müssen.

Der Schüler opferte seine Spontaneität, um zu erfüllen, was seine Eltern forderten; denn kein Kind kann die Zuwendung von Mutter und Vater aufs Spiel setzen.

»Ich wurde unfähig zu spielen …«, berichtet Georg Hensel. Nicht selten hört man von leistungsorientierten Müttern und Vätern, das Kind sei so verspielt, es hätte nicht den nötigen Ernst zur Arbeit. Dabei ist freies Spielen bei Kindern eine Voraussetzung dafür, gut arbeiten zu können. Im Spiel entwickeln sie Fantasie, schöpferische Gestaltungskraft, Ausdauer, Geschicklichkeit. Manchmal spielen sich Kinder sogar gesund.

Bei den seelischen Vorgängen, die durch Erwartungen und Vorhersagen ausgelöst werden, sprechen wir in der Psychologie von »sich selbst erfüllender Prophezeiung«. Eltern, Lehrerinnen, Lehrer und Erzieherinnen treffen eine Voraussage, wie sich ein Kind verhalten wird und was es leisten kann. Sie verhalten sich in der Folge ihrer Voraussage – bewusst oder unbewusst – so, dass die Vorhersage eintritt und sich die Prophezeiung erfüllt.

Sich-selbst-erfüllende Prophezeiung – Bekommt Kassandra Recht?

Wie schicksalhaft sich Erwartungshaltungen in der Beziehung zwischen Erwachsenen und Kindern auswirken, zeigt die Völkerkundlerin Margaret Mead an einem Beispiel aus Neuguinea. Dort bestand bei einem Eingeborenenstamm die Auffassung, ein Kind, »dem bei der Geburt die Nabelschnur eng um den Hals geschlungen ist, gilt nach angeborenem und unbestreitbarem Recht als zum Maler bestimmt«. Hier hat eine Kultur »eigenständig, aber auf fantasievolle Weise zwei vollkommen beziehungslose Dinge zusammengebracht: den Verlauf der Geburt und die Fähigkeit, verschlungene Muster auf Baumrinde zu malen … Wenn wir weiter erfahren, dass dieser willkürlich hergestellte Zusammenhang so hartnäckig behauptet wird, dass wirklich nur ein auf diese Weise Geborener gute Bilder malen kann, während der normal Geborene nie ein Künstler werden wird, dann erkennen wir die Macht solcher Erwartungen, die Eltern und Erzieher an die Kinder herantragen.«[44]

Aus psychoanalytischen Behandlungen wissen wir, wie mächtig sich der Glaube oder Unglaube von Eltern in ihr Kind in diesem festsetzt. Oft sind die Folgen solcher Erwartungen nur schwer zu korrigieren. Max Frisch[45] beschreibt das so:

Kassandra, die Ahnungsvolle, die scheinbar Warnende und nutzlos Warnende, ist sie immer ganz unschuldig an dem Unheil, das sie vorausklagt? Dessen Bild sie entwirft? Irgendeine fixe Meinung unsrer Freunde, unsrer Eltern, unsrer Erzieher, auch sie lastet auf manchem wie ein altes Orakel. Ein halbes Leben steht unter der heimlichen Frage: Erfüllt es sich oder erfüllt es sich nicht? Mindestens die Frage ist uns auf die Stirn geschrieben, und man wird ein Orakel nicht los, bis man es zur Erfüllung bringt. Dabei muss es sich durchaus nicht im geraden Sinn erfüllen, auch im Widerspruch zeigt sich der Einfluss darin, dass man so nicht sein will, wie der andere uns einschätzt. Man wird das Gegenteil, aber man wird es durch den anderen.

Eine Lehrerin sagte einmal zu meiner Mutter, niemals in ihrem Leben werde sie stricken lernen. Meine Mutter erzählte uns jenen Ausspruch sehr oft, sie hat ihn nie vergessen, nie verziehen, sie ist eine leidenschaftliche Strickerin geworden und alle die Strümpfe und Mützen, die Pullover, die ich jemals bekommen habe, am Ende verdanke ich sie allein jenem ärgerlichen Orakel!

Nachdenken über Erwartungen als Eltern, Lehrerinnen und Lehrer

? Erfuhr ich an mir selbst, dass meine Eltern bestimmte Erwartungen auf mich richteten? Wie war das für mich? Wann wirkten solche Erwartungen unterstützend und wann überfordernd? Was kann ich aus Kindheitserfahrungen für meine jetzige Situation als Mutter, Vater, Erzieherin, Lehrerin und Lehrer folgern?

? »Spürte« ich als Kind Erwartungen der Eltern, ohne dass sie ausgesprochen wurden? Versuchte ich mich in die elterlichen Erwartungen einzufühlen und ihnen nachzukommen? Konnte ich solche Erwartungen auch zurückweisen? Erinnere ich aus meiner Schulzeit, dass Lehrerinnen und Lehrer Erwartungen auf mich richteten? Wie ging es mir damit? Erleben meine Kinder heute vielleicht Ähnliches?

? Welche Erwartungen habe ich an die Kinder? Gibt es heimliche Wünsche, derer ich mir nicht bewusst bin und durch die ich die Kinder in eine bestimmte Richtung lenken möchte? Fallen mir Beispiele dafür ein, wie sich Erwartungen und Erwartungsfantasien in meinem Verhalten oder in Bemerkungen dem Kind gegenüber äußern?

? Mache ich Beobachtungen und Erfahrungen dazu, wie sich positive Erwartungen und Vorhersagen für meine Kinder auswirken? Konnte ich bei mir oder in meiner Umgebung beobachten, welche Folgen negative Erwartungen und Vorhersagen haben?

? Habe ich bestimmte Wünsche, wie mein Kind sein und was es werden sollte? Kann ich erkennen, ob diese Wünsche aus persönlichen Motiven von mir stammen? In welcher Rolle sähe ich mein Kind gern? Schreibe ich womöglich meinem Kind eine Rolle zu, um mein eigenes Ich zu stützen?

? Fälle ich Vorurteile über Kinder, die deren Chancen einengen, ihr Eigenes zu entfalten? Achte ich darauf, Kinder durch meine Erwartungshaltungen nicht einzuengen?

? Entdecke ich persönliche Entwicklungsmöglichkeiten von Kindern und nehme sie zustimmend an? Fördere ich das Kind individuell oder neige ich dazu, es anderen gleichzuschalten? Vermute ich besondere Begabungen, und akzeptiere ich, dass andere Anlagen nicht vorhanden sind?

? Kann ich mein Kind so annehmen, wie es *jetzt ist*, oder muss ich mehr daran denken, wie es einmal sein *soll*? Frage ich womöglich zu einseitig danach, was das Kind *später* braucht, anstatt sein heutiges Glück, seine jetzt zu entwickelnde Ich-Stärke im Auge zu behalten?

? Bin ich mit meinem eigenen Leben zufrieden und brauche deshalb keine unangemessenen Erwartungen auf die Kinder zu richten? Oder möchte ich es für mich befriedigender und sinnerfüllter gestalten, wodurch auch die Beziehung zu den Kindern entlastet würde?

Erwartungs-Fantasien: »Er muss so werden wie ich«

Selbstvertrauen und Lernentwicklung, seelische Krankheit und seelische Gesundheit sind eng verknüpft mit bewussten und unbewussten Wünschen der Eltern. Mütter und Väter beeinflussen die seelische Entwicklung der Kinder nicht nur durch ihr Verhalten: wie streng oder milde sie sind, wie gewährend oder versagend, zuwendend oder ablehnend.

Bruno Bettelheim meint dazu: »Kinder reagieren oft weniger auf das, was ihre Eltern bewusst tun, als darauf, was in deren Unbewusstem vorgeht. Die schulische Unfähigkeit eines Kindes kann auf dessen Meinung beruhen, seine Leistungen seien den Eltern wichtiger als es selbst mit seinen individuellen Bedürfnissen, Wünschen und Ängsten. Weder Faulheit noch mangelndes Interesse ist dann der Grund, weshalb es nicht fleißig lernt, sondern tiefe Enttäuschung darüber, dass wir uns mehr für seine Leistung interessieren als für seine Person. Eltern und Lehrer sollten dem Kind das Gefühl geben, dass sie an ihm selbst interessiert sind.«[46]

In einer Untersuchung fand Horst-Eberhard Richter[47] heraus: Eltern weisen ihren Kindern Rollen zu, oft ohne es zu merken. Sie erwarten etwas Bestimmtes, um eigene unerfüllte Wünsche zu verwirklichen. Das Kind wird in eine Rolle gedrängt, in der es sein soll, wie die *Eltern* gern sein möchten. In dieser Rolle hat es die Enttäuschungen aufzuheben, die im Leben der Eltern aus unerfüllten Wünschen zurückblieben. Oder es muss elterliche Ideale erfüllen: »Es soll erreichen, was ich nicht geschafft habe.« Oder muss die elterliche Lebensgeschichte korrigieren: »Das Kind soll es einmal besser haben als ich.« Es soll Ziele erreichen, die die Eltern verfehlt haben.

Früher nahm man an, das Kind nehme nur wahr, was die Eltern konkret mit ihm machen, hingegen bleibe ihm verschlossen, was die Eltern unbewusst mit ihrem Tun *meinen*. Selbst wenn es manches von den elterlichen Wünschen erspüre, reagiere es nicht weiter darauf. Es richte sich nach dem, was sich im elterlichen Verhalten unmittelbar ausdrücke. Tatsächlich aber ist es anders: Das Kind fühlt sich in unbewusste Wünsche, Erwartungen und Konflikte der Eltern ein.

Bei Störungen im Lern- und Leistungsbereich sind oft unbewusste Einstellungen der Eltern beteiligt. Es handelt sich zum Beispiel darum, dass Eltern in das Kind Eigenschaften »hineinsehen«, die in Wirklichkeit ihren *eigenen* Wünschen und Konflikten entstammen. Ohne bewusste Absicht suchen sie in ihm Merkmale ihres eigenen Selbst. Man spricht bei diesem Vorgang von narzisstischen Projektionen: Die Eltern verlegen persönliche Wünsche in die Heranwachsenden hinein. Sie nehmen eigene Impulse nicht bei sich selbst wahr, sondern im Kind.

In manchen Fällen sind die Erwartungen der Eltern aus deren eigenen Konflikten heraus besonders stark. Diese Eltern kontrollieren und regeln dann die gesamte kindliche Lebensgestaltung unter dem Gesichtspunkt, als handle das Kind immer nur stellvertretend für sie selbst. Im Erleben solcher Mütter und Väter ist es so, als entscheide das Kind über ihr Glück.

Bis zu einem gewissen Maß sind elterliche Erwartungs-Fantasien natürlich. Die Eltern wollen, dass das Kind gut lernt und geben mit diesen Wünschen Entwicklungsanstöße. Lernstörend oder psychisch krank machend wirken Erwartungen, wenn sie das Kind einengen und in eine Rolle drängen, die ihm nicht gemäß ist. Die Eltern suchen zum Beispiel in Tochter oder Sohn,

was sie selber sind oder
was sie selbst früher einmal waren oder
wie sie selbst gern sein möchten oder
wie sie selbst nicht sein dürfen, aber doch gern wären.

Manche erfolgreichen Väter neigen dazu, den Sohn zu ihrem Abbild zu machen, sich die väterlichen Einstellungen zu Eigen zu machen. Erfüllt dieser die Abbild-Forderung nicht, kränkt das die Eltern. Sie reagieren beleidigt, wenn der Sohn nicht geneigt ist, den Beruf des Vaters zu erlernen, ein bestimmtes Studium zu wählen, die Firma der Eltern zu übernehmen.

Erreichen, was ich nicht geschafft habe – Die Zither im Weiher versenkt

Angespannt wird die Situation des Kindes, wenn es elterliche Ideale verwirklichen soll. Eltern suchen im Kind, was *sie* sein möchten; es soll werden, was sie selbst gern geworden wären. Sie konnten ihre eigenen Wunschvorstellungen nicht leben, diesen Mangel soll das Kind beheben, indem es stellvertretend für die Eltern deren Ich-Ideal erfüllt. Eltern wollten zum Beispiel gute Schüler sein, in einem bestimmten Fach hervorstechen, eine glanzvolle Karriere machen, ein ersehntes Berufsziel erreichen: Architektin oder Arzt, Schauspieler oder Ingenieur, Techniker oder Künstlerin, Handwerker oder Kaufmann.

Der zwölfjährige Walter sollte erfüllen, was sein Vater nicht geschafft hatte. Der Junge ging in die zweite Klasse eines Gymnasiums, schrieb mangelhafte Noten und hatte das Gefühl: »Das schaffe ich nie.« Er litt unter Appetitlosigkeit und konnte abends nicht einschlafen. In der Nacht wachte er schweißgebadet auf und hatte Angst. Der Vater meinte: »Er könnte schon, wenn er wollte. Er soll sich mehr anstrengen, dann braucht er keine Angst zu haben. Ich will, dass es Walter einmal besser hat als ich. Fünfzehn Jahre lang habe ich am Fließband gestanden, das will ich meinem Jungen ersparen. Er muss es schaffen, koste es, was es wolle.«

Dieser Vater hoffte gut meinend, sein Sohn würde Ziele erreichen, die ihm selbst versagt blieben. Oft wünschen sich Eltern, das Kind möge ihre Person positiv fortsetzen. In solchen Rollenzuschreibungen stecken Merkmale normaler Eltern-Kind-Beziehungen. Gefährlich wird es, wenn die Erwartungen der Eltern starr, eng und einseitig sind: Die Erwachsenen nehmen dann das dem Kind eigene Wesen nicht mehr wahr.

Eltern und Erzieher wissen nicht, welche Fähigkeiten ein Kind entwickeln kann. Aber sie können es vielfältig anregen. Dann wird es *die* Lernchancen herauszufinden, die ihm entsprechen. Dabei können wir erbliche Anlagen nicht verändern, aber sie entdecken und ausschöpfen. Um herauszufinden, ob ein Kind beispielsweise musikalisch ist, muss es musikalisch angeregt werden durch Miteinandersingen, Spielen, Musikhören, Musizieren. Daraus kann der

Wunsch erwachen, ein Instrument zu lernen. Die Eltern unterstützen das Kind, die gelegentliche Unlust des täglichen Übens zu überwinden und sie freuen sich an den musikalischen Fortschritten. Verhängnisvoll hingegen ist es, wenn ein Kind jahrelang gezwungen wird, Klavier zu üben, ohne dass es dazu Bereitschaft und Freude entwickelt. Nicht jedes Kind besitzt die Kraft, sich gegen Erwartungen so drastisch zu wehren wie Oskar Maria Graf; er erzählt aus seiner Kindheit[48]:

> Ich musste das Zitherspielen lernen. Kaum kam ich von der Schule heim, ging das Üben an. Immer das Gleiche, die Noten und dann endlich die Melodie »Rosenstock, Holderblüh!« Aber ich lernte nichts, wenngleich alle Strenge angewandt wurde. Den Schneider, bei dem ich die Zitherstunden nahm, bestach ich mit Brot und Biergeld. Er gab sich keine Mühe mehr. Mir wurde die Zither verhasst. Eines Tages, als ich zur Zitherstunde gehen sollte, lauerte ich hinter dem Nachbarzaun so lange, bis ich nichts mehr hörte. Dann öffnete ich den Zitherkasten, warf Sand und Steine hinein und versenkte das verhasste Instrument im Weiher beim Nachbarn. Am anderen Tag, als ich üben sollte, fand sich die Zither nicht mehr. Ich log und log und bekam furchtbare Prügel, aber ich war erlöst.

Oskar lernte durch den Musikunterricht nicht Zither spielen, sondern die Zither hassen; das »Spielen« wurde ihm zur Qual. Ähnlich lernen Zehntausende von Schülerinnen und Schülern beispielsweise im Lateinunterricht weniger Latein, als Latein zu hassen, wenn das Fach nichts mit ihrem Leben zu tun hat. Das gilt für jedes Unterrichtsfach, wenn ausschließlich Zwang der Lernanlass ist.

Krank durch Erwartungs-Druck: Siegharts Sportlerkarriere

Der Druck von Erwartungen kann in Kindern seelische oder psychosomatische Störungen verursachen: Angstzustände und Schlaflosigkeit, Bauchweh, Kopfschmerz, Konzentrationsschwäche und Lernverweigerung, Zähneknirschen, Nägelbeißen, Einnässen, zu hoher

Blutdruck und Muskelverspannungen. In diesen Symptomen drückt sich die seelisch nicht mehr zu verkraftende Dauerspannung aus.

Bei einem Teil der Kinder geht der elterliche Erwartungsdruck nicht nur von schulischen Lernanforderungen und Hausaufgaben aus, sondern von einem Terminkalender mit Ballett und Sportverein, Musikstunde und Bastelkurs, Reiten oder Tennis. Manche leistungsstrebige Eltern fantasieren sich ihre Kinder als Tennisstars und Eislaufprinzessinnen. Schon in Vorschulalter und Grundschule müssen die künftigen Stars und Hochleistungssportler auf Tennisplatz oder Eis ihren Spielwünschen entsagen, um sich Turnübungen, Kunstlauffiguren und Tennisschläge einpauken zu lassen, verbunden mit unzähligen schmerzhaften Stürzen und Verletzungen. Diese Kinder sind oft Spielball ehrgeiziger Wünsche und Hoffnungen von »Eislaufmuttis« und »Trainervätern«, später dann der ganzen Gesellschaft, die sie mit Millionenprofiten »entschädigt«.

Für einen Jugendlichen wurde die väterliche Erwartung leitend für seine Sportlerkarriere. Sieghart war ein hervorragender Ski-Abfahrtsläufer und demonstrierte eine furchtlose Haltung. Die Personen seiner Umgebung ahnten nichts von seinen Angstanfällen. Diese wurden durch kleine Anlässe ausgelöst: Ein ungewohntes Geräusch im Haus versetzte ihn in ängstliche Erregung, die Luft blieb ihm weg und er wurde bleich im Gesicht. Beim abendlichen Nachhauseweg vom Training fühlte er sich plötzlich verfolgt und geriet in panische Angst mit Atemnot und Herzjagen.

Für die Angehörigen war der geheim gehaltene Gegensatz zwischen dem »schneidigen« Sportler und seinen Angstzuständen unverständlich; schließlich gehörte er zur Weltelite der Abfahrtsläufer und belegte dort Platz neun. Sein Vater erfüllte sich mit der Karriere seines Sohnes ein von früh an gehegtes Ideal. Er war begeisterter Skifahrer und träumte von Siegen und Medaillen. Nun sollte der Junge erreichen, was ihm versagt blieb.

Dieser erwarb durch sportlichen Ehrgeiz die Zuwendung des Vaters. Gleichzeitig lauerten hinter der väterlichen Verwöhnung bedrohliche Fragen: Was ist, wenn ich nicht mehr Neuntbester der Welt bin? Müsste ich nicht Olympiasieger sein? Es schien, als hingen die Angstanfälle mit der Furcht zusammen, nicht mehr geliebt zu werden, wenn die erwarteten Leistungen ausblieben. Die neurotische Angst wurde schließlich lebenseinschränkend und der Jugendliche suchte psychotherapeutische Hilfe.

Es galt in der Therapie, die *eigentliche* Angst aufzusuchen: die Angst, ohne Hochleistung nichts mehr zu gelten, die Erwartungen der Umwelt zu enttäuschen. Aber es handelte sich auch um die reale Angst vor Körperverletzung bei den riskanten Abfahrtsrennen.

Im Lauf der Psychotherapie lernte der junge Mann, sich vom Erwartungsdruck zu befreien und einen anderen Mut zu entwickeln als den, tollkühn eisglatte Steilhänge zu meistern: Er fand den Mut, seine Angst zuzulassen und sich mit den Gefährdungen auseinander zu setzen; er gewann Mut, sich nicht mehr den ehrgeizigen Anforderungen seiner Umgebung zu unterwerfen, sondern zu spüren, was er *selber* wollte; er übte den Mut, seine Wünsche wahrzunehmen. Schließlich erarbeitete er sich die Courage – und das gehörte zum Schwierigsten –, sich von seinem Vater abzulösen und sein Leben selbstverantwortlich in die Hand zu nehmen.

Er wollte sich nicht weiterhin dem Druck beugen, der nicht mehr vom Vater direkt ausging, sondern den er verinnerlicht hatte. In dem Maße, in dem er solchen Mut riskierte, konnte sich die unterdrückte Angst nicht mehr selbstzerstörerisch in seiner Neurose auswirken, sondern wurde zur konstruktiven Kraft. Er lernte, so zu leben, wie *er* wollte. Dazu gehörte, das leistungsbesessene Skirennen aufzugeben, dafür wieder Freude am Skilaufen zu finden.

Was sich hier am Leistungssport zeigte, gilt für alle Lern- und Lebensbereiche. Die Kinder wollen elterliche Erwartungen erfüllen und sind dafür bereit, sich anzustrengen. Wenn sie sich mit ihrer Leistungsmotivation überfordern, gefährdet das die Gesundheit. Um Anerkennung und Zustimmung der Eltern zu erringen, geraten einfühlsame und ängstliche Kinder in angespannte Leistungssituationen, die sie körperlich und psychisch krank machen können.

Ermutigende Erwartungen als pädagogisches Gebot: Kinder wahrnehmen

✓ *Vertrauen in die Kinder*

Viele Eltern und Erzieher begleiten die Kinder mit dem Misstrauen, ob diese sich auch schnell genug entwickeln, die »richtigen« Fähigkeiten ausbilden. Dabei könnten sie erkennen, mit wie viel Spontaneität Kinder von klein an die schwierigsten Lernvorgänge meistern: Sie lernen sitzen, krabbeln, stehen, gehen, laufen, zuhören, sprechen – und das alles ohne Lehrer. Erwachsene dürfen auf die den Kindern innewohnende Kraft vertrauen, »größer« und eigenständig werden zu wollen.

✓ *Lernerfolg erfahren lassen*

Jedes Kind möchte Gutes leisten, aber starker Erwartungsdruck blockiert die Leistungsfähigkeit und Lernfreude. Deshalb müssen wir vor allem fragen: Wie kann ich im Kind Lernbereitschaft wecken und es in seiner Lernfähigkeit so unterstützen, dass es Lernerfolg erfährt? Denn Lernerfolg ist die beste Voraussetzung für weiteren Erfolg.

✓ *Die Eigenheit des Kindes achten*

Jedes Kind ist eine einmalige Persönlichkeit. Unterschiedliche Anlagen und Wesensmerkmale der Kinder zu entdecken und zu fördern, ist die pädagogische Aufgabe. Dazu müssen wir auf die Regungen des Kindes achten, es aufmerksam und ganzheitlich wahrnehmen, es mit seinen Schwächen schützen und ihm helfen, sie zu überwinden.

✓ *Erwartungs-Fantasien bewusst wahrnehmen*

Die Erinnerung an die eigene Kindheit hilft dabei, sich in Kinder einzufühlen. Einengende Erwartungen entstammen gelegentlich einer unbefriedigenden Lebenssituation der Eltern. Deshalb ist es wichtig, sich als Eltern und Erzieher zu fragen: Bin ich mit meinem eigenen Leben zufrieden – oder möchte ich es für mich sinnvoller gestalten? – Wenn die Erwachsenen ihre *eigenen Lebenswünsche* verwirklichen, entlastet das die Beziehung zu den Kindern.

✓ *Durch positive Vor-Urteile das Lernen unterstützen*

Die Annahmen, die Eltern und Lehrerinnen über ein Kind haben, lenken dieses in die erwartete Richtung. Es kommt zur *»sich selbst erfüllenden Prophezeiung«*: Der Erwachsene trifft eine Vorhersage und verhält sich dann so, dass seine Voraussage eintreffen kann. Eltern und Erzieher dürfen keine negativen Vor-Urteile entstehen lassen; denn diese schränken die Entwicklung ein. Es gilt, die *persönlichen Möglichkeiten* des Kindes herauszufinden. Eltern wie Lehrer sollten der spontanen Lernentwicklung *nachfolgen*. Anstatt zu *erziehen*, schaffen sie eine *helfende Beziehung*. Diese schreibt nicht vor, sondern entdeckt und unterstützt das im Kind Angelegte.

✓ *Entwicklungsmöglichkeiten offen halten – der pädagogische Imperativ*

Eltern, Lehrerinnen und Lehrer sollten so handeln, als könnte sich im Kind mehr entwickeln, als es gerade scheint. Dazu müssen wir überzeugt sein, dass Hemmungen überwunden und Fehlverhalten abgebaut werden können. Zu jeder Zeit ist neues Lernen möglich. Wir wissen nie, ob ein Mensch seine Möglichkeiten erreicht hat. Deshalb sollten wir seine Entfaltungschancen immer zum Guten auslegen. Dazu braucht es Lern- und Lebenssituationen, in denen Zuversicht wächst, das Kind Fehler machen darf und Hoffnung auf Erfolg haben kann.

✓ *Den Kindern Lernmöglichkeiten anbieten und sie herausfordern*

Das Kind braucht Herausforderungen, die es bewältigen und an denen es *Kraft entfalten* kann. Verwöhnendes Erziehungsverhalten macht ich-schwach, Überfütterung führt zu Passivität und Lernabwehr, gleichgültiges Gewährenlassen zu Desorientierung und Unsicherheit.

✓ *Kindern etwas zutrauen – ihr Selbstbild stärken*

Kinder wollen »größer werden« und es den Erwachsenen gleich tun. Von klein auf streben sie danach, etwas *selber* zu machen. Je mehr sie erleben, dass Eltern, Erzieherinnen und Lehrer ihnen etwas zutrauen, umso mehr »trauen« sie sich: Sie entwickeln Selbstvertrauen. Dazu brauchen sie Anregungen und Aufgaben, die ihren Kräften angemessen sind.

✓ *Die Kindheit als jetzt gültige Lebensform bejahen*
Kindheit darf nicht »Einübung des Lebenskampfes der Erwachsenen« sein. Vielmehr muss das »Hier und Jetzt« der jeweiligen Altersstufe akzeptiert werden: das Recht, ein Kind zu sein. Sein heutiges Glück ist maßgebend für sein künftiges: das Glück der gut getanen Arbeit, die Freude am persönlichen Lernwachstum, der Leistungsstolz über eine gemeisterte Schwierigkeit. Die jetzt entwickelte Ich-Stärke ist wichtiger als die Frage nach dem, was das Kind *später* braucht. Um keinen Preis dürfen Eltern, Lehrerinnen und Lehrer die Gegenwart der Kinder irgendeiner Zukunft opfern.

Schule kann auch Lehrer krank machen

Seelische Belastung durch Schüler und Vorgesetzte

> Zu fragen wäre, ob nicht die »Natur« des Menschen eben darin
> besteht, dass selbst die letzte Zelle noch, die man unter dem
> Mikroskop isoliert, die Zelle einer ganz bestimmten Person ist und
> sich nach dieser Person verhält. – Wie jedem Menschen gab mir
> der Körper Zeichen; anders als andre war ich nicht imstande,
> die Zeichen zu übergehen.
>
> *Christa Wolf*

Nicht nur Kinder, auch Lehrerinnen und Lehrer leiden unter schulbedingten psychosomatischen Erkrankungen. Zum Beispiel bei
Konflikten mit Schülern und schwierigen Klassen, in der Prüfungssituation junger Lehrer und bei den kontrollierenden Visitationen
durch Schulrat oder Direktor, denen sich Lehrer unterwerfen müssen. Auch Probleme im Kollegium und mit Vorgesetzten können so
bedrücken, dass die seelische Unbill den Körper stört. Die Aus-
drucksformen psychosomatischer Erkrankungen sind vielfältig:
Spannungsschmerzen in der Muskulatur, Appetitlosigkeit, Magenbeschwerden vom »Druck« in der Magengegend bis zu Magenge-
schwüren, Funktionsstörungen des Herzens, Spannungskopfschmerz, Blutdruckunregelmäßigkeiten, Stimmbanderkrankungen,
Zähneknirschen, Scheidenausfluss. Beinahe jedes Organ kann die
Spannung oder den Schmerz ausdrücken, unter denen manche
Lehrerinnen und Lehrer bei Schulschwierigkeiten leiden.

»Der Schulratsbesuch macht mich noch ganz krank« – Gastritis

»Das macht mich noch ganz krank«, stöhnte eine Lehrerin – und
das Wort erfüllte sich. Sie sollte verbeamtet werden und erwartete
den Schulrat zur Visitation. Aufgrund früherer Erfahrungen befürchtete sie, mit dem Vorgesetzten nicht gut reden zu können. Sie
vermutete, ihre pädagogische Einsatzfreude würde wenig zählen,

der Schulrat könnte ihre mangelnde Ordnung rügen und ihre unterrichtliche Spontaneität nicht akzeptieren. Wegen dieser Befürchtungen und der Angst vor einer schlechten Note lag der Lehrerin die dienstliche Beurteilung »im Magen«. Jeden Morgen spürte sie einen »Druck in der Magengegend«. Schließlich ließ sie sich wegen einer Entzündung der Magenschleimhaut ärztlich behandeln und kommentierte ihre Erkrankung mit dem Satz: »Jetzt kommt auch das noch hinzu!«

Frau L. sah ihre Magenschmerzen nicht im Zusammenhang mit ihrer Anspannung und ihrem unterdrückten Ärger. Durch Gespräche in einer Balint-Gruppe merkte sie, wie viel sie in diesen Tagen in sich »hineinfraß«. Die Gruppengespräche mit den Kolleginnen und Kollegen lockerten die Abwehr gegen ihre Angst. So konnte sie den Zusammenhang zwischen der bevorstehenden Prüfungssituation und ihren Magenschmerzen spüren. Das flaue Gefühl im Magen und der nachfolgende Druck kamen auf, wenn sie sich in Gedanken mit der gefürchteten Situation befasste. Weil sie meinte, sich *stark* zeigen zu müssen, konnte sie – ehe sie sich in der Gruppe einließ – mit niemandem darüber sprechen, wie beunruhigt sie war. Was sie nicht sagen konnte, »sagte« schließlich ihr rebellierender Magen.

Zunächst meinte die Lehrerin, ihre Schleimhautentzündung sei Sache der Verdauung und forschte nach, was sie Unbekömmliches gegessen habe. Erst als sie sich in den Gruppengesprächen genauer von der Situation berühren ließ, merkte sie, dass ihr Kranksein mehrfach bedingt war.

Die Autoritätsangst liegt einer Lehrerin im Magen – Die Angst wird zur Kraft

▷ Die Magenschleimhautentzündung war ein *körperliches* Problem insofern, als bei dieser Lehrerin gerade der Magen empfindlich auf Angespanntsein reagierte; er war ihr verwundbares Organ. Nach ärztlicher Auffassung hatte sie schon von Natur aus eine hohe Magensaftausscheidung. Reagierte dann die Magenwand durch seelische Erregung noch zusätzlich »sauer«, konnte die Magensäure die Schleimhäute verletzen.

⇨ Die Erkrankung war ein *individuelles psychisches* Problem. Frau L. hatte leicht Angst: und zwar aus der lebensgeschichtlichen Erfahrung heraus, dass sie nur akzeptiert wird, wenn sie sich als tüchtig erweist und sich anpasst. Weil sie ihre Angst nicht ausdrücken durfte, sondern »tapfer« bei sich behalten, also »runterschlucken« musste, schlug sich die Beunruhigung auf den Magen.

⇨ Die psychische Seite der Erkrankung hatte auch *Beziehungsaspekte*. Die Lehrerin sagte: »Ich würde mich schämen, über meine Schulratsangst mit anderen zu reden; die würden mich ja doch nur auslachen.« Sie vertraute nicht darauf, mit ihrer Not angenommen zu werden.

⇨ Zum *gesellschaftlichen* Problem der Erkrankung gehört, dass sich Lehrer überwachen und reglementieren lassen müssen, obwohl sie ihre Berufsausbildung erfolgreich abgeschlossen und bereits viel Erfahrung haben. Die Angst machende Kontrolle führte bei der Lehrerin zur psychosomatischen Reaktion.

⇨ Dies verweist auf das *politische* Problem: auf die Frage, wie sich die Person entfalten kann; ob ihre Entwicklung geschützt, gefördert oder unterdrückt wird. Im Falle der Lehrerin ist die klein machende Visitation und Zensur Ausdruck staatlicher Überwachung. Macht- und Ohnmachtspositionen bildeten einen wesentlichen Hintergrund ihrer Erkrankung.

Es ging in den Gesprächen mit Frau L. darum, ihre Ängste anzunehmen, damit sie selbst sich besser annehmen konnte. Durch die Angstwahrnehmung wurde die Gefahr deutlich, von der sich die Lehrerin bedroht fühlte. Bei dieser Realitätsprüfung zeigte sich zum einen, dass die Ängste nicht der tatsächlichen Bedrohung entsprachen. Zum anderen wurde für die Lehrerin begreifbar: Sie musste nicht in kindliche Ohnmacht fallen, sondern hatte erwachsene Möglichkeiten, die Situation zu verändern. So konnte sie den unabwendbaren Schulratsbesuch selbst in die Hand nehmen und gestalten. Deutlich wird daran aber auch, wie unerlässlich es ist, die Schulaufsicht abzuschaffen zugunsten kollegialer Beratung.

Die an einer psychogenen Gastritis erkrankte Lehrerin ist keine neurotische Persönlichkeit. Im Kollegenkreis wird sie wegen ihrer Lebendigkeit, Hilfsbereitschaft und wegen ihrer fantasievollen Einfälle geschätzt. Dass sie auf eine ihr autoritär aufgezwungene Dauerbelastung psychosomatisch reagiert, zeigt eine *gesunde* Reaktion auf krank machende Einflüsse. Unnormal erscheint die schulbehördliche Erwartung, Lehrer sollten mit »psychischer Robustheit« solche Belastungen durchstehen. Wer Dickhäutigsein als Tugend hinstellt, wird die Empfindsamkeit von Lehrerinnen und Lehrern als psychische Labilität entwerten, die sei für den Lehrberuf nicht erwünscht.

Psychosomatische Erkrankungen wie die von Frau L. zu bearbeiten bedeutet: das Körpersymptom zurückzuverwandeln in das seelische Erleben, für das es steht. Was nicht mitteilbar war und sich in der Sprache des Körpers ausdrückte, wird sag-bar. Der zugrunde liegende Konflikt muss aufgedeckt, der Kummer erlebt und bewusst durchgearbeitet werden. Nur dann erwächst die Chance für neue, personangemessene Handlungsmöglichkeiten. Aber dazu müssen die Betroffenen die Zeichen wahrnehmen, die ihnen der Körper gibt.

Einem Lehrer verschlägt es die Sprache – Furcht vor den Schülern

Probleme mit einzelnen Schülern und der Klasse, aber auch mit Kolleginnen, Kollegen und Vorgesetzten, verderben manchen die Berufsfreude. Ein junger Lehrer hatte so große Angst vor Disziplinschwierigkeiten, dass es ihm die Stimme verschlug. Er wurde heiser, konnte schließlich kaum noch flüstern und nicht mehr unterrichten. Herr K. erklärte sein Stimmversagen mit überbeanspruchten Stimmbändern.

Bei der *ganzheitlichen* Betrachtung des Stimmverlustes zeigte sich jedoch: Es handelte sich nicht nur um eine typische Berufskrankheit; vielmehr verwandelte sich *seelische* Not in körperliches Leiden. Worin lag die seelische Katastrophe? Der Lehrer fühlte sich den Schwierigkeiten mit einer Klasse ohnmächtig ausgeliefert. Die missglückte Konfliktbearbeitung lähmte die Stimmbänder.

Die Furcht vor aggressiven Schülern verfolgte Herrn K. bis in die Träume, in denen die Störer über ihn herfielen und er unterging; auch in Erholungszeiten konnte er sich nicht entspannen. Er empfand die chronische Belastung ausweglos. Wie verzweifelt er war, musste er geheim halten. Er fürchtete, man würde ihn als ungeeignet einstufen, wenn er seine Not mitteilte. Deshalb erklärte er seine Sprachlosigkeit ausschließlich mit dem überlasteten Kehlkopf; er durfte sie nicht als Ausdruck seelischer Bedrängnis erkennen. Die körperlichen Ursachen wurden überbewertet; das erschwerte es, die gestörte Erlebnisverarbeitung wahrzunehmen. Dadurch wurde es ihm unmöglich, sich mit den ursächlichen Problemen auseinander zu setzen.

Bei den späteren Gesprächen über die Erkrankung wurde die auslösende Situation für den Stimmverlust erkennbar; der Schulrat kündigte seinen Besuch an. Das brachte den Lehrer so unter Leistungsdruck und bewirkte in ihm solche Versagensängste, dass ihm vor Schreck die Sprache wegblieb. Er hatte hohe pädagogische Ansprüche und galt im Kollegium als engagiert. Dass gerade er mit seinen hoch gesteckten Zielen in dieser Schulklasse unterzugehen drohte, kränkte ihn – und diese Kränkung führte zum Kranksein.

Er wusste nicht, wie er mit den Schülern fertig werden sollte; das stürzte ihn in Selbstzweifel. Herr K. wollte ein guter Lehrer sein, hatte sich vorgenommen, partnerschaftlich mit den Kindern umzugehen, und nun war er so, wie er nicht sein wollte: Er musste ständig strafen, schrie die Schüler an, wo er doch gerade *nicht* schreien wollte. Auch dass er den Unterricht sorgfältig vorbereitete, half ihm nicht dauerhaft aus der Krise: Die Klasse war unaufmerksam, arbeitete nicht mit und es kam immer wieder zu Störungen.

Angesichts der angstvoll erwarteten Schulrats-Visitation und seiner Hilflosigkeit erlebte Herr K. die Erkrankung auch erlösend. Sie ermöglichte ihm für viele Wochen die unbewusste Flucht aus der Konflikt-Situation. Gleichzeitig hatte diese Flucht in die Krankheit Appellcharakter für die Umgebung: »Habt Verständnis für mich, ihr seht ja, wie schlecht es mir geht.« Letztlich drückte der Lehrer durch den Verlust der Stimme seine Identitätskrise aus: Wer bin ich und wie möchte ich sein? Was ist mein wahres Selbst? Die Erlebniskatastrophe, in die der junge Mann geriet, führte zu einer existenziellen Erkrankung: Ohne Stimme kann man nicht Lehrer sein. Dies konfrontierte ihn mit sich selbst und forderte ihn zur Konfliktbearbeitung heraus.

Die Stimme, Ausdrucksgebärde der Seele – Konfliktspannungen lösen

Dass es jemand durch seelische Belastungen an der Stimme treffen kann, ist nahe liegend. Die Stimme enthält Gefühlselemente, die sich im Klang ausdrücken, in Lautstärke, Stimmhöhe und Sprechmelodie, im Rhythmus und Sprechtempo. In der Stimme äußert der Mensch etwas von seinem Wesen; ihre emotionale Färbung ist eine Ausdrucksgebärde der Seele. Sprechen spielt sich in einem von Gefühlen mitbestimmten Spannungsfeld zwischen Personen ab. Deshalb kann stimmliches Versagen seelisch bedingt sein. Die Erkrankung muss vor dem Hintergrund der persönlichen Lebensgeschichte, der mitmenschlichen Beziehung, der aktuellen Krise und der sozialen Umwelt gesehen werden.

Aber wo hängt das Leibliche mit dem Seelischen zusammen? Psychisch bedingte Heiserkeit wird durch erhöhte Muskelspannung hervorgerufen. Bei heiserer oder aussetzender Stimme verspannt sich die Lautbildungsmuskulatur. Gelegentlich verkrampfen sich dabei auch die Hals-, Nacken-, Schulter- und Körpermuskeln. Ursache dieser Muskelverkrampfung sind Überforderung und Ausweglosigkeit. Diese können in persönlichen Schwierigkeiten begründet sein, in Familienproblemen oder beruflichen Sorgen.

Bei Menschen in Sprechberufen wird der Kehlkopf zur bevorzugten Angriffsstelle dafür, dass aus psychischer Spannung körperliche Krankheit entsteht. Oft tritt die Erwartungsangst hinzu, die Stimme *könnte* versagen. Das erhöht die Spannung und verstärkt das Symptom. Zudem kam es bei dem jungen Lehrer tatsächlich zu übermäßigem Stimmgebrauch: Er redete lauter und mehr, als es seiner Stimme gut tat.

Es ist psycho-logisch, dass es bei einer seelisch-leiblichen Erkrankung darauf ankommt, die inneren Spannungen *seelisch* zu bearbeiten: in einer Gruppe von Lehrerinnen und Lehrern – Balint- oder Selbsterfahrungsgruppe, in einer Supervisionsgruppe oder in Einzelberatung, in psychotherapeutischen Gesprächen oder in einer psychoanalytischen Behandlung. Nur wenn die Grundkonflikte bewusst gemacht und neue, korrigierende Erfahrungen möglich werden, lassen die inneren Spannungen nach. Das lockert die Muskelspannung, die die Stimmbänder und den Kehlkopf in ihrer Funktion stört.

Die ganzheitliche Bearbeitung der Konflikte, die Herrn K. die Stimme raubten, befasste sich mit Folgendem:

⇨ Der Lehrer musste sich mit seinen persönlichen psychischen Konflikten auseinander setzen. Zum Beispiel mit der Ehrgeizproblematik, die ihn dazu antrieb, perfekt sein zu müssen und deswegen sich selbst und die Kinder unter Druck zu setzen. Oder mit seiner aggressiven Gehemmtheit, die sich in der Ansicht zeigte, er dürfe auf keinen Fall schreien oder mit den Kindern streng sein; das führte dazu, dass er seine gesund-aggressiven Impulse unterdrückte.

⇨ Er musste unterstützt werden, Beziehungskonflikte zu bearbeiten: wie man mit aggressiven Kindern umgeht, wie man mit Einzelnen und der Klasse konfliktbearbeitende Gespräche führt, wie man mehr über schwierige Kinder erfahren kann, wie es möglich wird, aus dem Machtkampf auszusteigen und Beziehung aufzunehmen.

⇨ Des Weiteren war eine didaktische Beratung hilfreich: Wie Herr K. vom Wortunterricht weg zu handelndem Lernen der Schüler kommt, wie er Interesse wecken kann, wie Partner- und Kleingruppenarbeit den Unterricht beleben, wie man Kreisgespräche führt, wie er über Freiarbeit zu offenem Unterricht gelangen kann.

⇨ Die ganzheitliche Betrachtung der Stimmbanderkrankung verweist auf psychosoziale Ursachen, nämlich auf Schulumstände, die sich krank machend auswirken: Große Klassen erschweren es, lernförderliche Beziehungen und eine entspannte Arbeitssituation herzustellen.

➯ Lehrerinnen und Lehrer werden an der Universität nicht im Umgang mit Menschen ausgebildet. Die Sachen werden wichtiger genommen als der Mensch. Dabei wäre es lernbar, sich konfliktbearbeitend mit Kindern und Jugendlichen, mit Eltern und Kollegen einzulassen.

➯ Weil Lehrerinnen und Lehrer in ihrer Aus- und Weiterbildung zu wenig darüber erfahren, wie man mit Gruppen arbeitet, welche gruppenpsychologischen Erkenntnisse hilfreich sind, wie man vermeidet, dass gesunde Aggression zu Destruktion wird, bleiben sie in einem zentralen Punkt ihrer Arbeit inkompetent. Das macht sie in Alltagssituationen hilflos, was dann den aufreibenden Kampf um die Macht im Klassenzimmer auslöst.

➯ Eine unter psychosozialen Aspekten störende Selbstverständlichkeit ist das Unterordnungssystem der Schule. Lehrerinnen und Lehrer sind einer staatlichen Schulaufsicht ausgesetzt, die pädagogisch nicht förderlich, sondern hemmend ist. Die Angst davor, ein Vorgesetzter könnte vor der Türe hören, wie laut es im Klassenzimmer ist, übertrifft oft die Angst vor dem Disziplinkonflikt selbst. Die Visitation durch den Vorgesetzten wird zum Anlass, Schwierigkeiten zu verstecken, anstatt sie zu bearbeiten. Dass Lehrerinnen und Lehrer von der staatlichen Schulaufsicht kontrolliert und zensiert, statt kollegial beraten werden, wirkt sich so schädlich und lernstörend aus wie die Ziffernzensur auf Kinder und Jugendliche.

Die Zeichen des Körpers wahrnehmen – Herzjagen

Seelischer Gesundheitsschutz bei Lehrerinnen und Lehrern richtet seine Aufmerksamkeit auf den lebensgeschichtlichen Hintergrund, die Individualität der Person, auf deren Beziehungsfähigkeit und auf die psycho-sozialen Auswirkungen der Schulumwelt.

Eine Studienrätin erwartete den unangemeldeten Besuch ihres Direktors. Immer wieder spürte sie Herzjagen, wenn sie sich die Visitation vorstellte. Die Dauerspannung zermürbte sie: Kommt er heute oder morgen oder erst in zwei Monaten? In welcher Unterrichtsstunde wird er auftauchen? Während dieser Zeit litt sie jeden

Morgen unter Scheidenausfluss (Fluor genitalis). Diese Erkrankung stellt sich bei manchen Frauen unter Aufregung, allgemeiner Anspannung oder Erschöpfung ein. Den gefürchteten Direktor sah die Lehrerin täglich im Schulhaus, aber von dem, was zwischen den beiden an Störendem lag, war nie die Rede.

Die Gymnasiallehrerin nahm an einer Lehrergruppe teil und berichtete dort über ihre Angst und die psychosomatischen Beschwerden. Ein Gruppenteilnehmer fragte sie: »Weshalb reden Sie nicht mit dem Direktor? Fragen Sie ihn doch, wann er Sie visitiert!« Darauf antwortete sie abwehrend: »Der würde sagen: Da könnte ja jeder kommen … Der darf mir doch darüber keine Auskunft geben … Ich hab' den Eindruck, der lässt mich ganz gern zappeln … Ich fürchte, der nützt meine Blöße erst recht aus, wenn ich etwas sage – und ich stehe dann dümmer da als zuvor … Möglicherweise wirkt sich das auf meine Beurteilung aus; denn wenn ich Angst habe, hält er mich für eine schlechte Lehrerin … Und überhaupt: Wo kämen wir denn hin, wenn jeder hinliefe und fragen würde?«

Die letzte Frage ist bedenkenswert. Stellen wir uns vor: Zehn oder zwanzig oder hundert Lehrerinnen und Lehrer gingen hin zu ihren Vorgesetzten und fragten – und verlangten Antwort. Das würde die gefürchtete Beurteilungssituation bald verändern. Stattdessen baute die Studienrätin ein Feindbild von ihrem Vorgesetzten auf und ließ weder ihm noch sich selbst eine Chance.

Schließlich fasste sie doch Mut, ging wenig später zu ihrem Oberstudiendirektor und erzählte ihm von ihren Ängsten. – »Aber Frau Kollegin«, fiel dieser bestürzt ein, »Sie, ausgerechnet Sie, wie können Sie wegen Ihrer Qualifikation beunruhigt sein!« Er versuchte die Angst der Studienrätin zu beschwichtigen. Aber die Kollegin war vorbereitet: Sie wollte jetzt fest bei *sich* bleiben, ihre Angst wahrnehmen lassen und nicht verharmlosen. So schilderte sie ihrem Schulleiter, wie es ihr seit Wochen mit ihren Ängsten und psychosomatischen Reaktionen wegen des unangemeldeten Schulbesuchs ging. Er war überrascht und hilflos. In seiner Unsicherheit zog er den Kalender heraus: »Die nächsten drei Wochen kann ich nicht – aber dann machen wir's so schnell wie möglich, und zwar besuch' ich Sie in einer Englischstunde der 11. Klasse.«

Die Lehrerin merkte, dass ihr Direktor-Feindbild nicht zutraf.

Aber selbst wenn es zugetroffen hätte, wäre sie nicht so ohnmächtig gewesen, wie sie sich wähnte. Jetzt erkannte sie: Der Vorgesetzte reagierte nicht böswillig auf sie; mehr noch: Er hatte den Wunsch, von ihr akzeptiert zu werden. Beide spürten, dass sie Wünsche aneinander und Ängste voreinander hatten, von denen nie die Rede war. Die Studienrätin erlebte, dass sie aus ihrer autoritätsängstlichen Resignation heraustreten und etwas bewirken konnte. Die Erfahrung, nicht in vermeintlicher Ohnmacht verharren zu müssen, sondern etwas selbst in die Hand nehmen zu können, stärkte ihre Gesundheit. Durch selbst bestimmte Aktivität verminderte sich nicht nur ihre ängstliche Erregung, sondern auch das psychosomatische Symptom.

Funktionieren oder Konflikte riskieren – Hilfen aus der Gruppe

Manche Lehrerinnen und Lehrer befürchten, sie könnten benachteiligt werden, wenn sie anders als ihre Vorgesetzten denken. »Ich gab ihnen Recht«, sagte ein Lehrer im Blick auf seine Prüfungskommission[49]: »Ich gab ihnen Recht: Ja, Herr Schulrat hierhin, ja, Herr Schulrat dorthin. Zwei waren zur Prüfung gekommen und der Seminarrektor dazu. Was man von mir verlangte, tat ich. Ich löste in der Klasse diesen Mechanismus von Agieren und Reagieren aus, der den Prüfern als das Wichtigste erscheint. Wenn ich einen Spielautomaten mit Handkurbel in Bewegung bringe: Glöckchen läuten, Flöten pfeifen, Puppen tanzen: Dann funktioniert er. Wenn ich funktioniere, habe ich innerhalb von zwei Jahren die Verbeamtung auf Lebenszeit zu erwarten. Dann noch alle vier Jahre einen Schulratsbesuch, immer mit Beurteilung. ›Sehr tüchtig‹ werde ich später nicht sein, trotz aller Liebe zu Kindern, trotz aller Hingabe und erziehlicher Geduld und Mühe. Nicht vor Schulratsaugen.«

»Wenn ich funktioniere«, sagt der Lehrer, »habe ich die Verbeamtung auf Lebenszeit zu erwarten« – vielleicht aber auch das »Funktionieren« auf Lebenszeit? Wenn er funktioniert, braucht er sich nicht auf Autoritätskonflikte einzulassen. Solche Konfliktvermeidung mag entlastend sein – aber die Person verliert dadurch einen Teil ihrer Lebendigkeit: persönliche Wünsche werden nicht mehr gespürt, Möglichkeiten der Verständigung gehen verloren. Entschließen sich Lehrerinnen und Lehrer zu funktionieren, schalten sie zwangsläufig alles an sich aus, was der Anpassung zuwider läuft. Sie müssen Lebensziele verleugnen, die sie in ihrem Beruf verwirklichen wollten. Der sich selbst auferlegte Zwang, blind zu gehorchen, wird oft auf Sachzwänge zurückgeführt. In Wirklichkeit drückt er die Not aus, Konflikte nicht bewältigen zu können, weil die Autoritätsangst das Handeln blockiert. Solche Autoritätsängste können Lehrerinnen und Lehrer krank machen. Aber sie können auch überwunden werden, zum Beispiel durch die Arbeit in Lehrergruppen.

In meiner Beratungsarbeit mit Lehrerinnen und Lehrern, in der Arbeit mit Lehrer-Konfliktgesprächsgruppen (Balint-Gruppen) und in Selbsterfahrungsgruppen geht es um alltägliche Schwierigkeiten mit Kindern, Kollegen, Vorgesetzten und mit sich selbst. Dahinter stehen oft existenzielle Fragen: Wie komme ich aus meiner Freudlosigkeit heraus? Kann ich meine Schul-Resignation überwinden? Ist es mir überhaupt möglich, weiterhin Lehrerin oder Lehrer zu sein? Bin ich für den Umgang mit Kindern und Jugendlichen geeignet? Wie kann ich mir meine pädagogischen Ideale bewahren oder wie sie wieder zurückgewinnen? Halte ich die Schule auf Dauer aus, wenn menschliche Beziehungen zur Nebensache und bürokratische Regelungen maßgebend werden? Was kann ich tun, damit mein Lehrer-Sein nicht zur routinierten Ausübung eines ungeliebten Jobs wird? Kann ich meiner schulischen Arbeit Lebens-Sinn geben? Zu den häufigsten Problemkreisen bei der Arbeit in Lehrer-Gruppen gehören:

Schwierigkeiten mit dem Selbstbild
? Kann ich auch in der Schule so sein, wie ich bin? Oder muss ich eine »Rolle« spielen? Fühle ich mich im Unterricht als »ganze Person« oder nur als »Lehr-Person«?
Unbefriedigte Beziehungswünsche
? Wie kann ich mit den Schülerinnen und Schülern in befriedigenden Kontakt kommen? Ist meine Lehrer-Schüler-Beziehung nur sach-bestimmt oder auch persönlich?

Lehrer-Schüler-Konflikte

? Wie werde ich mit Unterrichtsstörungen und Disziplinschwierigkeiten fertig? Habe ich Angst vor der Klasse und vor einzelnen Schülern? Wie setze ich mich damit auseinander?

Nachlassendes Lehrer-Interesse am Lernstoff

? Was mache ich, wenn mir der Stoff »zum Halse heraushängt«? Wie kann ich mich neu interessieren, um auch in den Schülern Interesse zu wecken?

Autoritäts- und Kollegiumskonflikte

? Wie werde ich mit dem Unterordnungs-System »Schule« fertig? Wie komme ich von meiner Gehorsamsbereitschaft weg, hin zu freiem pädagogischen Handeln? – Wie kann ich mit dem Kollegium gut auskommen?

Das einengende »System Schule«

? Was bedeutet für mich die staatliche Schulaufsicht? Behindert oder fördert sie mein Lehrersein? Wie komme ich mit dem unpädagogischen Beurteilungssystem zurecht? Wie bewahre ich mir meine Gestaltungsfreiheit?

Berufsmüdigkeit und Resignation

? Merke ich, welche Ideen ich im Laufe der Jahre aufgegeben habe? Was sind meine Resignationspunkte? Welche Lebenswünsche spare ich in der Schule aus und – welche könnte ich wieder entdecken?

Gegen Alltagstrott und Berufsverdrossenheit hilft vor allem, das eigene Befinden genau zu betrachten: Wie »geht« es mir in der Schule? – Den sorgfältig wahrgenommenen »Ist-Zustand« können wir in Beziehung setzen mit unseren Lebenswünschen. Wie möchte ich als Lehrerin oder Lehrer sein? Welche Ängste und Hindernisse stehen meinem Selbstbild im Wege? Wo kann ich damit beginnen, etwas zu verändern? – Wie kann ich die seelisch und körperlich gesund erhaltenden Persönlichkeitsmerkmale in mir stärken: Heitere Grundstimmung, Zuversicht, Selbstvertrauen, die Fähigkeit, Lebensereignisse selbst zu beeinflussen, positives Selbstwertgefühl, Sicherheit in der Beziehung?

Mit Kindern gut leben – Selbstwahrnehmung als Beginn der Veränderung

Die folgenden Fragen sollen zur Selbstwahrnehmung und geistigen Auseinandersetzung anregen, auch zum Gespräch mit Partnerin oder Partner, mit Freunden, Kolleginnen, Kollegen und mit den Schülern.

1 *Gehe ich gern zur Schule?*
Die Lehrfreude von Lehrerinnen und Lehrern ist für den Unterricht so bedeutsam wie die Lernfreude der Schüler; beide bedingen sich wechselseitig.

Welche Erwartungen und Gefühle habe ich auf dem Schulweg? Freue ich mich auf die Kinder und Jugendlichen? Unterrichte ich gern? Welche Ängste kommen in mir auf? Befällt mich Überdruss? Wird es mir oft »zu viel« und ich fühle mich erschöpft? Auf welches Fach bereite ich mich mit Freude vor und auf welches nur widerwillig? Fühle ich mich im Klassenzimmer wohl – es ist das »Wohn«-Zimmer für viele Stunden meines Lebens? Spreche ich mit Kolleginnen und Kollegen, mit Schülern und Freunden über meine Lust oder Unlust auf Schule?

2 *Interessieren mich die Kinder und Jugendlichen?*
Die pädagogische Beziehung ist grundlegend für Erziehung und Unterricht.

Auf welche Schüler gehe ich zu und vor welchen fürchte ich mich? Bei welchen spüre ich Sympathie oder Antipathie? Wie nehme ich mit den »Unsympathischen« Kontakt auf, um meine Abneigung zu verringern und Schwierigkeiten mit ihnen zu mildern? Wie knüpfe ich in der morgendlichen Vorviertelstunde, zu Beginn des Unterrichts und während der Stunden Kontakte? Kann ich die Schüler anerkennen und akzeptieren – oder tadle und strafe ich viel? Welche Nähe zu Schülern wünsche ich mir – und welche Distanz brauche ich? Wie grenze ich mich als Person ab – ohne meine Ich-Identität aufzugeben und nur noch in der Berufs-Rolle zu »funktionieren«? Was bedeuten für mich die besonderen Lebensbedingungen der Schüler, ihr Umfeld, ihre Familienkonflikte, ihre Ansprüche …?

3 *Interessiert mich der Lernstoff, den ich lehre?*

Ich kann nur interessant *lehren*, was ich interessiert *lerne*. Eigenes Lernen ist ein fortdauernder Prozess. Wenn in diesem Lernprozess nichts in mir vorgeht, kann auch nichts von mir ausgehen.

Wie wird der Unterrichtsstoff für mich interessant? Was mache ich, wenn ich den Stoff »satt habe«? Wie gewinne ich jenen Lerngegenständen, die ich bereits mehrmals »behandelt« habe, neues Interesse ab? Was hilft mir dabei, nicht in öde »Stoffvermittlung« zu verfallen? Kann ich vielleicht Altersstufen und Unterrichtsfächer wechseln? Denke ich so ausschließlich an Leistungsnachweise, Punkte und Zensuren, dass der »Bildungsauftrag« zur Nebensache wird? Wie kann ich unbefriedigende Unterrichtsroutine unterbrechen und meine eigene Lebendigkeit ins Spiel bringen?

4 *Bin ich mit meinem Unterricht zufrieden?*

Unterrichten ist die Hauptaufgabe von Lehrerinnen und Lehrern. Da Kinder lernen wollen, treffen sich hier die Motive beider Seiten. Wer ein »Meister der Unterrichtsmethode« ist, wird mit den Schülern gut leben können.

Bereite ich mich so vor, dass ich ruhig in den Unterricht gehe? Können die Kinder und Jugendlichen viel selbst tun? Gehe ich sparsam mit Lehrerworten um und gebe stattdessen den Schülern Gelegenheit, denkend, lesend, schreibend, sprechend, diskutierend, ausprobierend aktiv zu sein? Lasse ich in jeder Stunde mindestens einmal in Partnergruppen überlegen und arbeiten? Gibt es in meinem Unterricht mehr Schülerfragen als Lehrerfragen? Habe ich den Eindruck, bei mir lernen die Kinder etwas, anstatt dass nur der Stoff durchgenommen wird? Lasse ich mich durch Schülerkritik anregen, die Unterrichtsmethode zu verbessern?

5 *Setze ich bewusst neue Anfänge?*

Die Eintönigkeit des »Immer-weiter« vermag die Freude an der Schularbeit zu ersticken. Deshalb ist es hilfreich, immer wieder neu anzufangen:

Eine neue Unterrichtsstunde, ein neuer Morgen, eine neue Schulwoche, ein neues Fach, ein neues Thema, eine neue Klasse.

Denke ich daran, dass es jeden Tag nur einmal gibt? Es ist ein Lebenstag von mir. Die Kraft des Beginnens kann wirksam werden. Wie sehen für mich neue Anfänge aus? Wie kann ich zusammen mit den Schülern neu beginnen? Wie geht es mir mit meinen wenigen oder vielen Dienstjahren – und denen, die ich noch vor mir habe?

6 *Kann ich in der Schule mein Selbstbild bewahren?*
Die Echtheit der Person, ihre Identität verleiht Kraft zu pädagogischem Handeln.

Was ist mein Selbstbild als Lehrerin oder Lehrer? Was gilt für mich als Ich-Ideal? Wie kann ich Selbstbild und Ich-Ideal einander annähern? Ist meine Beziehung zu den Schülern so, wie ich sie haben möchte – wie könnte ich befriedigende Kontakte schaffen? Unterrichte ich so, wie Unterricht nach meinem pädagogischen Selbstverständnis aussieht? Oder passe ich mich Sachzwängen an, die mir widerstreben und gerate dadurch in Identitätskonflikte? Will ich durch den Unterricht für mich und die Schüler auch anderes bewirken, als den Lehrplan zu erfüllen? Muss ich womöglich mein Fach als besonders wichtig hinstellen, weil ich mich selbst nicht ernst genommen fühle? Lasse ich mich mit meinen Einstellungen und meiner Arbeit von anderen erkennen?

7 *Höre ich auf Vorgesetzte und Vorschriften mehr als auf mein Ich?*
Gehorsamsbereitschaft ist ein großes Hindernis auf dem Weg zu einer pädagogischen Schule.

Vergesse ich, was meine eigenen pädagogischen Vorstellungen sind? Enge ich mich aufgrund von Autoritätsängsten mehr ein, als notwendig wäre? Was sind meine menschlichen Wertvorstellungen für die Schule? Oder habe ich mein Gewissen bereits verstaatlichcn lassen? Bin ich so im Sollen verhaftet, dass ich mein »Wollen« nicht mehr spüre? Merke ich mein persönliches »Ich«, oder lasse ich es durch Lehrplanvorschriften und Verordnungen überrollen? Mache ich mich womöglich – ohne es wahrzunehmen – zum Opfer schulbürokratischen Denkens und werde dadurch zum unpädagogischen Täter?

8 *Denke ich zu ausschließlich an die Kinder – und vergesse dabei mich selbst?*

Engagierte Lehrerinnen und Lehrer fühlen sich leicht ausgelaugt, wenn sie eine verzerrte Vorstellung von Selbstlosigkeit haben. Sie verleugnen oder ignorieren ihre eigenen Bedürfnisse und opfern zu viel von ihrem Selbst. Sie geraten dann in eine versteckte oder offene Vorwurfshaltung den Schülern gegenüber. Nur wenn ich um mich selbst besorgt bin, kann ich auch um andere besorgt sein.

Wie kann ich mich mit meinen eigenen Bedürfnissen von Kindern begreifen lassen? Was möchte ich selbst gern bekommen – anstatt nur zu geben, aufmerksam, verständnisvoll und einfühlsam zu sein? Wie kann ich selbst in der Auseinandersetzung mit Schülern persönlich wachsen? Welche meiner persönlichen Wünsche im Unterricht müssen auch Schülerinnen und Schüler erfahren?

9 *Spüre ich meine Resignationspunkte – oder habe ich mich an sie gewöhnt?*

Es ist wichtig, Resignationspunkte aufzudecken; denn hinter ihnen verbirgt sich verloren gegangene Lebendigkeit. An deren Stelle tritt Erstarrung, die unempfindlich gegen sich selbst und gegen andere macht. Es gilt, die in der Resignation aufgegebenen Wünsche erlebbar zu machen. Dazu muss ich mich mit den Ängsten und Widerständen auseinander setzen, die diesen Wünschen entgegenstehen.

Wo merke ich bei mir Berufsunzufriedenheit? Resigniere ich womöglich, weil ich in den Kategorien »Alles oder nichts« denke, anstatt mich auf das zu besinnen, was ich jetzt verändern kann? Welche Ängste hindern mich daran, etwas zu verändern? Resigniere ich, weil ich im schulischen Umfeld so viele Widerstände spüre, die meiner Eigen-Bewegung entgegenstehen?

10 *Lasse ich mich mit meinen Lebenswünschen auf Veränderungsprozesse ein?*

Die berufliche Arbeit ist ein wesentlicher Teil des Lebens. Lebenswünsche sind ein Antrieb, mehr zu riskieren.

Mache ich mir Gedanken darüber, wie ich mir den Berufsalltag wünsche oder gewünscht habe? Denke ich darüber nach, wie ich mein Leben und meine Arbeit sinnvoll gestalten möchte? Welche Lebenswünsche habe ich unmerklich aufgegeben? Welche könnte ich neu entdecken? Wie könnten sie in einem »anderen« pädagogischen Handeln fruchtbar werden?

11 *Nicht nur »tun« und »machen«, sondern auch innehalten und »sein«?*
Der gesellschaftlichen Realität entsprechend, neigen wir dazu, immer etwas zu *tun*, dieses und jenes zu *machen*. Und über all dem Tun und Machen vergessen wir zu *sein*. Wir überbewerten die Tätigkeit und verlieren dadurch leicht den Menschen und uns selbst.

Kenne ich das ständige Machen- und Tun-Müssen an mir? Halte ich zuweilen inne und besinne mich auf das, was ich tue? Trete ich heraus aus dem ewigen »Voran« und sehe mir genau an, was geschieht, was ich mit mir und anderen »mache«?

12 *Nehme ich mir Zeit für Rückblicke und bewusstes Enden?*
Wir brauchen das Gefühl: »Das ist abgeschlossen – zum Guten oder weniger Guten.« Bewusstes Enden gibt Raum für Neues.

Lasse ich die Unterrichtsstunde, den Tag, die Schulwoche bloß »auslaufen« – oder mache ich etwas »ganz« – im Sinne des Voll-endens? Blicke ich auf Getanes zurück, um es zu prüfen, statt nur das »äußere Passiertsein« als erledigt anzusehen? Halte ich gemeinsam mit den Schülern Rückschau – nach einer Unterrichtsstunde, einem Schultag, einem Unterrichtsprojekt, einer Woche, einer Leistungsprüfung?

13 *Gönne ich mir Muße?*
Arbeitsunterbrechungen sind notwendig für das seelisch-geistige Wohlbefinden. Muße soll für den Menschen sinn-voll sein. Aber nicht jede Aktivität ist sinnvoll und nicht jede Passivität ist sinnlos.

Nehme ich mir freie Zeit und innere Ruhe, um etwas zu tun, was den eigenen Interessen entspricht? Darf ich Zeit »verlieren«?

Mache ich mir ruhige, beschauliche Stunden? Oder unterwerfe ich mich einer organisierten Freizeit, die womöglich anstrengender ist als die Arbeit? Kann ich mich gut »unterhalten«? Oder lasse ich mich passiv unterhalten – zum Beispiel durch geistloses Fernsehen – und vergeude dadurch persönliche Lebensenergie? Kann ich einmal nichts tun, sondern »nur« sein? Lasse ich mich von der Freizeitindustrie einfangen – oder gebe ich meiner freien Zeit eine persönliche Gestalt?

14 *Suche ich die Zusammenarbeit mit anderen?*
Eine freundliche und kooperative Beziehung im Kollegium trägt viel zur Berufszufriedenheit bei.

Spreche ich über Berufsprobleme mit Kollegen und Freunden? Kann ich dabei offen sein – oder muss ich mich verstecken? Besteht die Gemeinsamkeit womöglich nur im »Klagen über …« und nicht im Überlegen, wie es uns geht und was wir verändern wollen? Zu klagen im Sinne von »Sich-das-Herz-Ausschütten« ist wichtig. Aber wie können wir von der »Klagemauer« zum konstruktiven Sprechen über Veränderungsmöglichkeiten und deren Verwirklichung kommen? Besuchen wir uns gegenseitig im Unterricht – um uns anzuregen und unsere Selbstwahrnehmung zu fördern?

15 *Erlebe ich durch die Schule Freude – mache ich anderen Freude?*
Freude verbessert das Lebensgefühl. Im Gefühl der Freude erleben wir uns solidarisch mit anderen Menschen.

Erwächst mir aus meinem Schulalltag persönliche Freude? Welche Freuden erlebe ich und welche kann ich mir und anderen machen? Welche sind meiner persönlichen Eigenart angemessen? Schaffe ich mir zusammen mit den Schülerinnen und Schülern »Oasen der Freude«? Erlebe ich Freude durch meine schulischen Leistungen und Fähigkeiten als Lehrerin oder Lehrer? Kann ich mich daran erfreuen, wie die Kinder wachsen, im Lernen fortschreiten und wie sie etwas »werden«? Freut es mich, in Beziehung zu Kindern und Jugendlichen zu sein? Erlebe ich Freude an der Natur, an Kultur und Schönheit?

16 *Habe ich Angst – darf ich die Angst wahrnehmen und konstruktiv machen?*

Lehrerangst ist weit verbreitet, aber sie wird wenig diskutiert, obwohl auch bei Lehrerinnen und Lehrern übermäßige Angst dumm macht, unkonzentriert und gehorsamsbereit. Dabei könnte Angst zur Kraft werden, die Schulsituation zu verändern.

Habe ich Angst vor der Klasse, vor bestimmten Klassen? Ängstigen mich einzelne Schüler und suche ich mit diesen Kontakt? Fürchte ich mich vor Vorgesetzten und Kollegen? Bin ich mit anderen im Gespräch über meine Ängste, oder meine ich, das könnte mich als ungeeigneten Lehrer erscheinen lassen? Fürchte ich mich vor Elterngesprächen, Elternabenden, Lehrerkonferenzen? Wie könnte ich meine Ängste zum Ausgangspunkt genauer Wahrnehmung und des Sich-Umsehens nach Hilfe nehmen?

17 *Frage ich zu sehr nach »Richtig« oder »Falsch«, statt nach dem Ist-Zustand?*

Die tief in der Lehrerrolle verankerte Frage nach »richtig« und »falsch«, »gut« oder »schlecht« verhindert kreatives Denken. Hilfreicher sind Fragen wie:

Wer bin ich? Wie möchte ich sein? Wer ist das einzelne Kind? Wie ist die Situation und wie kann ich sie verändern? Was sind in der Ist-Situation meine Ängste, Einstellungen und Abwehrvorgänge? Wo sind in der Beziehung entwicklungsstörende Machtbeziehungen und wie kann ich versuchen, sie aufzulösen? Wie lerne ich, mich selbst und andere wahrzunehmen, ohne gleich zu beurteilen – und zu verurteilen?

18 *Nehme ich neue Anregungen auf – durch Literatur, Fortbildung und Gespräch?*

Die eigenen fachlichen Fähigkeiten steigern die Arbeitsfreude und verbessern das Selbstwertgefühl. Wir fühlen uns nicht ohnmächtig den Situationen ausgeliefert, sondern bekommen die Sicherheit, die Ereignisse im Schulalltag beeinflussen und gestalten zu können. Die pädagogische Fachkompetenz ermöglicht es, Macht behauptendes Verhalten abzulegen.

Lasse ich mich durch das Gespräch mit Kolleginnen und Kollegen anregen? Wann habe ich zum letzten Mal ein interessantes pädagogisches Buch gelesen? Lese ich regelmäßig eine pädagogische Zeitschrift? Lasse ich mich durch psychologische Fortbildungsveranstaltungen anregen, aus meinen eingefahrenen Geleisen oder dem »alten Trott« herauszutreten? Gebe ich selbst Anregungen an Kolleginnen und Kollegen weiter? Bringe ich mich durch den theoriefeindlichen Satz »Die Praxis sieht ganz anders aus« um die Erfahrung, wie hilfreich eine gute Theorie für eine gute Praxis ist?

19 *Bin ich nur Lehrer oder auch Lerner?*
Wer gern lernt, hat es leichter, ein guter Lehrer zu sein. Er erlebt an sich selbst das Bewegende von Lernprozessen.

Begreife ich mich als Lernenden? Lerne ich immer wieder bewusst etwas Neues – im Beruf und in der freien Zeit? Nehme ich gelegentlich an Kursen und Fortbildungen teil, in denen ich Lernender bin? Kann ich längst bekannten Lehrplanthemen für mich eine neue Seite abgewinnen, sodass ich vom Lernstoff erneut berührt bin? Versuche ich neue Methoden des Unterrichts? Entdecke und forsche ich gern? Wo erlebe ich an mir, um wie viel erfolgreicher man lernt, wenn man das Lernen des Lernens einübt?

20 *Lasse ich mich auf Prozesse in Gruppen ein?*
Die Arbeit in Gruppen gibt Rückhalt und Anregung.

Gehöre ich einer Arbeitsgruppe mit Kolleginnen und Kollegen an? Oder einer Selbsthilfegruppe, in der wir gemeinsam Schulprobleme durcharbeiten? Könnte ich eine solche Gruppe gründen? Kann ich mir vorstellen, an einer Konflikt-Gesprächsgruppe für Lehrerinnen und Lehrer (Balint-Gruppe) teilzunehmen, mit einem hierfür geschulten Gruppenleiter? Oder an einer Selbsterfahrungsgruppe? Oder an einer Gruppe in Themenzentrierter Interaktion? Führen wir an unserer Schule pädagogische Konferenzen durch?

21 *Verbinde ich Reflexion und Erfahrung im Berufsalltag?*

Erfahrungen machen und diese reflektieren ist eine grundlegende Haltung, die Lehrerinnen und Lehrern hilft, sich weiterzuentwickeln. Wer sein eigenes Konzept verwirklichen möchte, muss das, was er erfahren hat, mit dem Nachdenken über die gemachten Erfahrungen verknüpfen.

Nehme ich mir hinreichend Zeit zur Nachbesinnung über meinen Unterricht? Beziehe ich in diese Besinnung auch die Schüler ein? Entwerfe ich ein anderes Bild von der Schule? Befasse ich mich mit pädagogischen Ideen und übertrage diese auf meine Praxis? Denke ich darüber nach, ob meine Schularbeit den Bedürfnissen der Kinder entspricht und meinem Lehrer-Ideal?

22 *Befasse ich mich mit den Werten, die mir Halt geben?*

Die Frage nach dem »gelingenden Leben« in der täglichen Schularbeit konfrontiert uns mit ethischen Grundwerten: der Nicht-Gleichgültigkeit, dem Sich-Sorgen um den Nächsten.

Welche humanen Wertvorstellungen, Vorbilder oder religiösen Bindungen »halten« mich? Was mache ich zum Sinngebenden meines Lebens? Wie sieht für mich ein »gutes Leben« aus? Setze ich mich mit den Werten, die mich leiten, immer wieder auseinander – durch Lesen, Betrachten, Selbstreflexion, Gespräch …? Richte ich meine Aufmerksamkeit auf Wesentliches? Wie kann ich meine berufliche Arbeit mit Lebens-Sinn verbinden? Übernehme ich Verantwortung für den anderen? Lasse ich Mitleid zu und verwandle es in Hilfsbereitschaft?

23 *Motivieren mich Veränderungswünsche, mit Zivilcourage gesellschaftlich mitzugestalten?*

Der Wunsch, etwas zu verbessern, stößt oft auf Grenzen durch die vorgegebenen amtlichen Lernbedingungen. Diese sind nur durch demokratische Mitwirkung zu überwinden.

Mische ich mich ein – zum Beispiel in Lehrerkonferenzen – oder lasse ich diese nur über mich ergehen? Führen meine persönlichen Auseinandersetzungen um ein »gutes Leben« zu öffentlicher Einmischung in Bürgerinitiativen, Berufsverband,

Partei, Kollegium, Bekanntschaft, am Arbeitsplatz? Setze ich den kreativen und emanzipatorischen Prozess, der in Gruppen angeregt wird, politisch fort: um nicht nur an *meiner Stelle* das System zu verändern, sondern diese Veränderung auch in die Gesellschaft hineinzutragen? Bin ich mir bewusst, dass es sich in unserer bedrohten Welt um »Lernen oder Untergehen« handelt, und mische ich mich dafür ein, dass auch unsere Kinder noch eine Zukunft haben? Engagiere ich mich politisch?

Anmerkungen
(Literaturangaben im Literaturverzeichnis)

1 Kurt Czerwenka: Schülerurteile über die Schule.

2 Peter Rosegger: Als wir zur Schulprüfung geführt wurden.

3 Iris von Finckenstein: Eingeschult und ausgespielt.

4 Dokumentarfilm: Schüler im Akkord (U. Wagner-Oswald).

5 Benjamin Lebert: Crazy.

6 Kurt Singer: Die Würde des Schülers ist antastbar.

7 Das sind Mittelwerte aus verschiedenen psychologischen und pädago-gischen Untersuchungen an Universitäten, Kliniken, von Ärzteverbän-den, von Ministerien oder Lehrerverbänden in Auftrag gegeben, von Psychologenverbänden, aus der Kinder- und Jugendpsychiatrie.

8 Umfrage der Zeitschrift ELTERN (1996).

9 Wolfgang Zander: Zur spezifischen Konfliktantwort.

10 Aus einer Untersuchung zur Stressbewältigung bei Kindern in Nord-rhein-Westfalen (1999) und dem Bielefelder Kooperationsprojekt »Ge-sundheitsförderung …«

11 Susanna Tamaro: Geh, wohin dein Herz dich führt.

12 Erich Fromm: Anatomie der menschlichen Destruktivität.

13 Erich Fromm: Die Furcht vor der Freiheit.

14 Sigmund Freud: Gesammelte Werke Band 10.

15 Heinz Mandl u.a.: Lerngeschichten.

16 Emmanuel Lévinas: Zwischen uns.

17 Max Frisch: Tagebuch.

18 Kultusministerin Monika Hohlmeier: Interview des Bayerischen Rund-funks, 29.11.1999.

19 Klaus Hurrelmann: Bielefelder Erklärung zur Kinder- und Jugend-politik.

20 Kurt Singer: Kränkung und Kranksein. Psychosomatik als Weg zur Selbstwahrnehmung.

21 Hartmut von Hentig: Schule neu denken.

22 Elias Canetti: Die gerettete Zunge.

23 Alexander Mitscherlich: Ein Leben für die Psychoanalyse.

24 H. Goetze: Offenes Unterrichten bei Schülern mit Verhaltens-störungen.

25 Rebeca Wild: Erziehung zum Sein.

26 Fritz Redl: Leben lernen in der Schule.

27 Beutel, M.: Was schützt die Gesundheit?

28 Hermann Hesse: Gedenkblätter.

29 AKTION HUMANE SCHULE BAYERN, 1998

30 Sigmund Freud: Gesammelte Werke, Band 10.

31 Hannah Arendt: Von der Menschlichkeit in finsteren Zeiten.

32 Hildburg Kagerer: Das Fremde hört nicht auf.

33 Hildburg Kagerer: Wie oben.

34 Verena Kast: Freude, Inspiration, Hoffnung.

35 Alfons Simon: Verstehen und Helfen.

36 Hans Zulliger: Eine Biographie.

37 Kurt Czerwenka: Schülerurteile über die Schule.

38 Susanna Tamaro: Eine Kindheit, in: Love.

39 Kanders/Rolff/Rösner: Mehr Lust als Frust.

40 Hartmut von Hentig: Die Schule neu denken.

41 G. Mietzel: Pädagogische Psychologie.

42 Wolfgang Metzger: Stimmung und Leistung.

43 Georg Hensel: Glück gehabt.

44 Alexander Mitscherlich: Auf dem Weg zur vaterlosen Gesellschaft.

45 Max Frisch: Andorra.

46 Bruno Bettelheim: Ein Leben für Kinder.

47 Horst-Eberhard Richter: Eltern, Kind und Neurose.

48 Oskar Maria Graf: Wir sind Gefangene

49 Josef Einwanger: Öding.

Literatur

Abel, F.: Heilen mit der Kraft der Seele. In: STERN 1991/2

Adorno, Th. W.: Erziehung nach Auschwitz. In: Erziehung zur Mündigkeit. Frankfurt am Main 1975 (suhrkamp taschenbuch)

Arendt, Hannah: Von der Menschlichkeit in finsteren Zeiten. München 1960 (Piper)

Becker, H./v. Hentig, H. (Hrsg.): Zensuren. Lüge – Notwendigkeit – Alternativen. Frankfurt am Main 1983

Bettelheim, B.: Ein Leben für Kinder. Erziehung in unserer Zeit. Stuttgart 1987 (DVA)

Bettelheim, B.: Liebe allein genügt nicht. Die Erziehung emotional gestörter Kinder. Stuttgart 1979 (Klett-Cotta)

Beutel, M.: Was schützt Gesundheit? In: Psychotherapie, Psychosomatik, Medizinische Psychologie, Stuttgart 1989/12

Bielefelder Kooperationsprojekt »Gesundheitsförderung in und mit Schulen«, Zwischenbericht 1994/95

Biermann, G.: Pubertät und Adoleszenz als Reifungskrise. In: »der kinderarzt« 1978/6,7

Bildungskommission NRW: Zukunft der Bildung – Schule der Zukunft. Denkschrift 1995 (Luchterhand)

Birkenbihl, V.F.: Stichwort Schule: Trotz Schule lernen. München 1996 (mvg)

Blos, P.: Adoleszenz. Eine psychoanalytische Interpretation. Stuttgart 1978 (Klett-Cotta)

Böll, Heinrich: Vermintes Gelände. Essayistische Schriften. Köln 1982 (Kiepenheuer & Witsch)

Bolscho/Burk/Haarmann (Hrsg.): Grundschule ohne Noten. Frankfurt am Main 1979

Brecht, Bertolt: Gedichte 2, Gesammelte Werke Band 9, Werkausgabe. Frankfurt am Main 1982 (edition suhrkamp)

Brüser, E.: Kinderköpfe unter Druck. In: Süddeutsche Zeitung, 2. Februar 1995

Buber, M.: Reden über Erziehung. Heidelberg 1953 (Lambert Schneider)

Bühler, K.-E./Beyer-Buschmann, R.: Psychosomatische Redewendungen und Krankheiten: Eine empirische Untersuchung. In: Daseinsanalyse 5 (1988)

Canetti, Elias: Die gerettete Zunge. Geschichte einer Kindheit. München 1984 (Piper)

Czerwenka, K. u. a.: Schülerurteile über die Schule. Bericht über eine internationale Untersuchung. Frankfurt am Main 1990 (Peter Lang)

Die Grundschulzeitschrift 100/1996: Kinder leben Rechte (Friedrich Verlag)

Dietel, B.: Schulangst und psychosomatische Beschwerden. Eine empirische Untersuchung bei 9–16jährigen Schülern. Frankfurt am Main 1984

Einwanger, Josef: Öding. Roman. München 1982 (Piper)

Elhardt, S.: Tiefenpsychologie. Eine Einführung. Stuttgart 1982/8. Aufl. (Urban-Taschenbuch)

Endres, M. (Hrsg.): Krisen im Jugendalter. München 1994 (Reinhardt)

Engel, U./Hurrelmann, K.: Psychosoziale Belastung im Jugendalter. Berlin 1989 (de Gruyter)

Ernst, H.: Von der Seele reden. In PSYCHOLOGIE HEUTE 1990/10

Finckenstein, I. von: Eingeschult und ausgespielt. Kinder, Eltern, Lehrer und die Grundschule. München 1996 (Knaur)

Flitner, A.: Das Schulzeugnis im Lichte neuerer Untersuchungen. In: Zeitschrift für Pädagogik 1966

Freie und Hansestadt Hamburg, Amt für Schule: Arbeitshilfe Schülerbeurteilung im Unterricht der Klasse 1–4, 1981

Freud, S.: Gesammelte Werke, Band 10, Frankfurt am Main 1968 (S. Fischer)

Frisch, Max: Tagebuch 1946–1949. Frankfurt am Main 1950 (Suhrkamp)

Frisch, Max: Andorra. Ein Stück in zwölf Bildern. Frankfurt am Main 1961 (Suhrkamp)

Fromm, E.: Anatomie der menschlichen Destruktivität. Stuttgart 1977 (dva)

Fromm, E.: Die Furcht vor der Freiheit. Frankfurt am Main 1980 (11. Aufl. Europäische Verlagsanstalt)

Gangl/Kurz/Scheipl (Hrsg.): Brennpunkt Schule. Ein psychohygienischer Leitfaden. Wien 1993 (Pädagogischer Verlag Eugen Ketterl)

Goetze H.: Offenes Unterrichten bei Schülern mit Verhaltensstörungen. In: Goetze/Neukäfer (Hrsg.): Handbuch der Sonderpädagogik Bd. 6, Berlin 1989

Graf, O. M.: Wir sind Gefangene. Ein Bekenntnis. München 1988 (dtv)

Grass, Günter: Der lernende Lehrer. In: Für- und Widerworte. Göttingen 1999 (Steidl)

Gregor-Dellin, M.: Deutsche Schulzeit. Erinnerungen und Erzählungen aus drei Jahrhunderten. München 1979 (nymphenburger)

Gruber, H., Mandl, H., Renkl, A.: Was lernen wir in Schule und Hochschule: Träges Wissen? München 1999 (Forschungsbericht des Lehrstuhls für Empirische Pädagogik und Pädagogische Psychologie)

Harbauer/Lempp/Nissen/Strunk: Lehrbuch der speziellen Kinder- und Jugendpsychiatrie. Berlin 1976 (Springer)

Hau, Th. F.: Psychosomatische Medizin. München 1986 (Verlag für angewandte Wissenschaften)

Havel, Václav: Sommermeditationen. Berlin 1992 (Rowohlt)

Havers, N.: Entwicklung von handlungs- und entscheidungsorientierten Trainingsseminaren für Lehrerstudenten. In: Akademie für Pädagogische Entwicklung und Bildungsreform: Psychologisch-pädagogische Beratung. Tagungsbericht München 1981

Hensel, Georg: Glück gehabt. Szenen aus meinem Leben. Frankfurt am Main 1994 (Insel Verlag)

Hentig, H. v.: Ach, die Werte! München 1999 (Hanser)

Hentig, H. v.: Gruppen-Verführung. Gefahren des Therapismus. In: Gangl u. a. (Hrsg): Brennpunkt Schule. 1993

Hentig, H. v.: Die Menschen stärken, die Sachen klären. Stuttgart 1991 (Reclam)

Hentig, H. v.: Die Schule neu denken. Eine Übung in praktischer Vernunft. München 1993 (Hanser)

Hentig, H. v.: Bildung. München 1996 (Hanser)

Hurrelmann, K./Laaser (Hrsg.): Gesundheitswissenschaften. Handbuch für Lehre, Forschung und Praxis. Weinheim 1993 (Beltz)

Hurrelmann, K.: Familienstreß, Schulstreß, Freizeitstreß. Gesundheitsförderung für Kinder und Jugendliche. Weinheim 1994 (Beltz)

Hurrelmann, K.: Bielefelder Erklärung zur Kinder- und Jugendpolitik. In: Erziehungswissenschaft 1997/16

Illich, I./Watzlawick, P./Kast, V. u.a.: Was macht den Menschen krank? 18 kritische Analysen. Basel 1991 (Birkhäuser)

Ingenkamp, K.: Die Fragwürdigkeit der Zensurengebung. Weinheim 1971 (Beltz)

Jacobs, B./Strittmatter, P.: Der schulängstliche Schüler. Eine empirische Untersuchung über mögliche Ursachen und Konsequenzen der Schulangst. München 1979 (Urban & Schwarzenberg)

Jugendwerk der Deutschen Shell (Hrsg.): Jugend '97. Zukunftsperspektiven, gesellschaftliches Engagement, politische Orientierung. Opladen 1997 (Leske + Budrich)

Kagerer, H.: Das Fremde hört nicht auf. In: Heitmeyer, W. und Kagerer, H.: Schule ohne Gewalt. Pädagogisches Zentrum, Berlin 1992

Kanders, M./Rolff, H. G./Rösner, E.: Mehr Lust als Frust. Bericht über die Lehrerbefragung des Instituts für Schulentwicklungsforschung an der Universität Dortmund. In: DIE ZEIT 1996/12

Kast, V.: Freude, Inspiration, Hoffnung. In: Studioheft April 1995, Landesstudio Vorarlberg, Österreichischer Rundfunk

Kast, V.: Freude, Inspiration, Hoffnung. Heitersheim 3. Aufl. 1994 (Walter)

Kiepenheuer, K.: Was kranke Kinder sagen wollen. Zürich 1989 (Kreuz)

Kindlers »Psychologie des 20. Jahrhunderts«, Psychosomatik. Weinheim 1983 (Beltz)

Kirsch, S.: Landwege. Eine Auswahl 1980 bis 1985. Stuttgart 1985 (DVA)

Klemperer, V.: Ich will Zeugnis ablegen bis zum letzten. Tagebücher 1933–1941 und 1942–1945. Berlin (4. Aufl. 1995, Aufbau-Verlag)

Lebert, Benjamin: Crazy. Roman. Köln 1999 (KiWi)

Lévinas, E.: Zwischen uns. Versuch über das Denken an den Anderen. München 1995 (Hanser)

Mandl, H./Reinmann-Rothmeier, G./Kroschel, E.: Lerngeschichten. Lernerfahrungen als wirksamer Zugang zum Lernen. Lengerich 1995 (Pabst-Verlag)

Marti, K.: Mein barfüßig Lob. Gedichte. Darmstadt 1987 (Luchterhand)

Metzger, W.: Stimmung und Leistung. München 1967 (Aschendorff)

Meyer, E. (Hrsg.): Burnout und Streß. Hohengehren 1991 (Schneider)

Mietzel, G.: Pädagogische Psychologie. Eine Einführung für Psychologen und Pädagogen. Göttingen 1975 (Verlag für Psychologie)

Miller, A.: Das Drama des begabten Kindes und die Suche nach dem wahren Selbst. Frankfurt am Main 1979 (Suhrkamp)

Miller, A.: Du sollst nicht merken. Frankfurt am Main 1981 (Suhrkamp)

Mitscherlich, A.: Die Unfähigkeit zu trauern. Grundlagen kollektiven Verhaltens. München 1969 (Piper)

Mitscherlich, A.: Ein Leben für die Psychoanalyse. Frankfurt am Main 1980 (Suhrkamp)

Mitscherlich, A.: Auf dem Weg zur vaterlosen Gesellschaft. München 1973 (Piper)

Müller-Eckard, H.: Schule und Schülerschicksal. Göttingen 1955 (Verlag für medizinische Psychologie)

Platon: Charmides. Stuttgart 1977 (Reclam)

Popp, S. (Hrsg.): Grundrisse einer humanen Schule. Innsbruck 1998 (Studien-Verlag)

Priebe, B./Israel, G./Hurrelmann, K. (Hrsg.): Gesunde Schule. Gesundheitserziehung, Gesundheitsförderung, Schulentwicklung. Weinheim 1993 (Beltz)

PSYCHOLOGIE HEUTE: Gesunde Wir-Gefühle. Die Medizin entdeckt die Heilkraft zwischenmenschlicher Beziehungen. 1996/1

PSYCHOLOGIE HEUTE: Lachen stärkt die Immunabwehr. 1985/9

PSYCHOLOGIE HEUTE: Der Geistgehirnkörper. Psychoneuroimmunologen entdecken die Kommunikationspfade zwischen Leib, Seele und Immunsystem. 1995/5

Raue, P.: Persönlichkeitsrechte. Die Verteidigung der persönlichen Ehre. Frankfurt am Main 1997 (Fischer Taschenbuch)

Von Rad, M.: Braucht die Psychosomatik ein neues Denken? In: Richter/Wirsching: Neues Denken in der Psychosomatik. 1991

Redl, F., Wattenberg, W.: Leben lernen in der Schule. München 1980 (Piper)

Reiser, R.: Probleme mit Pillen nicht zu lösen. Bericht in: Süddeutsche Zeitung 1993/62

Richter, H.-E.: Eltern, Kind und Neurose. Psychoanalyse der kindlichen Rolle. Reinbek 1969 (rororo)

Richter, H.-E., Wirsching, M. (Hrsg.): Neues Denken in der Psychosomatik. Frankfurt/Main 1991 (Fischer Taschenbuch)

Rosegger, Peter: Als wir zur Schulprüfung geführt wurden. In: Waldheimat (1877)

Röhrich, L.: Das große Lexikon der sprichwörtlichen Redensarten. Freiburg im Breisgau 1992 (Herder)

Rüssell, R.: Das therapeutische Bündnis. In: PSYCHOLOGIE HEUTE 1994/2

Schiefele, H.: Lernmotivation und Motivlernen. München 1974 (Ehrenwirth)

Schwarz, B./Prange, K. (Hrsg.): Schlechte Lehrer/innen. Zu einem vernachlässigten Aspekt des Lehrberufs. Weinheim 1997 (Beltz)

Simon, A.: Verstehen und Helfen – die Aufgaben der Schule. München 1950 (Oldenbourg)

Simon, A.: Helga. Kindernöte, Erziehersorgen, Wege und Hilfen. München 1958 (Oldenbourg)

Singer, K.: Die Würde des Schülers ist antastbar. Reinbek 1998 (rororo)

Singer, K.: Lernhemmung, Psychoanalyse und Schulpädagogik. München 1974 (Ehrenwirth)

Singer, K.: Lehrer-Schüler-Konflikte gewaltfrei regeln. Weinheim, 5. Aufl. 1996 (Beltz)

Singer, K.: Maßstäbe für eine Humane Schule. Mitmenschliche Beziehung und angstfreies Lernen durch partnerschaftlichen Unterricht. Frankfurt am Main 1981 (Fischer)

Singer, K.: Aufsatzerziehung und Sprachbildung, München 1974 (Ehrenwirth)

Singer, K.: Zivilcourage wagen – Wie man lernt, sich einzumischen. München 1997 (Serie Piper)

Singer, K.: Kränkung und Kranksein. Psychosomatik als Weg zur Selbstwahrnehmung. München 1996, 3. Aufl. (Serie Piper)

Singer, K.: Ohne Noten lieber lernen und mehr leisten. (Broschüre der Aktion Humane Schule Bayern, Leonrodstraße 19, 80634 München)

Stabenow, I.: Hals-Nasen-Ohren-Heilkunde einschließlich Phoniatrie. In: Kindlers »Psychologie des 20. Jahrhunderts«, Psychosomatik Band 2. Weinheim 1983 (Beltz)

Stephan, C.: Neue deutsche Etikette. Berlin 1995 (Rowohlt)

Strauß, Emil: Freund Hein. Eine Lebensgeschichte. Stuttgart 1995 (Reclam)

Strunk, P.: Psychogene Störungen mit vorwiegend körperlicher Symptomatik. In: Harbauer u. a.: Lehrbuch der speziellen Kinder- und Jugendpsychiatrie

Tamaro, Susanna: Love. Erzählungen. Zürich 1992 (Diogenes)

Tamaro, Susanna: Geh, wohin dein Herz dich trägt. Roman. Zürich 1995 (Diogenes)

Tamaro, Susanna: Die Demut des Blicks. Wie ich zum Schreiben kam. Essay. Zürich 1994 (Diogenes)

Uexküll, Th. v.: Psychosomatische Medizin. München 1986 (Urban u. Schwarzenberg)

Ullrich/Wöbcke: Notenelend in der Grundschule. München 1981 (Kösel)

UNICEF Deutschland, Salazar-Volkmann, Ch.: Kinder haben Rechte (1996, Höninger Weg 104, 50969 Köln)

Vereinte Nationen: Die Rechte des Kindes. Ravensburg 1994 (Ravensburger Buchverlag)

Wagner-Oswald, U.: Schüler im Akkord, Dokumentarfilm ZDF 1983

Wallrabenstein, W. (Hrsg.): Gute Schule – Schlechte Schule. Ein Schwarz-Weiß-Buch. Reinbek 1999 (rororo)

Wallrabenstein, W.: Offene Schule – Offener Unterricht. Reinbek 1995 (rororo)

Wild, R.: Erziehung zum Sein. Erfahrungsbericht einer aktiven Schule. Heidelberg 1992 (arbor)

Wolf, Christa: Die Dimension des Autors. Essays und Aufsätze, Reden und Gespräche 1959–1985. Darmstadt 1987 (Luchterhand)

Zander, W.: Zur spezifischen Konfliktantwort bei Patienten mit Ulcus duodeni. In: Zeitschrift für Psychotherapie und medizinische Psychologie. 28. Jg. 1978/2

Zimmermann, U.: Abgeschrieben. Texte zum Thema Schule. Celle 1980 (davids drucke)

Zulliger, H.: Eine Biographie und Würdigung seines Wirkens. Bern 1963 (Huber)

Register